文部科学省後援

秘書検定

1級 集中講義 改訂新版

早稲田教育出版

まえがき

　秘書検定の「秘書」は職名です。かつては，社長秘書などというように秘書は専門職でしたが，最近では「秘書的な仕事をする人」が求められるようになりました。これはＩＴの進化や働き方の効率化で，会社などでは部長職などにも多く秘書的な仕事をする人が付くようになったからです。

　会社は職場です。その職場で働くためには，会社組織の理解とそれに伴う対人関係の理解，働く人たちとの人間関係，お客さまなどの応対の仕方，そのために必要なマナーなどのことについて知っておく必要があります。

　これでお分かりかと思いますが，「秘書検定」はこのようなことを取り扱っていて名称は「秘書」でも，内容は"職場常識の宝庫"と言えるものです。

　考えてみれば，秘書の仕事は上司の補佐（手助け）ですが，会社などに就職すれば，はじめは誰でも自分より目上の人（先輩・上役）の補佐が仕事です。しかもこの補佐は秘書的な能力（人間的能力）が求められる仕事です。

　このようなことから秘書的能力は，「ヒューマンスキル（ビジネスの場で必要な対人関係についての能力）と考えられるようになってきています。

　今後は，会社などで社員に求める能力は，ヒューマンスキルとしての秘書的能力が期待され，この方向で発展していくものと思われます。

　秘書検定の１級には面接試験があります。面接試験というと一般的には知識を問われるわけですが，秘書検定の場合は，秘書的な仕事をする人としてはこの程度は必要，というレベルの「態度」「振る舞い」「話し方」など対人関係を題材にしたロールプレーイング（役割演技）です。秘書検定はその内容の特質上このようになっています。

　秘書検定１級の合格は，あなたにとってのアイデンティティーになります。合格への挑戦を期待しております。

公益財団法人 実務技能検定協会　秘書検定部

この本の使い方

　秘書の仕事は領域が広いため学ぶべき事柄も広範囲にわたりますが，本書では審査基準に設けられた範囲を確実にカバーし，内容もレベルも，級位に沿って編集しています。

　1級では，最上級秘書としての知識と，その業務を行うのに必要とされる技能に関して出題されます。「秘書的な仕事をより率先して十分に実行する」能力と「状況に応じてより適切に判断して十分に実践する」能力が要求されます。試験の出題範囲は，以下の理論領域と実技領域になります。詳細は，「秘書技能審査基準　1級」（p.12）を参照してください。

| 理論領域 | Ⅰ 必要とされる資質，Ⅱ 職務知識，Ⅲ 一般知識 |

| 実技領域 | Ⅳ マナー・接遇，Ⅴ 技能 |

●集中講義シリーズの特長——自分一人でも学習できる

　本書は，次のような点に配慮して編集されています。

◆本文での解説ではできるだけ平易な言葉を用いている。

◆難しい漢字には振り仮名を付けている。

◆難しい用語には「＊」マークを付け，そのページの下段に解説欄（「ワードCheck！」）を設けている。

◆秘書技能検定の試験範囲を十分にカバーし，個々の項目を詳しく解説しているので，独学でも無理なく学習を進めることができる。

◆学校で秘書の勉強をしている人にとっても，講義から得たものを補強する最適な参考書となるよう編集している。

●本書の学習の仕方——より効率的な学習をするために

　次のような利用の仕方をすると，一層効果的に学習できます。

◆「CASE　STUDY」では最適な対処法をまず自分で考えてみる。提示された状況説明を読んだ後すぐに解答・解説（「対処例」や「スタディ」）を読むのではなく，イラストをじっくり見ながら考え，まず自分なりの解答を出すようにする。その後，自分の答えと照らし合わせて解答・解説を読むと視覚効果も相まって記憶に残りやすくなる。

◆各Lessonの本文説明では重要な部分を箇条書きにしてあるので，注意して読むことが大切。ここからの出題が少なくない。また，自分で留意したいと思う箇所にマーカーを引くなどしておくと，読み返すときにポイントを絞った効率的な学習ができる。

◆言葉は知っていても意味を曖昧につかんでいることが多い。「＊」マークが付いた用語があれば、「ワードCheck！」で確認するほか、自分で不確かな用語は印を付けて調べるようにする。また、関連用語を列挙した箇所には□マークが付いているので、理解したらそこにチェック印を入れておくとよい。

◆各Lessonの本文を読み終えたら、「SELF　STUDY」の「POINT 出題 CHECK」と「CHALLENGE 実問題」で過去問題を研究する。

①「POINT 出題 CHECK」でどのような問題が出るかを把握する。

◎過去問題は全出題範囲をカバーしている。また、問題を「テーマ」や「ケース」別に分類し、重要なものに絞って掲載しているので、出題の傾向がつかみやすくなっている。

◎1級の筆記試験は基本的に全て記述解答の問題となるが、適当と思われる選択肢を選んで番号を記入するなど実質的には選択問題といえるものも出題されている。そうした問題には、3級〜準1級同様各選択肢の前に「○」、「×」を付けて掲載しているが、これは何度も目を通すときに、すぐに「○」、「×」を確認して記憶に残すためである。従って、最初はその選択肢がなぜ「×」、あるいは「○」なのかを考えてみることが重要。その後、解説を読んでその理由を理解するようにしたい。

◎記述式の問題は基本的には1問に絞るようにしたが、テーマやケースの重要度に応じて、適宜増やしている。代表的な記述問題を選別しているので、これらは確実に押さえておくようにしたい。実際にノートなどに解答を書いてから解答例と照らし合わせて検証してみるとよいだろう。

②「CHALLENGE実問題」では学習した効果を検証する。

◆1級には筆記試験の他に面接試験があるが、これについても、十分対応できるよう、本書では面接対策の章（第6章）を設けている。会場到着から控室に入るまで、試験開始から退室までと、実際に行われる面接試験の流れを具体的に示し、面接で実施される課題への取り組み方や要所ごとに押さえておくべき留意点を明示しているので、本章を熟読すれば面接対策は十分であろう。

◆巻末には模擬試験問題が掲載されているので、全学習が終了したら挑戦して実力を確認してみる。忘れていたところや弱点部分を自分でチェックして、再度本文部分を重点的に学習し直すとよい。

序章

受験対策基礎知識

Lesson 1 1級試験の受け方と審査基準

　1級の試験は，筆記試験と面接試験に分けられますが，面接試験は筆記試験に合格した人のみが受けることになります。従って面接試験の日程等については，筆記試験合格者にのみ通知されます。

📁 筆記試験は6月と11月

　筆記試験は以下の要領で行われます。

●秘書検定の範囲

　試験は「理論領域」と「実技領域」に分けられます。理論領域には「Ⅰ必要とされる資質」「Ⅱ職務知識」「Ⅲ一般知識」が，実技領域には「Ⅳマナー・接遇」「Ⅴ技能」が含まれています。

●筆記試験の合格基準

　筆記試験は，理論領域・実技領域とも，それぞれの得点60％以上の場合に合格となります。どちらか一方が60％未満のときは不合格となります。

●試験方法

　1級は筆記試験と面接試験があります。

　筆記試験は主に記述式で，試験時間は140分です。

　面接試験は2人一組で受験します。「報告」と「応対」の二つの課題で実施され，試験時間は2人で10〜15分です。

●筆記試験の試験実施日

　筆記試験は原則として，毎年6月，11月に実施されます。筆記試験の合否は面接試験の1週間前までに通知されることになっています。

●面接試験の試験実施日

　面接試験は，筆記試験合格者のみが受験することになります。筆記試験の合格者には，面接試験の1週間前までに，試験会場と日時が通知されます。面接試験の合否は，試験終了後約3週間後に通知されます。

●面接試験の再受験

　面接試験に不合格の場合でも，その後1年間は筆記試験免除で再受験ができます。試験は年2回あるので，連続して受験すれば2回の再受験が可能です。ただし，筆記試験を受けたときの面接試験を受験しなかった場合は，筆記試験免除の対象

外になるので注意してください。

●受験資格

誰でも自由に受験することができます。学歴・年齢その他の制限は一切ありません。

●申込受付期間

筆記試験日の約2カ月前から1カ月前までが受付期間となります。検定協会所定の「受験願書」に付いている「秘書検定案内」で確認してください。

●受験申込方法

(1) 個人申込の場合

以下の2種類の申込方法があります。

①インターネットで申し込む……パソコン，タブレット，スマートフォンで以下のアドレスにアクセスし，コンビニエンスストアまたはクレジットカードで受験料を支払う。

　　URL　https://jitsumu-kentei.jp/

②郵送で申し込む……現金書留で，願書と受験料を検定協会へ郵送する。

　　　　　　　　　　（願書は検定協会より取り寄せる）

(2) 団体申込の場合

学校などを単位としてまとめて申し込みをする場合は，検定協会所定の「団体申込用受験願書」が必要です。「受験願書」に必要事項を記入し，受験料を添えて必ず学校等の担当者に申し込んでください。

●その他

試験会場，受験料，合否通知，合格証の発行等については，秘書検定のホームページをご覧ください。不明の点があれば，下記へお問い合わせください。

公益財団法人　実務技能検定協会　秘書技能検定部

〒169-0075　東京都新宿区高田馬場一丁目4番15号

電話 03(3200)6675　　FAX03(3204)6758

秘書技能審査基準
● 1級 ●
〈一次試験（筆記)〉

程　度	領　域		内　容
秘書的業務全般について十分な理解があり，高度な知識を持つとともに，高度な技能が発揮できる。	**I 必要とされる資質**	(1) 秘書的な仕事を行うについて備えるべき要件	①秘書的な仕事を処理するのに十分な能力がある。 ②判断力，記憶力，表現力，行動力がある。 ③機密を守れる，機転が利くなどの資質を備えている。
		(2) 要求される人柄	①身だしなみを心得，良識がある。 ②誠実，明朗，素直などの資質を備えている。
	II 職務知識	(1) 秘書的な仕事の機能	①秘書的な仕事の機能を知っている。 ②上司の機能と秘書的な仕事の機能の関連を十分に知っている。
	III 一般知識	(1) 社会常識	①社会常識を備え，時事問題について知識が十分にある。
		(2) 経営管理に関する知識	①経営管理に関する一般的な知識がある。
	IV マナー・接遇	(1) 人間関係	①人間関係についての知識が十分にある。
		(2) マナー	①ビジネスマナー，一般的なマナーを十分に心得ている。
		(3) 話し方，接遇	①状況に応じた言葉遣いが十分にでき，高度な敬語，接遇用語が使える。 ②複雑で長い報告，説明，苦情処理，説得ができる。 ③真意を捉える聞き方ができる。 ④忠告が受けられ，忠告の仕方を十分に理解している。
		(4) 交際の業務	①慶事，弔事の次第とそれに伴う庶務，情報収集とその処理ができる。 ②贈答のマナーを十分知っている。 ③上司加入の諸会の事務，および寄付などに関する事務ができる。

程　度	領　域		内　容
	Ⅴ技　能	(1) 会議	①会議に関する知識，および進行，手順についての知識が十分にある。 ②会議の計画，準備，事後処理が十分にできる。
		(2) 文書の作成	①社内外の文書が作成できる。 ②会議の議事録が作成できる。 ③データに基づき，適切なグラフを書くことができる。
		(3) 文書の取り扱い	①送付方法，受発信事務について知識が十分にある。 ②秘扱い文書の取り扱いについて知識が十分にある。
		(4) ファイリング	①適切なファイルの作成，整理，保管ができる。
		(5) 資料管理	①名刺，業務上必要な資料類の整理，保管ができる。 ②要求された社内外の情報収集，整理，保管ができる。
		(6) スケジュール管理	①上司のスケジュール管理が十分にできる。
		(7) 環境の整備	①オフィスの整備，管理ができ，レイアウトの知識がある。

〈二次試験（面接）〉

(1) ロールプレーイング

　（審査要素）

　　秘書的業務担当者としての，態度，振る舞い，話の仕方，言葉遣い，物腰，身なりなどの適性。

　　① 上司への報告ができる。

　　② 上司への来客に対応できる。

2 筆記試験対策

Lesson ① 記述問題の留意点

　1級の筆記試験は主に記述問題になっています。1級の問題ともなるとある一定レベルの書き方・まとめ方が求められるので記述するときの基本的な留意点を押さえ，書き方の要領をつかんでおくことが大切です。また問題の中には「用語の説明」，「グラフの作成」，「社交文書の作成」なども含まれています。苦手なジャンルがあれば留意すべき点をチェックし，ウイークポイントをなくすよう努めましょう。

記述するときの留意点

　記述問題で最も難しいのが，設定された状況に対して「確認すべきことは何か」，「どのように対応すればよいか」などと具体的に記述することを求められた場合の書き方です。

●答えは一つとは限らない

　基本的には，設問で「箇条書きで三つ答えなさい」などと幾つ書くかを指定されますが，特に指定がない場合もあります。その場合は，一つだけ書くのではなく，考えられる幾つかの対応策を書かなければなりません。例えば，次のような問題を考えてみてください。

　　例題）秘書Aの上司（部長）はせっかちな性格なので，Aはそれに合わせたスケジュールを組んでいた。しかし最近，上司から体調が思わしくないのでスケジュールの組み方を見直してほしいと指示された。上司は高齢でもあり，疲れやすくなっているようだ。このような場合，Aはどのようにすればよいか。

　「上司のせっかちな性格に合わせてスケジュールを組んでいた」ということですから，これまではかなり密度の濃い組み方をしていたということが考えられます。従って「今後はゆったりした余裕のあるスケジュールを組む」ようにすればよいわけです。しかし，これだけでは十分な解答とはいえません。

　なぜならそれは，スケジュールを組むときの方針であって，具体的な方法ではないからです。このような設問に答える場合は，単に方針や方向性を述べるのではなく，「どのようにするか」具体的な方法や手段を考えなければなりません。

スタディガイド

領域∷理論編

領域∷実技編

面接編

テスト

このケースの場合なら，どのようにすればスケジュールに余裕が出てくるかを具体的に考えることが解答になるのです。上司は体調を崩しているわけですから，例えば「会議や面談など負担のかかる仕事が連続しないようにスケジュールを調整する」「上司の要望を聞きながら予定を組む」「上司の仕事で課長が代行できそうなものを上司に確認してみる」など，上司の体調に配慮する組み方が考えられます。このほか，「面談などの約束がキャンセルになった場合は，無理にそこを埋めないようにする」「外出する予定をできるだけ少なくして，相手に来訪してもらうように調整する」なども秘書がスケジュールを組む際にできることです。

　このように解答は一つではなく，角度を変えて考えることで幾つかの答えが出てきます。また1級ではこれくらいの対応策を書かないと高得点はもらえません。

● 幾つかのケースが考えられる場合は分けて解答する

　ある状況にどのように対応すればよいか順を追ってまとめる場合に，条件によって対応が異なることがあります。その場合は，「a．○○ということだったら○○する」「b．○○ということだったら○○する」などとケースに分けて記述するようにします。次の問題を考えてみてください。

　例題）秘書Aの上司（営業部長）が来客と面談中，上司と直接話したいという取引先のT氏が訪れた。そこへ常務秘書から「急用があるので部長に来てもらいたい」と連絡があった。先客との面談はあと数分で終わる予定である。このような場合，Aはどのように対処するのがよいか。順を追って箇条書きで答えなさい。

　この場合鍵となるのは，取引先と上司の上役の用件が重なったときにどちらを優先するかということです。基本的には取引先を優先し，次いで上役の用件に対応するという順序になりますが，面談後，二人に対してどちらを優先して対処するかは，秘書ではなく上司が決めることです。このように上司に聞かなければ次の対応が決定できないときは先に前提条件をつけて，「常務を優先する場合は○○する」，「T氏を優先する場合は○○する」というようにケースによって書き分けるようにします。解答例は以下のようになります。

1. まずT氏に応対し，「上司に取り次いでくるので，少し待ってもらいたい」と伝える。
2. 次いで常務秘書に，「上司は来客が重なっているのですぐには行けないかもしれないが，確認して連絡する」と言う。念のため常務のこの後の予定を聞いておく。
3. 接客中の上司に，T氏の来訪の件と常務からの急用の件をメモで伝え，どのようにすればよいか指示を受ける。

　　　a．来客が帰った後，すぐに常務のところに行くということであれば，Ｔ
　　　　氏にもう少し待ってもらうようにお願いする。
　　　b．Ｔ氏との面談を終わらせてから常務のところへ行くということであれ
　　　　ば，常務秘書に事情を連絡しておく。

　このほか，「上司の不在中に不意の客があった場合」なども，来客の意向によ
って「上司が戻るまで待つ」，「代理の者に会う」，「出直す」などのケースが考え
られるので，ａ．ｂ．ｃ．とケースごとに分けてどのように対応するか書き分け
ます。

●記述項目の要素は広い範囲から選ぶようにする

　前述のように，箇条書きで書く設問は基本的に解答数の指定があります。そし
て多くの場合，三つか四つの項目にまとめるといったものなので，記述する内容
は全体的な見地から列挙するようにし，一部分の要素だけを取り上げるような選
び方をしないように注意します。次の例を考えてみましょう。

　例題）秘書Ａは，上司から新しい執務室のレイアウト案を作成するように指示
　　　　された。執務室は上司と秘書が同室で，それぞれの机の他に応接セット
　　　　がある。この場合，Ａがレイアウト案を作成するに当たって気を付けな
　　　　ければならないことを箇条書きで三つ答えなさい。

　設問で求めているのは，「上司と秘書が同室の場合の執務室のレイアウトで注
意すべきことを三つ答えること」なので，例えば次のような解答でも間違いでは
ありません。

　1．上司の机は，直接入り口から見えない部屋の奥の方に設置する。
　2．上司の机は，上司が腰かけたとき，直接エアコンの風が当たらない場所に
　　　設置する。
　3．上司の机は，窓が左側になるように設置する。

　この解答は間違っていませんし，要求された解答数も満たしています。しかし
どうでしょうか。設問にはわざわざ「上司と秘書が同室」「応接セットがある」
と書いてあります。そうすると，上司の机の配置だけに言及するのは，レイアウ
トの一部分だけしか取り上げていないことになるので，あまり感心した解答とは
いえません。設問に指示がなくても，やはり「上司の机の配置」「秘書の机の配
置」「応接セットの配置」それぞれに言及した解答が求められていると読まなけ
ればなりません。つまり，「秘書の机は，人の出入りが分かるように，出入り口
の近くに設置する」「応接セットは上司が使いやすいように上司の近くに設置す
る」などを挙げることがバランスの取れたよい解答になり，高得点を得ることに
つながるのです。

このように，設問から出題者の意図を理解して，書く内容を選ぶことも大切なことです。

また，解答は数の指定があってもなくても重要度の高い項目から挙げていくようにします。項目は「数」より「中身」が重視されるということも覚えておきましょう。例えば，四つ列挙する設問に対して重要なものが三つ分かっている場合，残りの一つをあまり重要ではないと思われる項目で埋めることはやむを得ませんが，数の指定がない場合に重要度が低い項目を幾ら列挙しても高得点は得られないということです。

●同じようなことを書かない

設問で「上司に確認すべきことを三つ答えなさい」とか「すべき事を三つ答えなさい」と指定された場合，似たようなことを書かないように注意しなければなりません。例えば次のような問題を考えてみてください。

例題）秘書Aは，会議に使うからと「秘」扱い文書のコピーを頼まれた。どのようなことに注意しなければならないか。三つ答えなさい。

上記の問題に対する解答として，次のような項目が並んでいたらあなたはどのように感じますか。

1. 人に見られないようにコピーするタイミングを見計らう。
2. コピーするとき人が来たら，見られないように注意する。
3. コピーしているとき，何をコピーしているかと聞かれたら，自分もよく分からないと隠す。

これは，「コピーするときは人に見られないようにする」という項目をいろいろと言い換えているに過ぎません。三つ書いてはいますが，点数は一つ分しかもらえないでしょう。

この設問では，1. コピーするときは人に見られないようにする，2. コピーは必要枚数だけにする，3. ミスコピーが出たらシュレッダーで処理する，などが正解になります。このほか，「原稿台に資料を忘れないようにする」などもよいでしょう。つまり，出題者が求めているのは，「秘」扱い文書をコピーする際の「幾つかの注意点」なので，一つのことを角度を変えて書いても意味がないのです。

用語を説明するときの留意点

用語の記述問題は「一般知識」でよく出題されます。例えば以下のようなものです。

例題）次の用語を簡単に説明しなさい。

　　　①エージェント

　　　②ニッチビジネス

　　　③キャンペーン

　　　④リストラクチャリング

　基本的には，カタカナ語は適切な日本語にして答えればよいのですが，幾つか意味がある場合は，ビジネスに関する適切な言葉の意味を選択して書かなければいけません。例えば，①には「スパイ」の意味もありますが，ビジネス用語としては「代理人」「代理業者（店）」が正解になります。

　また，単に訳すだけでは不十分な場合もあります。例えば，②は「隙間産業」と訳せますが，それだけでは意味が伝わりにくいので，「大企業の参入がなく，誰も目を付けていない規模が小さい分野の産業。隙間産業」などと説明を加えるのがよい解答ということになります。

　しかし，説明が過ぎるのもよくありません。設問は「簡単に述べよ」とあります。例えば③について，「特定の商品の販売強化を図るために組織的に宣伝活動を展開したり，政治運動など民衆を啓蒙するために大がかりな活動を展開することで……」などと長々と説明するのはよくありません。設問の趣旨に反するだけでなく，説明中に間違ったことや，少し意味が違うことを書いてしまう恐れがあります。余計なことは書かないで，「特定の目的のために組織的に行う宣伝活動のこと」とすっきり説明した方がよいでしょう。例えばあることに関して豊富な知識を持っている場合，できるだけ詳しく記述して高得点を取りたいという意識が働くかもしれませんが，余計なことを書いたために減点されるということもあるので注意しなければなりません。できるだけ簡潔に，かつ十分に意味が伝わるような書き方をすることが大切です。

　④は，本来「企業が不採算部門を整理するなどして事業の再構築をすること」がビジネス用語としての意味ですが，それに伴って行われる人員整理のことだけが強調されて，「従業員を退職させること」と誤った意味に使われることが少なくありません。従って，このような用語は本来の意味をしっかり押さえて解答する必要があります。

　また，用語を説明するのとは逆に，説明文を提示してその用語を書かせる設問もあります。これはそのことに関する知識があり，表記が間違っていなければすぐに正解を得られます。例えば次のような問題です。

　例題）それぞれの説明を何と言うか。適切な用語を答えなさい。

　　　①会社などが12月に，1年間の所得税の過不足を精算すること。

②給与・報酬の支払者が、その金額から所得税を天引きすること。

　①は、「年末調整」と知っていれば簡単に正答することができます。ただし、「末」の字が「未」になっていたら正解とはなりません。また、②は「源泉徴収」が正解ですが、「源」が「原」に、「徴」が「微」に、あるいは「収」が「集」になっていると正解にはなりません。つまり、用語の知識だけではなく、それを正しく表記できるかということも同時に問われているのです。

 # グラフを作成するときの留意点

　グラフはコンスタントに出題されるので作成の要領はつかんでおきたいものです。1級ではアンケートの集計データを基にして作成する二重の円グラフ、棒グラフと折れ線グラフを一つのグラフで表す組み合わせグラフなど、複雑な作業が必要な問題が出されますが、作成の基本は同じなのでグラフ別に練習しておけばそれほど難しくはありません。ただし、項目漏れも減点の対象になるので注意。タイトルや基点の数字、目盛りや単位、円グラフや帯グラフ内の項目の数値などを書き忘れないように留意し、調査年月日や出典などが記載されていれば、それらも漏れのないように記します。グラフを作成した後は設問を再チェックして、必要な項目がきちんとあるべきところに入っているかを確認しましょう。

 # 社交文書を作成するときの留意点

　社交文書には、それぞれ一定のパターンがあるので、その基本形を覚えてしまうことがこの問題をクリアする一番の近道といえるでしょう。よく出題される社交文書は「あいさつ状」、「招待状」、「礼状」、「祝い状」、「見舞状」、「悔やみ状」などですが、以下のようなことも併せてそれぞれの留意点を押さえておくようにします。

　①団体か個人かによって、「隆盛」「健勝」などの言葉を使い分ける。
　②頭語と結語を適切に組み合わせる。
　③「悔やみ状」では頭語や時候のあいさつを省きすぐに主文に入る。
　④「さて、このたびは」「まずは書中をもって」などの慣用表現を用いてまとめる。
　⑤香典や見舞金などを同封したり品物を別送したときは、そのことに触れる一文が必要。

Lesson 2 箇条書きの要領

　箇条書きとは，幾つかある要素を長々と説明するのではなく，構成要素を一まとまりごとに切り取って簡潔に述べ，番号や記号などを付けて並べることです。例えば，「来る4月15日，午後3時から5時まで，渋谷研修所の5階大ホールで新入社員懇談会を開催するので，新入社員は筆記用具を持参して集合してください」という案内を出す時に，

　　1．日　　時：4月15日　午後3時〜5時
　　2．場　　所：渋谷研修所　5階大ホール
　　3．持参物：筆記用具

　上記のように，重要な項目を箇条書きにすると説明調の文章よりもすっきりして，見た目にも分かりやすくなります。秘書検定試験の記述問題では，「このような場合どのようにすればよいか箇条書きで三つ答えなさい」，「順を追って箇条書きで答えなさい」など，箇条書きで解答するケースが多いので，書き方の基本を身に付けておく必要があります。

 ## 箇条書きのルール

　箇条書きをする場合は，以下のルールを守ります。
◆各項目ごとに番号や記号を付ける。
　　◎「1．　2．　3．」，「① ② ③」，「a）b）c）」など。
◆必要に応じて枝番号や記号を用いる。
　　例）　　1．上司に次のことを尋ねる。
　　　　　　　a）予算
　　　　　　　b）相手の社会的地位
　　　　　　　c）相手の嗜好や家族構成など
◆各項目ごとに改行する。
　　◎項目が2行になる場合は，2行目の頭が数字や記号と並んだり越えたりしないようにする。

例）○　　　1. 項目が2行になる場合の
　　　　　　　　　よい例。
例）×　　　2. 項目が2行になる場合の
　　　　　　　　　悪い例。
◆文はできるだけ簡潔に書く。
　◎だらだら書いたら箇条書きの意味がなくなる。
◆各項目が文になっているときは末尾に「。」を付けるが，名詞だけなどの場合は
基本的に「,」や「。」を付けない。

 # 箇条書きをするときの項目の出し方

　記述問題で項目出しをする場合，思いつくままに書いていては多くの項目を挙
げることはできません。基本的には次のように，「ケース」や「作業手順」を軸
に項目を出していくようにします。

●ケース（〜の場合）で考える

　例えば，次のような設問を考えてみましょう。

「『秘』扱い文書を取り扱う場合に注意すべきことは何か。箇条書きで答えな
さい」

　これを「ケース」で考えると，準1級までに学習してきたことから次のような
ことが挙げられるでしょう。
1. 「秘」扱い文書を作成する場合。
2. 「秘」扱い文書を郵送する場合。
3. 「秘」扱い文書をコピーする場合。
4. 「秘」扱い文書を会議などで配布する場合。
5. 「秘」扱い文書を持っていって他部署の各部長に渡す場合。
6. 「秘」扱い文書を保管する場合。
　これらのケースで注意すべきことを挙げれば少なくとも四つは列挙することが
できるはずです。

●作業手順で考える

　次は，上記の各ケースで注意すべき点を，作業手順を軸に考えていってみまし
ょう。
1. 「秘」扱い文書を作成する場合─では，上司から預かった原案をパソコン

で作成するとしたら，以下のようなことが考えられます。

①原案の文書を管理する。

②作業中の機密を保持する。

③作成したデータを保存したメモリーカードなど，外部記録媒体を管理する。

2.「秘」扱い文書を郵送する場合――では，次のことが考えられます。

①郵送するときの文書の入れ方に注意する。

　　1）封筒は二重にし，内側の封筒に書類を入れて封をし「秘」の印を押す。

　　2）外側の封筒は中が透けないものを用い，内側の封筒を入れて封をする。

　　3）宛名を書き，名前の左側に「親展」と記す。

②郵送したら，相手に「秘」扱い文書を郵送したことを電話で知らせる。

3.「秘」扱い文書をコピーする場合――では，次のことが考えられます。

①コピーするときには，人に見られないようにする。

②コピーは必要枚数だけ取る。

③ミスコピーが出たらシュレッダーで処理する。

4.「秘」扱い文書を会議などで配布する場合――では，次のことが考えられます。

①コピーしたものに連番を付け，何番を誰に渡したか記録を取っておく。

②会議終了後に回収する場合は，配布した枚数と合致しているか点検する。

5.「秘」扱い文書を持っていって他部署の各部長に渡す場合――では，次のことが考えられます。

①「秘」扱い文書に「秘」の印を押し，中が透けて見えない封筒に入れて封をする。

②封筒には部長名を書き，名前の左側に「親展」と記す。

③それぞれの部長に直接渡す。部長が留守の場合は秘書に預ける。部長も秘書もいない場合は，他の人に預けないで出直す。

④部長や秘書に渡した場合は「文書受け渡し簿」などに受領印をもらう。

6.「秘」扱い文書を保管する場合――では，次のことが考えられます。

①一般文書とは別にファイルし，鍵のかかるキャビネットなどに保管する。

　以上，「ケース」と「作業手順」を組み合わせて「注意すべきこと」を考えてみましたが，それだけでもかなりの数の項目が挙げられることが理解できたと思います。

言葉の基礎知識

Lesson ① 漢字の基礎知識

　1級の試験では，記述問題で漢字を書くことも多くなります。また，設問などで難しい漢字も使われるので，以下のような一般常識程度の漢字の読み書きはできるようにしておきましょう。

📁 難しい漢字の読み方

□ 謝る　……電話で謝る。
□ 頂く　……お中元を頂く。
□ 悼む　……彼の死を悼む。
□ 伺う　……「明日伺います」
□ 承る　……「お話を承ります」
□ 拝む　……神仏を拝む。
□ 訪れる　…春が訪れる。
□ 省みる　…自らを省みる。
□ 試みる　…説得を試みる。
□ 快い　……快く引き受ける。
□ 遮る　……相手の言葉を遮る。
□ 妨げる　…議事進行の妨げになる。
□ 退く　……一歩退いて待つ。
□ 速やか　…速やかに報告する。

□ 背く　……会社の方針に背く。
□ 託す　……息子に夢を託す。
□ 携える　…手を携えて散歩に行く。
□ 奉る　……神と奉る。
□ 賜る　……「お言葉を賜りたい」
□ 謹む　……謹んで祝意を表する。
□ 和む　……場が和む。
□ 挟む　……書類を挟む。
□ 紛れる　…気が紛れる。
□ 惑わす　…人心を惑わす。
□ 自ら　……社長自ら謝罪した。
□ 旨　………その旨を伝える。
□ 専ら　……専ら開発に打ち込む。
□ 委ねる　…判断を上司に委ねる。

📁 難しい熟語の読み方

□ 哀悼　……哀悼の意を表する。
□ 委託　……業務を委託する。
□ 思惑　……思惑通り事が運ぶ。
□ 割愛　……紙数の関係で割愛する。
□ 完遂　……計画を完遂した。
□ 忌避　……徴兵を忌避する。
□ 吟味　……材料を吟味する。

□ 供養　……先祖を供養する。
□ 更迭　……会長が専務を更迭する。
□ 成就　……大願成就を願う。
□ 真摯　……真摯な態度で臨む。
□ 潜在　……潜在的能力を引き出す。
□ 相好　……相好を崩す。
□ 頓挫　……計画が頓挫する。

主な同音異義語の使い分け

☐ イドウ………会議室に移動する。
　　　　　　　人事異動がある。

☐ イシ…………意志が強い。
　　　　　　　その意思がない。
　　　　　　　故人の遺志を継ぐ。

☐ カイシュウ…問題用紙を回収する。
　　　　　　　建物の改修をする。

☐ カンシン……彼の手腕に感心する。
　　　　　　　政治に関心を持つ。
　　　　　　　歓心を買う。

☐ キョウコウ…強行採決を行う。
　　　　　　　強硬手段に訴える。
　　　　　　　世界恐慌を心配する。

☐ コウガク……向学心に燃える。
　　　　　　　後学のための見学。

☐ コウコク……一般に公告する。
　　　　　　　広告を掲載する。

☐ コウセイ……公正な立場。
　　　　　　　社員の福利厚生。
　　　　　　　文字の校正をする。

☐ ジキ…………時期尚早。
　　　　　　　時機を逸する。
　　　　　　　時季外れの品物。

☐ ジセイ………感情を自制する。
　　　　　　　自省を促す。
　　　　　　　植物が自生する。

☐ シュウシュウ …事態を収拾する。
　　　　　　　情報を収集する。

☐ ショシン……初心に返る。
　　　　　　　所信を表明する。

☐ ショヨウ……所用のため欠席する。
　　　　　　　所要時間を知らせる。

☐ シンニュウ…水が浸入する。
　　　　　　　敵が侵入する。
　　　　　　　会場に進入する。

☐ ゼッタイ……絶対的な権力。
　　　　　　　絶体絶命の危機。

☐ タイショウ…左右対称の図形。
　　　　　　　調査の対象。
　　　　　　　対照的な性格。

☐ タイセイ……大勢に影響がない。
　　　　　　　資本主義体制。
　　　　　　　受け入れ態勢。

☐ ツイキュウ…利益を追求する。
　　　　　　　責任を追及する。
　　　　　　　真理を追究する。

☐ トクチョウ…優れた特長。
　　　　　　　特徴のある顔。

☐ ヒッシ………必死の覚悟。
　　　　　　　敗戦は必至である。

☐ ヘイコウ……議論が平行線をたどる。
　　　　　　　両案を並行審議する。

☐ ホショウ……人物を保証する。
　　　　　　　人権を保障する。
　　　　　　　損害を補償する。

☐ ミトウ………前人未到の偉業。
　　　　　　　未踏の秘境を探す。

☐ ムジョウ……諸行無常。
　　　　　　　無情な仕打ち。
　　　　　　　無上の喜び。

☐ メイキ………氏名を明記する。
　　　　　　　心に銘記する。

☐ ヨウケン……用件を片付ける。
　　　　　　　秘書としての要件。

一般によく用いられる熟字訓

- [ ] 昨日…………きのう
- [ ] 今日…………きょう
- [ ] 明日…………あす
- [ ] 二十日…………はつか
- [ ] 今年…………ことし
- [ ] 師走…………しわす
- [ ] 七夕…………たなばた
- [ ] 十六夜…………いざよい
- [ ] 一人…………ひとり
- [ ] 大人…………おとな
- [ ] 若人…………わこうど
- [ ] 玄人…………くろうと
- [ ] 素人…………しろうと
- [ ] 弟子…………でし
- [ ] 乳母…………うば
- [ ] 海女…………あま
- [ ] 乙女…………おとめ
- [ ] 女形…………おやま
- [ ] 二十歳…………はたち
- [ ] 息子…………むすこ
- [ ] 伯父・伯母……おじ・おば
- [ ] 上手・下手……じょうず・へた
- [ ] 笑顔…………えがお
- [ ] 息吹…………いぶき
- [ ] 風邪…………かぜ
- [ ] 五月雨…………さみだれ
- [ ] 梅雨…………つゆ
- [ ] 時雨…………しぐれ
- [ ] 日和…………ひより
- [ ] 吹雪…………ふぶき
- [ ] 雪崩…………なだれ
- [ ] 海原…………うなばら

- [ ] 河原…………かわら
- [ ] 河岸…………かし
- [ ] 砂利…………じゃり
- [ ] 紅葉…………もみじ
- [ ] 百合…………ゆり
- [ ] 小豆…………あずき
- [ ] 芝生…………しばふ
- [ ] 八百屋…………やおや
- [ ] 果物…………くだもの
- [ ] 眼鏡…………めがね
- [ ] 木綿…………もめん
- [ ] 足袋…………たび
- [ ] 草履…………ぞうり
- [ ] 竹刀…………しない
- [ ] 行方…………ゆくえ
- [ ] 数珠…………じゅず
- [ ] 卒塔婆…………そとうば(そとば)
- [ ] 読経…………どきょう
- [ ] 浴衣…………ゆかた
- [ ] 寄席…………よせ
- [ ] 生粋…………きっすい
- [ ] 田舎…………いなか
- [ ] 母屋…………おもや
- [ ] 大和…………やまと
- [ ] 流鏑馬…………やぶさめ
- [ ] 山車…………だし
- [ ] 神楽…………かぐら
- [ ] 祝詞…………のりと
- [ ] お神酒…………おみき
- [ ] 土産…………みやげ
- [ ] 為替…………かわせ
- [ ] 老舗…………しにせ

Lesson ②　誤りやすい言葉

　普段何げなく使っている言葉の中には誤りと気付かずに使用しているものも少なくありません。以下のような誤記・誤読をしていないか，またうっかり言い間違いをしていないか，一度チェックしてみることも大切です。

📁　書き誤りやすい熟語

☐ ×案の条　　　→○案の定
☐ ×安非　　　　→○安否
☐ ×異句同音　　→○異口同音
☐ ×意思薄弱　　→○意志薄弱
☐ ×衣食同源　　→○医食同源
☐ ×意心伝心　　→○以心伝心
☐ ×一同に会する→○一堂に会する
☐ ×一触速発　　→○一触即発
☐ ×一身同体　　→○一心同体
☐ ×一生一代　　→○一世一代
☐ ×意味慎重　　→○意味深長
☐ ×異和感　　　→○違和感
☐ ×浮き目を見る→○憂き目を見る
☐ ×受け負う　　→○請け負う
☐ ×受けに入る　→○うけに入る
☐ ×遅れを取る　→○後れを取る
☐ ×温古知新　　→○温故知新
☐ ×外交辞礼　　→○外交辞令
☐ ×快心の作　　→○会心の作
☐ ×掻き入れ時　→○書き入れ時
☐ ×価値感　　　→○価値観
☐ ×間一発　　　→○間一髪
　「危機一髪」の表記にも注意。
☐ ×感違い　　　→○勘違い
☐ ×肝に命ずる　→○肝に銘ずる
☐ ×気安め　　　→○気休め

☐ ×興味深々　　→○興味津々
☐ ×興味本意　　→○興味本位
☐ ×苦渋をなめる→○苦汁をなめる
　（注）×「苦汁を味わう」
　　　→○「苦渋を味わう」
☐ ×苦敗を喫する→○苦杯を喫する
☐ ×気嫌い　　　→○毛嫌い
☐ ×原価償却　　→○減価償却
☐ ×効を奏する　→○功を奏する
☐ ×互格の勝負　→○互角の勝負
☐ ×事の外　　　→○殊の外
☐ ×誤弊がある　→○語弊がある
☐ ×孤立無縁　　→○孤立無援
☐ ×最大漏らさず→○細大漏らさず
☐ ×殺倒　　　　→○殺到
☐ ×三身一体　　→○三位一体
☐ ×自我自賛　　→○自画自賛
☐ ×死に者狂い　→○死に物狂い
☐ ×若冠　　　　→○弱冠
　「弱冠」は男子二十歳の異称。転じて，年の若いこと。「若干」（幾らか，多少）と混同しないように注意。
☐ ×正真証明　　→○正真正銘
☐ ×自力更正　　→○自力更生
☐ ×自論　　　　→○持論

序章 受験対策基礎知識

第1章 必要とされる資質

第2章 職務知識

第3章 一般知識

第4章 マナー・接遇

第5章 技能

第6章 面接

終章 模擬試験

- □ ×心気一転 →○心機一転
- □ ×精魂尽きる →○精根尽きる
- □ ×是か否か →○是か非か
- □ ×説を折る →○節を折る
- □ ×絶対絶命 →○絶体絶命
- □ ×前後策 →○善後策
- □ ×大義名文 →○大義名分
- □ ×多寡をくくる→○高をくくる
- □ ×短的 →○端的
- □ ×短刀直入 →○単刀直入
- □ ×適才適所 →○適材適所
- □ ×寺小屋 →○寺子屋
- □ ×独断先行 →○独断専行
- □ ×土地感 →○土地勘
- □ ×ぬれ手で泡 →○ぬれ手で粟（あわ）
- □ ×万事窮す →○万事休す
- □ ×万を持す →○満を持す
- □ ×耳触りな話 →○耳障りな話

  「耳障り」は，聞いて不快に感じること。

- □ ×有名をはせる→○勇名をはせる
- □ ×露地裏 →○路地裏

- □ ×刈り（借り）集める →○駆り集める
- □ ×ご多聞に漏れず →○ご多分に漏れず
- □ ×木っ葉みじん →○木っ端みじん
- □ ×惨々な目に遭う →○散々な目に遭う
- □ ×責任を転化する →○責任を転嫁する
- □ ×袖振り合うも多少の縁→○袖振り合うも多生（他生）の縁

  「振り合う」は「すり合う」ともいう。「多生」は何度も生まれ変わること，「他生」はこの世以外の世のこと。

- □ ×実もふたもない →○身もふたもない

言い誤りやすい言葉

- □ ×素人はだし →○素人離れ，玄人はだし

  「素人離れ」も「玄人はだし」も，専門家でないのに，まるで専門家のように優れていること。混用してはいけない。

- □ ×せこせこ →○こせこせ

  細かい目先のことだけにこだわり，余裕がないさま。「こせこせした態度」などと使い，こせこせすることを「こせつく」という。なお，「せこせこ」という言葉はない。

- □ ×働きずくめ →○働きづめ

  「ずくめ」は「黒ずくめの服装」「結構ずくめ」など名詞に付けてその物・事のみであることを表す。「～づめ」は同じ状態が続くことで，「働き（立ち・歩き）づめで疲れた」などと使う。

読み誤りやすい言葉

- [ ] ×一言一行（いちごんいちぎょう）　　→○一言一行（いちげんいっこう）
- [ ] ×一期一会（いっきいっかい）　　　　→○一期一会（いちごいちえ）
- [ ] ×一線を画（が）する　　　　　　　　→○一線を画（かく）する
- [ ] ×一日の長（いちにちのちょう）　　　→○一日の長（いちじつのちょう）
- [ ] ×悦に入る（えつにはいる）　　　　　→○悦に入る（えつにいる）
- [ ] ×言語（げんご）道断　　　　　　　　→○言語（ごんご）道断
- [ ] ×言質（げんしつ／げんしち）を取る→○言質（げんち）を取る
- [ ] ×御利益（ごりえき）　　　　　　　　→○御利益（ごりやく）
- [ ] ×順風満帆（じゅんぷうまんぽ）　　　→○順風満帆（じゅんぷうまんぱん）
- [ ] ×知己（ちこ）　　　　　　　　　　　→○知己（ちき）
- [ ] ×遂行（ついこう）　　　　　　　　　→○遂行（すいこう）

正しい読み方・書き方を知らないと，パソコンで文字を入力したり文書を作成するときも苦労しますね。また手書き原稿を入力する際，「末」や「未」，「味」や「昧」，「白」や「曰」など似た文字をうっかり見誤って打ってしまうことがありますが，文字だけを追うのではなく，意味を考えながら入力しなければいけないんですね。

そうね。そういう意識を持つだけでも入力ミスはかなり防げるはずよ。でも文字の見誤りから生まれた言葉もあるわよ。例えば「独り舞台」という意味の「独壇場（どくだんじょう）」。本来「独擅場（どくせんじょう）」が正しいんだけど，「擅」を「壇」と見誤ったことから「独壇場」という言葉ができたらしいわ。今は「独壇場」も一般的に使われているけど，「独擅場」と書いてあったら「どくせんじょう」と読まなきゃいけないし，これを誤字だと勘違いしないようにね。

☐ ×他人事（たにんごと）　　　　　→○他人事（ひとごと）

最近では「たにんごと」と読む向きも多いが，本来の読みは「ひとごと」。

☐ ×歯に衣（ころも）着せぬ　　　　→○歯に衣（きぬ）着せぬ

☐ ×斜（はす）に構える　　　　　　→○斜（しゃ）に構える

☐ ×一（ひと）段落　　　　　　　　→○一（いち）段落

（注）×一（いち）区切り→○一（ひと）区切り

☐ ×身を粉（こな）にする　　　　　→○身を粉（こ）にする

「誤読」と勘違いしやすい漢字の読み

　言葉の使い方同様，漢字の読み方も時代によって変化してくるものです。ここでは従来正しいとされてきた読みを最初に，近年使われるようになった読みを「／」の後に記してありますが，どちらを使ってもよいとされています。年配の人は前者を，若年層は後者を用いる傾向にあるようですが，「どちらが一般的か」ではなく，「そういう読み方もある」と心得ておくことが大切。許容されている読み方を知っていれば，上司や取引先など年配の人が口にする言葉も理解でき，またパソコンで文字入力をする際などの助けにもなるでしょう。

☐ 依存→いそん／いぞん

☐ 初孫→ういまご／はつまご

☐ 固執→こしゅう／こしつ

☐ 早急→さっきゅう／そうきゅう

☐ 舌鼓→したつづみ／したづつみ

☐ 出生→しゅっしょう／しゅっせい

☐ 重複→ちょうふく／じゅうふく

☐ 家並→やなみ／いえなみ

☐ 世論→よろん／せろん

> どちらでもいいと言われると逆に迷いますよね。「手を拱く」と言う場合の「拱く」はどうなんでしょう。「こまぬく」と読む人もいますし，「こまねく」と言う人もいますよね。

> 「こまねく」は「こまぬく」が変化した言い方だけど，最近では「こまねく」と言う人が多いでしょ。「こまぬく」と読んだら「誤読」と指摘されそうで……これも別の意味で使うときに迷ってしまう言葉だわ。

読み誤りやすい言葉

□ いじましい……せせこましく，しみったれている。例：「いじましい考え」

いじらしい……かわいらしい。また，何かをする姿が痛々しく，同情される
様子。例：「非力でも懸命に努力する姿がいじらしい」

□ おざなり………当座の間に合わせ。例：「おざなりの仕事」

なおざり………おろそか，いいかげん。例：「なおざりな態度」

□ 萎びる…………水分を失って縮む（しぼむ），みずみずしさがなくなる。
例：「萎びた野菜」

鄙びる…………田舎の雰囲気が漂う。例：「鄙びた温泉宿」

□ つまされる……(情愛などにひかれて) 心が動かされる。例：「身につまされ
る」（人の不幸な話などを聞いて，自分のことのように悲し
く思う）

つままれる……化かされる。例：「キツネにつままれたような話」

□ 慎ましい………控えめで，遠慮深い。例：「慎ましく振る舞う」

倹しい…………倹約して，質素である様子。例：「倹しく暮らす」

第1章

必要とされる資質

上級秘書の資質と能力

Lesson 1 要求される高い資質

CASE STUDY

あなたなら
どうする？

大失敗しちゃって……

この先輩がバックアップしてくれるのだったら挑戦してみようか……

新しい仕事にどう挑戦させる？

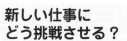

▶ 秘書Aの下に新人Cが配属され，Aが仕事を教えることになりました。教えた仕事をCが覚えてきたようなので，次の仕事を教えようとしたところCから，まだ自信を持ってできるようになっていないので，新しい仕事は無理だと言われました。このような場合Aは，Cにどのようなことを言えばよいのでしょうか。三つ挙げてください。

対処例 ○△×?…

次の三つのことを話して指導すればよいでしょう。
1. 自信がなくても，新しい仕事に挑戦してみようという積極的な姿勢が大切である。
2. 失敗したときは，自分もフォローする。
3. 仕事に慎重なのは分かるが，自信がつくのを待っていては，仕事の範囲は限られる。仕事はやりながら覚えるものだ。

スタディ 💡!!

自信が持てないから次の仕事は無理と言っているので，Cは慎重な人のようです。とすれば，「仕事には積極的な姿勢が必要であること」，「失敗してもカバーするから安心してよいということ」，「慎重な態度をとり続けていると，仕事の範囲は限定され，より高度な仕事ができなくなる。そのようなことでは，秘書としてというより，職業人としてもやっていけなくなること」などを話して指導することになります。

また対処例の他に，「秘書の仕事は，初めてやることが少なくない。初めての仕事だから自信がないなどと尻込みしていたら，この仕事はやっていけない。秘書として配属されたのだから，この際，思い切って何にでもチャレンジしてみたらどうか」と励ますのもよいでしょう。

向上心を持ち続ける

　向上心とは，多様な能力，より質の高い能力を身に付けようとするなど現状に満足しないで，常に今よりよい状態を目指そうとする心のことです。多様な能力を獲得するためには，例えば，コンピューターの基本的なソフトを使いこなすことで満足せず，仕事に関係あるソフトを積極的に学び，仕事の範囲を広げていくことです。先輩などから指示された初めての仕事も敬遠＊1）したりせず，むしろ喜んで取り組む精神がなければなりません。また，質の高い能力を身に付けるためには，秘書業務の基本的なことを遂行することで終わらず，よりよい補佐をするために，それぞれの業務を掘り下げて，自分のものにしようと努力することが大切です。

　社会は速いテンポで進歩し，今までは有効だった知識や技術もあっという間に時代遅れのものになってしまいます。常に向上心を持ち，積極的に自分の能力を高めるようにしなければなりません。そのためには以下のことに留意します。

◆**知らないことや初めてのことに対しても積極的に取り組む。**

◆**常に好奇心を持ち，失敗を恐れない。仮に失敗したとしても，そこから多くのことを学び，次につなげる努力をする。**

●**向上心のある人には仕事が集中する**

　強い向上心を持っている人のところには，仕事が集中するようになります。向上心があると，仕事の守備範囲が広がり，仕事に精通してくるので，処理の仕方も早く，質も高くなるからで，上司や先輩秘書は，他の同僚秘書や後輩秘書の手が空いていてもついついその人に頼んでしまうようになるからです。従って，「自分のところばかりに仕事が来る」と不平を言ってはいけません。むしろ「仕事が集まるのは有能である証拠」と誇らしく思うべきです。

　ただし，仕事が集中し過ぎるとミスをしたり，仕事が粗雑になる恐れがあるので，限界を超えるような場合は，上司に以下のような確認をして指示を仰ぐようにすればよいでしょう。

①前に指示された仕事をしているときに，新しい仕事を指示されたら，締切日と優先順位を確認する。

②進行中の仕事を優先するが，新しい仕事の期限も差し迫っているということであれば，両方引き受けることは難しいことを理解してもらう。

③どうしてもということであれば，誰かに手伝ってもらってよいか確認する。

＊1）敬遠＝面倒になったり不利になるのを嫌がって，最初からその事に関わるのを避けること。

リーダーシップと協調性を持つ

　上級秘書に特に求められるのは，リーダーシップと協調性です。これらは後輩たちをリードするとともに，同僚・後輩たちと協力し合ってよりよく上司を補佐するためには欠かせない重要な資質です。

●強いリーダーシップを発揮する

　多くの経験を積み，また高度な知識を持っている上級秘書は，経験が少ない後輩秘書や新人秘書をリードする立場にありますが，仕事面に限らず，秘書同士が協力し合えるようリーダーシップを取っていくことが必要です。気が合わない，仕事の仕方が違うなどで，秘書同士が対立するようになると職場の人間関係がぎくしゃくし，仕事にも悪い影響が出てきてしまうからです。

　例えば，中途採用で秘書課に配属された秘書経験者（Z）が，前の会社のやり方はこうだったなどと，前の会社での仕事の仕方を主張したりすると，秘書課内にはよくないムードが漂います。そのようなときは上級秘書が強いリーダーシップを発揮して，課内をまとめるように努力しなければなりません。その際，Zには以下のようなことを話し，関係修復を図るように促します。

> ◆秘書の仕事の仕方は会社によってさまざまなのだから，この会社に入ったら，基本的にはここのやり方に従ってもらいたい。
>
> ◆仕事の仕方で先輩秘書と意見の違いがあったら，取りあえず先輩秘書の仕方に従ってもらいたい。
>
> ◆Zの仕事の仕方のよい点は積極的に取り入れるようにする。
>
> ◆秘書の仕事に絶対というものはないのだから，全員で仕事の改善点を提案し合い，より効率的に仕事をすることが大切である。

●協調精神を忘れない

　上級秘書になると，知識や経験が豊富なだけに自信もあり，自分のすることが全て正しく，後輩は黙って従うのが当然だというような考えが出てきがちです。しかし，それでは人はついてきません。同僚や後輩たちをまとめていくためには，自分も同僚や後輩たちの意見に耳を傾け，提案を取り入れたりするなど，歩調を合わせて全員で協力し合うという協調精神がなければなりません。次のようなことに留意しましょう。

> ◆提案を奨励し，同僚や後輩たちの意見を多く出させるようにする。
>
> ◆誰か仕事で困っていたら声をかけ，できるだけの協力をする。
>
> ◆どんなことでも気軽に相談を受けるようにする。

「気が利く秘書」になる

　仕事の仕方などで「よく気が利く」という言い方をしますが，この場合の「気が利く」とは，「こまやかな心配りがあり，隅々まで注意が行き届くこと」という意味です。

　世の中には，「よく気が利く人だ」と言われる人と，「気が利かない人だ」と言われる人がいます。どこが違うのでしょうか。

　例えば，座敷での食事が終わって上司が帰るとき，上司の靴をそろえて出すような人は，こまやかな心配りができる「気が利く人」といえます。また，外出から戻ってきた上司がハンカチで汗を拭いているのを見て，すぐに冷たい飲み物やお絞りなどを持って来る人は，隅々まで注意が行き届いている「気が利く人」といえるでしょう。

　気が利かない人は，上司がどのような状況で帰ってきても，いつもの「緑茶」を出すことしかしない人，つまり臨機応変な行動が取れない人です。あるいは，来客がお茶をこぼして服にかかったとき，「大丈夫ですか，お洋服にかかったようですが染みになりませんか」とただ心配顔で見ている人です。つまり，何かが起こったとき何をすべきか気が付かない人は「気が利かない人」です。気が利く人は，すぐにタオルを持ってくるなどの行動を取ります。

　気が利く人と利かない人の違いは，注意力があるかないか，次に取るべき行動を知っているか知らないかの差ということになります。

　秘書は上司が今何を求めているか，今何をすればよりよい補佐ができるかを常に考えて仕事をしなければなりませんが，注意力を働かせてそれを察知し，実行できる人が「よく気が利く秘書」ということになるのです。

　具体的に気が利く仕事の仕方をするためには，以下のようなことに留意します。

◆日常的な仕事は，上司に指示される前に行う。

◆指示された仕事だけでなく，それに付随する必要なことは言われなくても処理しておく。

　◎関連してやっておくことはないか，いつも考えを巡らす習慣を付けておく。

◆上司の言動から，次に何が必要なのかを察知し，それに適切に対応する。

◆時期的に予想される定型的な仕事は，自分から申し出て進んで行うようにする。

◆上司が気が付かないことにも心を配るように努める。

◆上司の身の回りの世話はタイミングよく行う。

序章　受験対策　基礎知識

第1章　必要とされる資質

第2章　職務知識

第3章　一般知識

第4章　マナー・接遇

第5章　技能

第6章　面接

終章　模擬試験

SELF STUDY

POINT 出題 CHECK

「要求される高い資質」では，向上心や積極性，リーダーシップや気を利かせることなどに関する問題が出されている。出題は，「リーダーシップとは何か」と直接的に問うようなものではなく，いずれも上級秘書が後輩秘書や同僚から相談を受けるという設定で，そのアドバイス内容を箇条書きで答えさせるというものだが，幾つかの資質がキーになっていることに注意。例えば CASE STUDY では，積極性と向上心の重要性を問う出題となっている。設問を要約すると，「自信がないからと新しい仕事を敬遠する新人秘書」にどのようにアドバイスすればよいか，ということであるが，①新しい仕事に挑戦する姿勢が求められること（積極性），②自信ができるまで待っていては仕事の範囲が広がらないこと（向上心）などが解答例として挙げられるように，設問に対して関係ある資質を見つけ，その資質と仕事との関係を結び付けて考えていくと手掛かりを得られることが多い。秘書に求められる資質の意味を理解し，それが仕事にどのように生かされるかを押さえておくことが重要である。

 ### 気を利かせた仕事の仕方

秘書Aは後輩Bから，「上司によく，気が利かないと言われる。自分の仕事の仕方にそんなに問題があるのだろうか」と相談を受けた。このような場合，気を利かせた仕事の仕方とはどういうものかを教えるとしたら，どのようなことを言えばよいか。箇条書きで三つ答えなさい。

〔解答例〕
1. 日常的な仕事は，上司を煩わせないように，指示に先立って行うようにする。
2. 指示されて仕事をしたとき，それに付随する必要なことは，指示がなくても行うようにする。
3. 時期的に予想される定型的な仕事は，自分から申し出てするように心がける。

秘書の気が利く仕事の仕方とは，「上司が何を考えていて」，「どのようなことを望むだろうか」ということを察知して，それをすることである。よく言われる，「言われる前にやる」ということである。これを具体的な仕事の仕方として答えればよい。解答例の他に，「上司の言動から何を求めているかを察して，それに適切に対応するようにする」などもよい。

CHALLENGE 実問題

1

秘書課のＡは，営業部から最近異動してきたＢから相談をされた。「秘書の仕事に自信が持てない。自分は秘書に向いていないのではないか」ということである。Ａの知る限りでは，上司はＢの仕事ぶりを褒めているし，Ａも，以前とは異なる仕事をむしろよくやっていると思っている。このような場合Ａは，Ｂに自信を持ってもらうためにどのようなことを言うのがよいか。1．以外に箇条書きで三つ答えなさい。

1．上司もＢの仕事ぶりを褒めているし，自分もＢはよくやっていると思っている。

2

販売部長秘書Ａは，気働きのある秘書だと周りから言われている。次は，Ａが最近行ったことである。中から不適当と思われるものを一つ選び，その番号を（　　）内に書き，その理由を答えなさい。

1．いつも意見が合わないと上司が言っていた広報部長が，上司はいるかと訪れたとき，在否は言わず用件は何かと聞いた。
2．上司の仕事が立て込んでいたとき，課長が上司に少し尋ねたいことがあると言ってきたが，理由を言って後にしてもらった。
3．いつも長居をするＹ氏に上司が仕方なく会うとき，上司に，面談中頃合いを見て急用ができたとメモを入れようかと言った。
4．エレベーターに他部署の人が乗ってきたとき，その人の部署は5階と分かっていたが，5階でよいかと尋ねてから操作ボタンを押した。
5．専務が上司のところへ立ち寄ったとき，専務は黙って席を外すので困ると専務秘書から聞いていたので，専務秘書に連絡をしておいた。
〔番　号〕（　　　　　　　　　）
〔理　由〕

【解答例・解説】1＝2．異動してきたばかりで仕事に慣れていないのだから，やったことに自信が持てないのは当たり前のことである。
　　3．秘書課に配属されたのはそれなりの理由があったのだから，向いていないなどと思うのはまだ早いのではないか。
　　4．分からないことや失敗したときなどは，遠慮なく自分に相談してもらいたい。
　解答例の他に，2．は「もう少したって秘書課の仕事に慣れてくれば，自然に自信が持てるようになる」などもよい。
2＝1．在否を言わず用件を聞いたのが不適当。いつも意見が合わないというのは，上司と広報部長の間のことなので，Ａはそのようなことに関係なく対応するのがよいから。

Lesson ② 状況に応じた適切な判断力

CASE STUDY

あなたなら
どうする？

救急車で〇〇病院に……

会社の緊急時に父親の急病，どうする？

▶秘書Aの上司（部長）は，昨日工場で発生した事故の対策委員長となり対策会議に追われています。Aも委員長補佐として待機しているように指示されています。そのような折，Aの家族から父親が急病で入院したとの電話が入りました。このような場合，Aはどのような手順で対処すればよいのでしょうか。

対処例 〇△×？…

次のような手順で状況判断し，行動すればよいでしょう。

1. 重症であれば，そのことを上司か課長に告げ，すぐに病院に行く。
2. 重症でなければ，
   a 家族に現在の自分の立場を話し，仕事が一段落してから行くと言う。
   b 課長に報告し，急ぎの用件を済ませてから，他の適当な人に代わってもらって病院に行く。
3. 病院に行き，父親の症状が落ち着いているようであれば会社に連絡し，必要なら帰社する。

スタディ 💡‼

父親が急病で入院したとの知らせがあったということです。できれば，すぐに病院に駆け付けたいところですが，一方で職場から離れられない仕事を抱えている場合にどのように判断して行動するかが問われています。設問では，急病ということだけで，重症なのか，重症というほどではないのか，症状までは設定されていません。従って，ここでは，その二つのケースに分けて解答しなければなりません。

重症の場合はすぐ病院へ行きますが，重症でない場合は，病院に行くことを優先しながらも，取りあえず急ぎの仕事は片付けてしまうようにします。また，病院に行った後，会社に連絡することも忘れないようにします。

高度な判断力を身に付ける

　仕事における判断力とは，状況を正しく捉えた上で，どのようにすれば最善なのかを考え，幾つかの選択肢の中から適切なものを選定する能力のことです。例えば，上司（営業部長）から「電話や来客は取り次がないように」と指示されていたとき，専務からの内線電話があり，「営業部長に急いで専務室に来るように伝えてほしい」と言われたらどうしますか。この場合は当然取り次がなければなりません。それは，上司から「取り次がないように」と指示を受けてはいても，「緊急の場合は例外」と捉え，取り次ぐことが最善だと考えられるからです。従って，緊急の場合は，専務でなくても，他部署の部長，上司の部下など相手が誰であっても取り次ぐことになります。

　では，急ぎでない専務の呼び出し電話があった場合はどうでしょうか。これも取り次ぐのが正解です。それは，「取り次がないように」という上司の指示より，上司の上役の指示の方が優先されると考えられるからです。

●状況に応じてどのようにすべきかを心得ておく

　秘書は，仕事のさまざまな局面で適切な判断をしていくことが求められますが，基本的な業務は一定のルールに沿って行えばよく，例えば上記の場合なら，「取り次がないようにと指示されていても取り次ぐケース」をピックアップしてマニュアル化しておけば，判断に迷うことなく仕事を円滑に進めていくことができます。

　また，さまざまな状況に応じて適切な行動が取れるように，ケースごとに対応の要領を心得ておくと，判断のよりどころになります。例えば，複数の仕事が重なった場合は，次の要領で対応します。

- ◆電話連絡などすぐ済むものを優先する。
- ◆急ぎのものを優先する。
- ◆上司の上役の指示を優先する。
- ◆時間的に間に合わない場合は，代わりの者に頼む。

●瞬時に適切な判断をする

　上記のような対応を心得ていても，「急ぎのもの」と「すぐ済むもの」のどちらを優先するかなど判断に迷うケースも出てきますが，上司不在のときや瞬時に対応する必要があるときは，仕事の緊急度や状況を見て，秘書がその都度適切に判断していかなければなりません。上級秘書にはそのような判断力が求められていることを自覚し，先輩秘書の仕事の仕方を見習うなどして，高度な判断力を身に付けるように心がけましょう。

序章　受験対策基礎知識　第1章　必要とされる資質　第2章　職務知識　第3章　一般知識　第4章　マナー・接遇　第5章　技能　第6章　面接　終章　模擬試験

SELF STUDY

過去問題を研究し
理解を深めよう！

POINT 出題 CHECK

　「状況に応じた適切な判断力」では，家族の急病や上司が退職する際のあいさつ回りなど，非日常的な状況で判断力を問われることが多いが，日常業務では，仕事が重なったときにどのように判断して進めるかを問う問題が出題される。

　基本的に，「どれを優先するか」，「誰を優先するか」など手順や順位を問うもの，それが適切な対応かどうかを問うものが多い。優先順位を判断するときは，すぐ済むもの，急ぎのものを優先すること，また役職の高い人を優先することを押さえておく。適切な対応かどうかについては，問題文の状況設定をよく読み，状況を正確に捉えることが鍵になる。

　なお，「判断力」については，ここでの問題以外に，Lesson3の「業務遂行のための調整能力」など多くの問題に関連して出題されている。

✳ 優先順位の判断

　秘書Aの上司（常務）が定年で退職することになり，部長が昇格してAの上司になることが決まった。次は，このようなときにAが言ったことである。

○　①部長に，新しい肩書の名刺について尋ねたとき

　　「S印刷に名刺を頼もうと思います。常務の名刺を使って赤字で直しておきましたが，いかがでしょうか」

×　②常務から，あいさつ回りについて相談されたとき

　　「あいさつ回りはお二人でということになりますので，部長のご都合をお聞きして予定表をお作りしたいのですが，よろしいでしょうか」

○　③課長から，部長のお祝いについて尋ねられたとき

　　「部長の昇格祝いは，常務の送別会が済んでからがよいと思いますが，いかがでしょうか。そのときはまたご相談させていただきます」

　　②職を離れる常務と後を継ぐ部長と一緒にあいさつ回りをするのである。であれば，あいさつ回りの予定表を作成するときは，前任者であり上位者でもある常務の都合を先に尋ねないといけない。部長の都合を先に聞くというのは不適当である。

CHALLENGE 実問題

1

　次は，山田部長秘書Aが行った来客などへの対応である。中から不適当と思われるものを一つ選び，その番号を（　　）内に書き，その理由を答えなさい。

1．上司から体調が悪いので誰も取り次がないようにと言われていたとき，他部署のK課長に内線電話で上司の在否を聞かれて
「いらっしゃいますが，お忙しいようですので，ただ今ご都合を伺ってまいります」

2．上司から，長居するので困る，何とかならないかと言われていた取引先の部長が訪れたとき
「本日は30分後に外せない用が入ってしまいました。ご了承くださいませんでしょうか」

3．上司が二日酔いで頭が痛いと言っているとき，昨夜一緒だった他部署のT部長に上司の在否を聞かれて
「お部屋においでですが，今朝は二日酔い気味とおっしゃっています。T部長はいかがですか」

4．上司が，関わりたくないので断るようにと言っていた件で知人が訪れたとき
「山田からお断りするようにと申し付かっております。本日のところはお引き取り願えませんでしょうか」

5．上司がなるべく深入りされたくないと言っていたことの取材で業界紙の記者が訪れたとき，上司は出張中だったので
「あいにく山田は出張中でございます。課長の○○でしたら対応できると思いますが，いかがでしょうか」

〔番　号〕（　　　　　　　　　　　）
〔理　由〕

2

　秘書Aの上司（社長）は，長年の取引先であるW社の社長からの手紙を読み終えると激怒しながら草稿を書き，これを清書して返信するようにとAに指示した。内容は「長年の取引もこれで終わりにする」というものであった。上司が感情的になっていることはAも分かっていたので，この場は普通に指示を受けた。この後，Aは秘書としてどのように対応するのがよいか。対応とその理由を答えなさい。
＜対応＞
＜理由＞

【解答例・解説】1＝5
　上司が不在のときは課長に取り次ぐという一般的な対処法では，深入りされたくないという上司の意向に沿った対応にならない。この場合，上司は出張中なので不在を理由に断るか，あるいは課長に事情を伝えて指示を仰ぐなど慎重に処置しなければならない。
2＝＜対応＞清書した手紙は，上司が冷静になるまで待ってから見せ，「この手紙を出してもよいか」と確認する。
＜理由＞社長が一時の感情に流されて長年の取引を中止するのは，会社にとっては不利益なこと。間を置いて冷静になれば正しい判断が下せる。それから手紙を手直しして出しても遅くはないから。

序章　受験対策　基礎知識　第1章　必要とされる資質　第2章　職務知識　第3章　一般知識　第4章　マナー・接遇　第5章　技能　第6章　面接　終章　模擬試験

Lesson ③ 業務遂行のための調整能力

CASE STUDY

あなたなら
どうする?

それは私用で
しょう……

上司の用で出かける
とき急用の指示が!!

▶Aは総務課員として仕事をしていますが，総務部長秘書も兼務しています。あるとき，決まった時間までに行かなければならない部長の私用で外出しようとしたところ，課長から，急ぎという文書作成の仕事を指示されました。そこで課長に事情を話すと，それは私用ではないかと言われました。このような場合，Aはどのような手順で対応すればよいのでしょうか。

 対処例 ○△×?…

　次のような手順で対応すればよいでしょう。
1. 課長に，文書はいつまで仕上げればよいか尋ねる。
2. a　部長の私用を済ませて間に合うようなら帰ってきて作成すると言って引き受ける。
　　 b　間に合わないようなら他の人に頼んでもらえないか，私用も秘書の仕事なので，と話す。
3. 帰社して，他の人に頼んで終わっていたら，その人に迷惑をかけたと謝る。作成中なら，手伝うことはないかと言う。

スタディ 💡!!

　Aは総務課員で総務部長秘書でもあるのだから，課長から指示された仕事もしますが，部長の私用もAの仕事になります。Aは既に部長から時間が決められている私用を引き受けているので，この場合は部長の仕事を優先することになりますが，可能であれば課長の仕事も引き受けなければなりません。そこで，まずは課長に文書作成の期限を尋ね，時間的にできるようなら引き受けます。無理なようなら，他の人にお願いしてもらえないかと頼むのが，このような場合のよい仕事の仕方ということになります。
　また代わりに他の人に引き受けてもらった場合は，帰社したときに，その人に対するフォローも忘れないようにします。

仕事の適切な進め方を心得ておく

　秘書は細かい業務を数多く担当しているため，一度に複数の仕事を抱えることがよくあります。特に，部の課員の仕事をしながら部長秘書を務める兼務秘書や複数の上司に付く秘書の場合は，その傾向が強くなります。しかし，どんなに仕事が重なっても決められた期日までに間に合わせなければならないため，仕事をスムーズに進めるための調整能力も必要になります。

●急ぎの仕事が重なった場合の調整

　急ぎの仕事をしているときに，さらに急ぎの仕事を指示されたら，以下のように対応します。

◆同じ上司に新しい仕事を指示された場合。

　　　◎現在進めている仕事とどちらを優先するか，指示を仰ぐ。

　　　◎どちらかが期限に間に合いそうもないと判断したら，どのようにするか指示を仰ぐ。その際，手伝ってもらえば可能ならその提案をする。

◆別の上司に新しい仕事を指示され，期限までにできそうもない場合。

　　　◎既に急ぎの仕事を頼まれていることを話し，「誰か他の人に手伝ってもらえれば仕上げることができるが，どうするか」と指示を仰ぐ。

● 「急がない仕事」と言われたときの対応

　上司から仕事を指示されたとき「急がないが」と言われることがありますが，大まかな期限は確認しておく必要があります。「急がない」と言われれば，聞いた方は1週間程度は余裕があると勝手に思ったりしますが，上司は，今日中に仕上げる必要はないが（急がないが），2日後にはほしいなどと思っているかもしれないからです。まだ時間があるだろうと思い込んで他の仕事を進めていると，突然「あの仕事はできたかな」と催促され，慌てることになります。このほか，指示がなくても緊急度や重要度を聞くこと，上司の仕事の仕方の癖を知ることも大切です。

●手伝ってもらって仕事を仕上げるための調整

　期日までに自分一人でできそうな仕事でも期限近くに別な仕事が入りそうなときは，手が空いている同僚や後輩に手伝ってもらい早く処理した方が合理的です。そのように判断したときは，次のような手順で対応します。

　①上司に，事情を話して手伝ってもらうことの了承を得る。

　②余裕がありそうな同僚や後輩に，事情を話して手伝ってもらえるか尋ねる。

　③手伝ってもらえるということだったら，間違いがないように仕事内容を説明して作業を分担する。

　④仕事の途中で間違いがないかチェックし，無事終了したら皆に礼を言う。

序章　受験対策基礎知識｜第1章　必要とされる資質｜第2章　職務知識｜第3章　一般知識｜第4章　マナー・接遇｜第5章　技能｜第6章　面接｜終章　模擬試験

SELF STUDY

過去問題を研究し
理解を深めよう！

POINT 出題 CHECK

　「業務遂行のための調整能力」では，仕事の受け方や，「急がない」と言われたときの対応，効率的に仕事を仕上げるための調整力などが問われる。多忙時に仕事を受けるときは，事情を話して上司に指示を仰ぐことと，どのようにすればできるかを提案することが鍵となるが，そのときに話す内容を書かせる問題も出されるので，基本形を書いておき，キーワードを覚えておくようにしたい。

　急がないなどと言われたときの対応としては，上司の言葉を勝手に解釈せず，上司の意向や希望を確認することがポイントになる。仕事を頼まれたときに期限を確認しておくのは基本中の基本ということを肝に銘じておきたい。また，「急がない」と言っておきながら，すぐに催促してくる上司もいるが，仕事の仕方は人それぞれ異なると心得，そういう上司の癖を知ることも重要である。

　効率的に仕事を仕上げるためには人の手を借りることも出てくるが，その場合は，上司の了承を得てから仕事が仕上がったときに礼を言うまでのプロセスを押さえておけばよい。

✳ 効率的に仕事を仕上げるための調整

　秘書Aに仕事が集中した。日時をかければ自分だけでも処理できないことはないが，同僚や後輩に手伝ってもらって，早く処理した方が合理的であると考えた。このように，自分の仕事を他の人に手伝ってもらって処理する場合，どのようにしたらよいか。順を追って箇条書きで三つ答えなさい。

〔解答例〕
1. 上司に，事情を話して了承を得る。
2. 頼む相手に，事情を話して手伝ってもらえるかを尋ねる。
3. 手伝ってもらえる了承を得たら，間違いのないように，手伝ってもらう仕事内容を正確に伝える。
　順を追うのだから，このことについて，まずは上司に了承を得る。次に頼む相手に事情を話して依頼することになる。よいということになったら，仕事内容を伝える。解答例の他に，「手伝ってもらっている仕事の進み具合を途中で確かめ，仕事が終わったら礼を述べる」などもよい。

CHALLENGE 実問題

1

　秘書Aは新しく付いた上司から，「特に急がないが清書しておいてもらいたい」と資料を渡され，仕事が立て込んでいたため翌日処理することにした。ところが，翌朝上司から「昨日頼んでおいた清書は出来たか」と言われ，「申し訳ございません。まだ出来ておりません」と答えたところ不満そうな顔をされた。今後このようなことをなくすために，Aはどのようにすればよいか。箇条書きで三つ答えなさい。

2

　秘書Aは上司から，「新人のBは仕事をするときの要領が悪い。要領よく仕事ができるように指導しておいてもらいたい」と指示された。このような場合，AはBにどのようなことを言えばよいか。箇条書きで三つ答えなさい。

【解答例・解説】1＝1. 急がないと言われても，仕事を指示されたときは必ず期限を聞くようにする。
　　　　2. 自分の仕事が立て込んでいるときは，出来そうな日を上司に伝え確認するようにする。
　　　　3. 新しく付いた上司の指示の仕方を，早く理解するように努める。
　新しく付いた上司の指示の仕方の癖を知るようにしないといけないことや，急がないと言われたときの指示の受け方の基本的なことなどが答えになる。
2＝1. 仕事を要領よくこなすには，時間配分を考えて段取りを付けることが必要である。
　　　　2. 仕事が重なったときは，優先順位を決めて処理すること。
　　　　3. 一人で処理しきれない仕事は周りの人に相談し，手伝いを頼むなどの工夫をするとよい。
　要領が悪い仕事の仕方というのは，効率のよい仕事の仕方を考えていないということ。スピードや優先順位などを考えてするのが要領のよい仕方。解答例の他に，「仕事の手順をノートにメモし，自分の仕事の仕方を振り返れるようにしておく」などもよい。

スタディガイド

領域∷理論編

領域∷実技編

面接編

テスト

Lesson ④ 人間関係調整能力

CASE STUDY

あなたなら
どうする？

通訳ができる
ことを鼻にか
けて……

高慢な秘書と
うまくやるには？

▶ 秘書Aのいる秘書課に，派遣社員Dが通訳兼秘書として配属されました。Dは通訳もでき，秘書としてのキャリアもあるためか上司の受けはいいようです。しかし，他の秘書からは高慢だとうわさされていて，評判がよくありません。このため，秘書課の雰囲気が悪くなりました。Aは先輩として課内をまとめる立場にもありますが，このような場合，他の秘書にどのようなことを話せばよいのでしょうか。三つ挙げてください。

対処例 ○△×?…

　次のようなことを話せばよいでしょう。
1. Dは兼任ではあるが，通訳として配属された派遣秘書なのだから，自分たちとは役割が違う。
2. むしろDのキャリアは，自分たちが見習ってよいことではないか。
3. Dの採用は，会社が必要で行ったことなのだから，自分たちがDを受け入れ，なじませる努力をしないといけないのではないか。

スタディ 💡!!

　まず，他の秘書たちには，派遣社員の役割を理解してもらうようにしなければなりません。次に，職場で人間関係がぎくしゃくするとよい仕事はできないので，評判のよくない派遣社員でも，受け入れて一緒に仕事をしていかなければならないことを話します。その際，上司がDの通訳や秘書としての能力を評価している事実を挙げ，仮にDが自分の才能を鼻にかけて思い上がっているとしても，彼女の能力を素直に評価し，よい点を取り入れていく姿勢が大切ではないかと言い聞かせます。

　対処例の他に，「Dの高慢さは，自分のキャリアを意識してのことだろうから，それを気にするのは大人げない」とたしなめたり，「むしろ，Dの才能を評価して積極的に褒めれば，次第に高慢さもなくなるのではないか」などとDに対する接し方をアドバイスしてもよいでしょう。

相手を尊重して人間関係を調整する

序章　受験対策　基礎知識

第1章　必要とされる資質

第2章　職務知識

第3章　一般知識

第4章　マナー・接遇

第5章　技能

第6章　面接

終章　模擬試験

　人間関係のトラブルは，意見の相違や価値観の違い，好き嫌いの感情，嫉妬や打算などから起こりますが，ちょっとした誤解や思い込みから対立感情が生まれることも多く，1対1で反目し合う場合もあれば，それがグループ同士の対立に発展する場合もあります。いずれにしても，組織内に対立関係が生まれると互いに協力を得られなくなるだけでなく，職場の雰囲気が悪くなり仕事もスムーズに進まなくなります。

　上級秘書はこうしたトラブルが起こらないように人間関係をうまく調整していかなければならず，不協和音を察知したら速やかにそれを解消するよう努めなければなりません。

●相手の立場や言い分を理解する

　人間関係を調整する際に重要なのは，話をするときにそれぞれの立場や言い分を理解しようという気持ちで接することです。例えば新人秘書が「先輩の指導が細かい」と周囲に愚痴を言っていたとしても，それをとがめるのではなく，相手の愚痴をいったん受け止めて，「大変だろうが頑張って早く仕事を覚えてほしい，期待している」などと励ますように話します。その上で，「先輩も仕事に必要なことを教えているのだから，まずは指導に素直に従い，それを学んでいくように」などと話したらよいでしょう。一方，指導する秘書に対しては，新人指導の苦労をねぎらい，指導状況に耳を傾けながら相談に乗るようにします。そして，新人秘書の愚痴についても取り上げ，「『秘書の仕事は細かいものが多く，それを学ぶことが重要であること』に気付いていないようだから，その点をよく理解させるようにしたらどうか」などとアドバイスするようにします。

●相手の考えや価値観を否定しない

　人は自分の考えを肯定してくれる人に好意を持つものです。また，自分に好意を示す人に対して好感を持つようになります。従って，人と話をするときは，相手の考えや価値観などを肯定し，よいところを褒めたり，励ましたりすることが大切です。

　例えば，仕事の仕方が違うので改めさせたいという場合は，まず相手の仕事の仕方をよく観察して把握しますが，よい部分があれば肯定的に捉え，相手にもそれを伝えるようにします。その上で，「この会社にはこの会社のやり方があるので，ここで仕事をする以上は会社の方針に従ってもらいたい」と話し，仕事の仕方について丁寧に指導します。そのとき，期待していることを話して励ませば，相手もそれに応えようと努力をするはずです。

SELF STUDY

過去問題を研究し
理解を深めよう！

POINT 出題 CHECK

「人間関係調整能力」では，秘書同士の対立や，新人秘書とその指導をする秘書との間に生じたトラブルにどう対処するか，また，上司と後輩秘書の間で人間関係をどう調整するかなどが問われる。いずれの場合も，どのようにすれば好ましい人間関係が築けるか，うまく仕事をやっていけるようになるかを考えることが重要だが，状況設定が少しでも違えば，当然のことながら留意点や記述すべき内容も異なってくるので，よく問題を読み，状況を正確に把握して取り組まなければならない。

❋ 上司と後輩秘書間の人間関係

秘書Aの所属する秘書課の課長が女性になった。女性の課長は初めてのことで，今までとの雰囲気の違いに課員はいろいろなことを言っている。次は雑談の中でAが言ったことである。

○　①前課長は終業後によく食事に誘ってくれたが，それがなくなって味気ないというBに

「私は誘われたことがあるが，いつもと雰囲気が違って楽しかった。私が場を設ける橋渡しをしようか」

○　②前課長はあまり説明しなくて済んだが，今は説明に時間がかかって煩わしいというCに

「新課長は分からないことが多いのだろうから，仕方のないことだ。場合によっては私が代わろうか」

×　③同じことをしているのに，あるときは認めあるときは認めないことがあるというDに

「女性は気分屋という先入観があるのではないか。納得のいかないことがあるならなぜかを私が尋ねてみようか」

　　③同じことを，あるときは認めあるときは認めないというのは，上司とDとの関係のことであり，Aがその間に入るようなことではない。Dに納得がいかないことがあるならDが解決すべきことで，Aが尋ねてみるというのは不適当。

CHALLENGE 実問題

1

　秘書Aの後輩BとCは性格が合わないらしく，必要なとき以外はほとんど口を利かない。この二人の関係に周囲の人が気を使うなど，仕事の上でも支障を来すことがある。そこでAは二人にそれぞれ同じ注意をすることにしたが，このような場合どのようなことを言えばよいか。箇条書きで三つ答えなさい。

2

　秘書は上司から信頼を得ないとよい仕事ができない。信頼を得るためには，「仕事を間違いなくきちんと行うこと」「仕事について口外しないこと」の他に，どのようなことを心がけるのがよいか。箇条書きで三つ答えなさい。

【解答例・解説】1＝1. 仕事は自分一人でできるものではないので，人の好き嫌いを抜きにしてしないといけない。
　　2. お互いに性格が合わないと決めつけないで，理解し合おうとする努力が必要。
　　3. 人に対して好き嫌いの感情を持つことがあったとしても，職場でそれが分かるような態度を取るのはよくない。
　仕事を円滑に進めるには職場のよい人間関係が必要。BとCは必要なとき以外は口を利かないが，これを改めなければ秘書としての資質に欠けるという観点から注意をすることになる。解答例の他に，3. は「BとCの仲の悪さは，職場の雰囲気にも悪影響を与えている」などもよい。
2＝1. 上司への対応は，礼儀をわきまえた態度です。
　　2. 上司の立場や仕事の内容を理解し，それに合わせた手助けをする。
　　3. 上司の性格や好みをよく知るようにし，それに合わせた対応をする。
　信頼するとは安心して任せられるということ。そのようになるには，上司の立場や気持ちを尊重した接し方，好みに合った対応などが必要となろう。それらのことが答えになる。解答例の他に，「上司の私的な行動や私生活に対して過度な関心を示さない」「上司が指示しやすいように，落ち着いた穏やかな雰囲気を終始心がける」などもよい。

序章

受験対策
基礎知識

第1章　必要とされる資質

第2章　職務知識

第3章　一般知識

第4章　マナー・接遇

第5章　技能

第6章　面接

終章　模擬試験

Lesson ⑤ アドバイザーとしての能力

CASE STUDY

あなたなら
どうする？

緑茶ではなく，
紅茶が欲しかっ
たのだけど……
まあいいわ。

女性の上司の
補佐は苦手？

▶ 秘書Aと後輩C（ともに女性）の上司は女性です。AはCから，「いけないこと
だが，このごろ上司の補佐を嫌だと思うことがある。どうすればよいだろうか」
と相談を受けました。話を聞くと，身の回りの世話など男性の上司に対しては何
でもなかったのに，女性だとどうもしっくりいかないものがあるというのです。
このような場合，AがCにアドバイスするとしたら，どのようなことを話せばよ
いのでしょうか。三つ挙げてください。

対処例 ○△×？…

次のようなことを中心にア
ドバイスすればよいでしょ
う。
1. 相手が誰であっても，そ
   れを補佐するのが秘書の
   仕事と心得るべきである。
2. 仕事で男女の差別意識を
   持つべきではない。
3. 相手が同性であることで，
   進んではやりたくないこ
   とも出てくるだろうが，
   そこは割り切って対処し
   なければならない。

スタディ 💡‼

男性の上司だからいい，女性の上司だから嫌な
どと言うのは時代感覚がずれています。
従って，Cには「男女の差別意識を捨てて仕事に
徹すること」をアドバイスすると同時に，女性の社
会進出を肯定的に捉えるように話すことも大切で
す。例えば，対処例の他に，「女性の管理職はこれ
から増えるであろうから，対応できるように意識改
革が必要ではないか」，「上司の言動で見習うところ
を見つけ，女性の先輩として手本にするような心が
けが大切ではないか」などと前向きな発想をするよ
うに助言するのもよいでしょう。

よき聞き役となりプラス思考に導く

　上級秘書にはアドバイザーとしての能力も求められますが，仕事で悩んでいる後輩などに，これまでの経験や知識を生かしてアドバイスしようと思っていても，相手が相談しようという気持ちにならなければ，役に立つことはできません。日ごろから親近感や信頼感を持たれるような言動を心がけ，相談を受けたら相手の話をよく聞いて的確な助言ができるように留意点を心得ておきましょう。

●相手の話をよく聞き，問題点を明確にする

　悩み事の相談は，じっくり話を聞いてあげることで大半は解決するといわれています。それは，話をしていく過程で問題点が少しずつ整理されてきて，相談者自身がどうすればよいかを見つけ出していくからです。従ってアドバイザーとしては，話をよく聞き，相談者が気付いていないことや思い違いしていることを指摘してあげることが重要になります。例えば，「女性の上司の補佐が嫌になった。どうすればよいか」と相談を受けたら，上司が「女性」だから嫌なのか，上司の性格や人間性など「個人」として相性が合わないのかという点をまずはっきりさせなければなりません。相談者はたまたま担当した上司と合わず，それが女性だったので，単純に「同性の上司が嫌だ」と思い込んでいる可能性があるからです。話を聞いてこのような曖昧な点があれば指摘し，問題点を明確にした上で，適切なアドバイスをするように心がけましょう。

●プラス思考をするように助言する

　「嫌だ」とか「つらい」などと訴える相談者は，自分が置かれている状況をマイナスと考えています。しかし，視点を変えればその状況をプラスと捉えることもできます。例えば，「上司が自分にばかり仕事を指示するので，仕事が多くてストレスがたまる」というつらい状況も別の見方をすれば，「仕事が集中するのは上司が有能と認めている証拠。任せられた仕事を後輩たちに振り分けて指導力を発揮するいいチャンスだ」とプラスに捉えることができるのです。アドバイザーはこのように常に柔軟な発想ができるように心がけておかねばなりません。また，現段階で事態が好転しなくても，今後プラスの状況に変えていけるようにアドバイスすることが大切です。例えば，「同僚と気が合わないので会社を辞めたい」という相談があったら，「辞めて別なところに勤めても，そこに気の合わない人間がいないという保証はないので根本的な解決にはならない。であるなら，気が合わない人間とは仕事上だけの関係と割り切って仕事に打ち込み，上司や先輩秘書の期待に応えた方がよい」とプラスになる努力の方向性を示すとよいでしょう。

序章　受験対策　基礎知識　第1章　必要とされる資質　第2章　職務知識　第3章　一般知識　第4章　マナー・接遇　第5章　技能　第6章　面接　終章　模擬試験

SELF STUDY

過去問題を研究し
理解を深めよう！

POINT 出題 CHECK

「アドバイザーとしての能力」では，退職を考えている後輩や二人の上司に付く後輩などから相談を受けるケース，新人秘書の指導に悩む同僚からアドバイスを求められるケースなどが問題として取り上げられている。

アドバイスする際のポイントとしては，「どのようにするのが最善なのか，あるべき姿を教えること」，「どうすればプラス思考になるか，考え方を切り替えさせること」，「好き嫌いなど努力してもどうにもならないことは，割り切るよう話すこと」，「期待していることを話して励ますこと」などが挙げられるが，具体的にどのようなことを助言するか，ケースごとに内容をまとめておくとよい。

✻ 退職を考えている後輩への助言

秘書Aは後輩秘書Bから，「同僚Cと気が合わないので，いっそ会社を辞めてしまおうかと思っている」と相談を受けた。秘書課は今でも人手が足りないので，入社2年目で一通りの仕事を覚えたBに辞められては困ってしまう。このような場合Aは，Bが会社を辞めないように説得するにはどのようなことを言えばよいか。箇条書きで三つ答えなさい。

〔解答例〕
1. 一通りの仕事を覚え，Bらしい仕事ができるのはこれからだと思う。期待に応えて仕事を続けてもらえないか。
2. 秘書課は今でも人手が足りないので，Bに辞められては困ってしまう。
3. 気が合わない相手がいるのは誰にでもあることなので，Cとは仕事の上だけの関係と割り切って，仕事を続けてもらえないか。
　Bが会社を辞めないように説得するのだから，励ましや期待の言葉，人手が足りない秘書課の現状などを話すことになる。また，同僚と気が合わないのは仕方がないが，関係を持つのは仕事上のことだけだからと割り切ってしまうように言うことも大切である。解答例の他に，「この会社を辞めて他の会社に移ったとしても，気が合わない相手はいるかもしれないので，同じことの繰り返しになるのではないか」などもよい。

CHALLENGE 実問題

序章

受験対策
基礎知識

第1章 必要とされる資質

第2章 職務知識

第3章 一般知識

第4章 マナー・接遇

第5章 技 能

第6章 面 接

終章 模擬試験

1

秘書Aの下に，後輩秘書のBが配属された。Bはあまり細かいことは気にしない性格であるため，きちょうめんな性格の上司から，仕事の仕方をよく注意される。このような場合，Aは先輩としてどのような助言をすればよいか。箇条書きで三つ答えなさい。

2

秘書Aは社内研修会で後輩秘書の指導に当たっている。あるとき出席者の一人から，「上司はＩＴ機器を使いこなしていて，情報収集やプレゼン資料の作成なども自分でするので，秘書は必要ないのではないかと思うときがある」と言われた。このような場合にAが話すとよいことを箇条書きで三つ答えなさい。

【解答例・解説】1＝1. 秘書は仕事柄，上司が望む仕方で仕事をしなければならない。
　　2. 上司はきちょうめんなのだから，仕事をするとき常にそのことを意識した処理をしないといけない。
　　3. 細かいことは気にしない自分の性格を認識して，秘書の仕事に対しては，人一倍気を使う努力が必要である。
　上司がいての秘書であるから，上司の性格はそのまま受け入れて，秘書の対応を考える。そのことが助言すべきことになる。解答例の他に，「上司から注意を受けたことは，改善する努力をすること」などもよい。
2＝1. 上司がＩＴ機器を使いこなしているのだから，秘書としてもそれに合わせて手助けができるように自ら知識を得る努力をすることが必要だ。
　　2. 来客応対や電話応対などのスキル，周囲の人とのコミュニケーション能力は変わらずに求められる。
　　3. 上司の意向に合わせた仕事の仕方や，経験を通して直感的に判断して行う手助けは秘書にしかできない。
　ＩＴがいくら普及しても，機械の及ばない部分の秘書業務はある。また，ＩＴ機器を使いこなしている上司を手助けするのに必要なことは何か，などの観点から答えることになる。解答例の他に，3. は「イレギュラーなことや急なことへの対応は，機械ではできないので秘書の仕事となる」などもよい。

Lesson 6 新人・後輩への指導力

CASE STUDY

あなたなら
どうする？

前の部署では……

異動で配属された新人がなじめない

▶ 秘書Aのいる秘書課に，他部署から入社4年目のCが人事異動で移ってきて3カ月になります。Cは明るく積極的な性格と評判でしたが，秘書課に来てからは元気がないとのことです。そこでAが話を聞いてみると，秘書課の雰囲気や仕事の仕方が今までと違うので，なじめないのだと言います。このような場合，AはCにどのような助言をすればよいのでしょうか。三つ挙げてください。

対処例

次のようなことを助言して指導すればよいでしょう。

1. 課により仕事が違うのだから，今までと同じようにてきぱき動けないのは当然だ。まずは新たな気持ちで雰囲気になじむように努めることが大切。

2. 今までいた部署と秘書課の比較をしてはいけない。入社4年目でも秘書課では新人なのだから，早く仕事を覚えることが必要。

3. Cの明るく積極的な性格は秘書にも必要な資質の一つだから，生かす努力をしてみたらどうか。

スタディ

配属されたからには秘書課の雰囲気になじむ努力をするべきで，元気がでないからといって，そのままでいられては困ります。まずCがいた部署の仕事と秘書課の仕事の違いを理解させ，必要な覚悟を持ってもらうように話すとよいでしょう。また，「前の課ではこうだった，ああだった」と，前の部署と比較して不満を言っても何の解決にもならないことを分からせ，いつまでも落ち込んでいるのではなく，気を取り直して秘書課の仕事を一つ一つ覚えてこなしていくことが大切であると話します。最後に，Cの性格など長所も見つけて褒めるようにし，それを生かすようアドバイスします。

対処例の他に，「入社4年目での異動なのだから，秘書課の中で前の部署でのキャリアを生かしていく方法があるはずである。力になるから研究してみたらどうか」などと協力する姿勢を示して励ますのもよいでしょう。

新人の経歴を考慮して指導する

　新人の指導をする場合は，新卒の場合，他部署から人事異動で配属された場合，また秘書経験のある人が中途採用で配属された場合など，それぞれの経歴や背景を考えて指導する必要があります。指導に当たっては以下のことに留意します。

◆新卒で配属された新人に対して。

　　◎秘書には職務上秘書らしい話し方があることを教え，学生が使う言葉などは一切使わないよう注意する。

　　◎立ち居振る舞いや服装が会社や上司のイメージに影響を与えることを話し，ビジネスの場にふさわしい服装のセンス，丁寧な立ち居振る舞いを身に付けさせる。

　　◎秘書の仕事は職務の性格上，ここからここまでという決まった範囲はない。上司に指示された仕事は全て秘書の仕事と心得ておくよう話す。

　　◎秘書の仕事は細かく，雑用も多い。しかしその細かい仕事や雑用も重要であり大切な仕事であることを理解させる。

　　◎多くの仕事を経験することが有能な秘書になる近道であると認識させる。

　　◎未経験の仕事に対する不安を理解し，励ますように話す。「最初は誰でも不安である。秘書に向いていないのではないかと思うこともあるだろうが，仕事を一つ一つこなしていくことで，上司や周囲から信頼されるようになり，自信もついてくる。頑張って仕事を覚えてほしい」など。

◆他部署から人事異動で配属された新人に対して。

　　新卒で配属された新人に対する指導内容に加えて，以下のことに留意する。

　　◎前の部署での仕事の仕方と秘書の仕事の仕方を比較しないように注意し，新たな気持ちで早く秘書課の雰囲気になじむように努力してほしいと話す。

　　◎前の部署でのキャリアがあっても，秘書としては新人なのだから，先輩の指導に素直に従い，早く仕事を覚えてほしいと話す。

　　◎前の部署での知識や経験を秘書の仕事に生かすようにアドバイスする。

◆中途採用で配属された秘書経験がある新人に対して。

　　◎前の会社ではなく，この会社の仕事の仕方に従うように話す。

　　◎秘書としてのキャリアはあっても，この会社では新人なのだから，先輩秘書の指導に従ってここでの仕事のやり方を学んでもらいたいと話す。

　　◎前の会社で培ったノウハウなどよいものは取り入れていきたいから，積極的に提案してもらいたいと話す。

SELF STUDY

過去問題を研究し
理解を深めよう！

POINT 出題 CHECK

「新人・後輩への指導力」の問題では，新卒者や他部署から配属された新人，雑用に不満を持つアシスタントや仕事が粗雑な新人などが指導対象として取り上げられている。

基本的に新人指導の対象となるのは新卒者と他部署から配属された者，中途入社した秘書経験者なので，三つのケースに分けて留意点を整理しておくとよい。それぞれが抱きやすい基本的な悩みや不満をピックアップしてその対処法を考えておくと，指導やアドバイスをする際のポイントがつかみやすくなるだろう。また，「仕事が粗雑」「学生言葉を使う」など，秘書としてふさわしくない言動を改めさせるためにどのようにしたらよいかと指導内容を問われたら，「なぜそうしてはいけないか」，「ではどのようにすればよいか」，「そのためにはどのようにするか」という順序で考えを展開していくとよい。

❋ 仕事が粗雑な新人への指導

秘書Aは上司から，「新人のBは仕事は速いが粗雑なので，注意しておくように」と言われた。このような場合Aは，Bにどのようなことを言えばよいか。箇条書きで三つ答えなさい。

〔解答例〕
1. 仕事には，速くするより，時間がかかっても丁寧にした方がよいものもある。何でも速くすればよいということではない。
2. Bの仕事の仕方には，粗雑なところがあると言われているから，仕事を丁寧にするとはどういうことかを知るようにしなければならない。
3. 仕事を丁寧にするとは，隅々まで注意が行き届いていて，抜けたりするようなことがないことだ。
　　Bは，仕事は粗雑でも速い方がよいと思っているのであろうから，仕事はそのようなものばかりではないということを教えることになる。また，仕事を丁寧にすることがどういうことかも分からないようなので，それも教えなければいけない。解答例の他に，「粗雑ということには，動作が荒っぽいということも含まれるから，態度や立ち居振る舞いにも気を使うこと」などもよい。

CHALLENGE 実問題

序章 受験対策 基礎知識

第1章 必要とされる資質

第2章 職務知識

第3章 一般知識

第4章 マナー・接遇

第5章 技　能

第6章 面　接

終章 模擬試験

1

　秘書Aの下に秘書の見習いとしてBが配属された。広報課からの異動である。Bの着ているものはカジュアルで，様子を見ていたが変わらないため服装について指導することにした。このような場合どのようなことを言えばよいか。箇条書きで三つ答えなさい。

2

　秘書Aの下に，前の会社で秘書の経験があるFが配属された。そこで仕事の仕方を教えながら実際にしてもらったところ，Fは前の会社の仕方で処理をすることが多くAは仕事がしにくくなった。このような場合，AはFにどのように対応するのがよいか。箇条書きで三つ答えなさい。

【解答例・解説】1＝1．秘書の服装は，きちんとしていて清潔感のあるビジネススーツが基本である。Aの服装を参考にするとよい。
　　2．秘書は上司の来客応対や随行などで外部の人に会うことも多く，そのときの秘書の印象は上司や会社の評価にも影響するということを意識しないといけない。
　　3．服装を改めることによって自覚が生まれ自分自身の気持ちが引き締まり，早く秘書という職種になじめる。
　広報課からの異動で秘書の見習いをするBに服装について指導するのだから，どのような服装がよいかということと，なぜそうなのかという根拠などが答えになる。
2＝1．秘書の経験があるので頼りにしているが，まずはこの会社の仕方で行ってもらいたいと言う。
　　2．仕事の処理の仕方がこの会社の仕方と違うときは，Fになぜそのようにしたのかをきちんと聞く。
　　3．Fの仕方によいものがあれば取り入れていくようにし，そのことをFにも伝える。
　Aの下にFが配属されたのにAが仕事をしにくくなったのでは，Fが配属された意味がない。Fは秘書の経験があってもこの会社では新人なのだから，Aのやり方に従ってもらわないといけない。そのためにはどうするかということ。また，Fの経験を生かすにはどのようにしたらよいかなども答えになる。解答例の他に，3．は「秘書の仕事に対するFの考え方を聞く機会を持つようにする」などもよい。

SECTION 2 対人関係の心得

Lesson ① 来客・上司への対応

CASE STUDY

あなたなら
どうする？

この人には以前「迷惑をかけられた」と
会うのを避けていたはず……

実は面白い企画
があって相談に
来たんだが……

上司が避けている
友人が突然現れ……

▶ 秘書Aの上司は，「明日は出社するが，今日はもう戻らない」と言って外出しましたが，すぐその後上司の友人R氏が，自分が企画している仕事のことで相談があると不意に上司を訪ねてきました。Aが上司は外出していて，今日は戻らないと告げると，「では明日また出直す。時間はそちらの都合に合わせる」と言います。上司は以前仕事でR氏から迷惑をかけられたことがあり，それ以来何かとR氏を避けている様子です。このような場合，AはR氏にどのように対応すればよいのでしょうか。三つ挙げてください。

対処例 ○△×?……

　次の三つのことを話して対応すればよいでしょう。
1. 上司とは今日はもう連絡は取れないと話し，返事は明日こちらからすると言う。
2. R氏の連絡先と明日連絡できる時間を聞く。
3. 上司の明日のスケジュールはすでに詰まっているが，上司が明日出社しないとはっきりしたことは答えられないと言う。

スタディ 💡!!

　上司はR氏を避けているようなので，普通の面談予約のケースとは違った対応をすることが求められます。すなわち，できるだけR氏を上司に会わせない対応の仕方をすることです。対応のポイントは，「今日は上司と連絡が取れない」と最初に話すことと，仮にそうでなくても「スケジュールが詰まっている」と告げることです。それによって返事を保留にでき，後日面談を断る場合も話がしやすくなります。

　対処例の他に，上司が以前仕事上で迷惑をかけられたということなので，「R氏が企画している仕事の概要を聞いておく」などもよいでしょう。

上司が面会を避けている相手への対応

序章 受験対策 基礎知識
第1章 必要とされる資質

来客や取引先などが上司との面会を求めた場合は，できるだけ希望に沿うように動くのが基本です。しかし，上司が会うのを避けているような取引先や上司の知人・友人が面会を求めた場合は，上司の意向を酌み取って次のような対応をします。

◆上司が在席しているときに来社した場合。

　◎「上司は仕事が立て込んでいるので，会えないと思うが聞いてくる」と話す。

　　☆上司が忙しくなくても，「仕事が立て込んでいる」と話す。

　　☆上司が避けているからといって，秘書が勝手に面会を断ってはいけない。もし，面会したくないというのであれば，事前に上司はそのように指示するはずである。そう指示していないのは，避けてはいるが，面談の内容によっては「会ってもよい」，「会わざるを得ない」と考えているからだと推理しなければならない。従って，応対するときは「面会するかもしれない」という余地を残しておく。

　◎取り次ぐ際に，大まかな用件を聞いておく。

　　☆内容によっては会う可能性がある。

　◎上司に取り次ぎ，指示に従う。

◆上司が不在のときに来社した場合。

　◎上司は不在であることを告げ，帰社時間には触れないようにする。

　◎上司の帰社時間を聞かれたら，外出先での用事が長引いていて今日は帰社しないかもしれないなどと曖昧にしておく。

　◎面会の予約を取りたいと言われたら，しばらくスケジュールが詰まっていることを告げ，いつ時間が取れるかはっきりしたことは上司に聞かないと分からないと言う。そして，今は上司と連絡が取れないので明日確認してこちらから電話すると話し，連絡先と連絡可能な時間を聞いておく。

　◎大まかな用件を聞いておく。

　◎上司が帰社したら報告し，指示を仰ぐ。

◆上司が在席しているときに電話があった場合。

　◎用件を聞いて，上司に取り次ぎ指示を仰ぐ。断る場合は，再度電話があった場合の対応を聞いておく。

◆上司が不在のときに電話があった場合。

　◎「上司が不在のときに来社した場合」の対応に準じる。

第2章 職務知識　第3章 一般知識　第4章 マナー・接遇　第5章 技能　第6章 面接　終章 模擬試験

上司への対応

　秘書は，上司の性格や人柄を理解して日常の補佐をするとともに，健康状態など体調面にも気を配るよう心がけなければなりません。

●上司の性格や人柄を理解して補佐する

　秘書はどのような上司に就いても，その性格や人柄に合わせた仕事の仕方をしなければなりません。中には「頑固な性格の人」や「細かく口うるさい人」など，秘書にとってやりにくい上司もいるかもしれませんが，上司を「そういう人だ」と勝手に決めつけている場合もあるので注意が必要です。

　例えば，いつも細かく注意を受けている秘書は，上司のことを「口うるさい性格」と思っているかもしれません。しかし上司の方では，「大まかで粗雑」な秘書の仕事の仕方が気に入らず，それを口うるさく注意しなければならないことに逆にうんざりしているかもしれないのです。上司にもいろいろな人がいますが，「口うるさい人」「短気な人」などと決めつける前に，自分の方に原因はないか，落ち度はないか考えてみることも大切です。次のようなことを留意しておきましょう。

◆上司を批判せずに受け入れる。
　　◎例えば，「小言が多い」と不満を言うのではなく，ささいなことでも気になる上司であることを理解し，指示を受けるときは細部を聞き漏らさないようにするなど，細かいことにも注意を払うように心がける。

◆自分に落ち度がないか常に反省する。
　　◎口うるさく注意されたら，自分の仕事に対する姿勢に問題はないか，仕事の仕方に粗雑なところがないか振り返ってみる。
　　◎上司の機嫌が悪いと感じたら，上司の気持ちに気付かない鈍感なところはないか考えてみる。また，仕事の仕方に原因はないか検証してみる。

◆上司をよく知ろうと努める。
　　◎機嫌がよいとき，悪いときはどのようなときか把握しておく。
　　◎不満そうな様子が見えたら，業務の前後に仕事の仕方を確認する。
　　◎折に触れて，仕事の仕方に対する要望や秘書の仕事への期待などについて聞くように心がける。
　　◎前に付いていた秘書に，特に気を付けるべきことを尋ねる。

◆上司の気分を害さないように心がける。
　　◎機嫌がよくないときには気持ちを察して，報告もメモで知らせるなど工夫する。
　　◎同じことを何度も注意されないように気を付ける。

●関係者の評価を求められたときの対応

上司から，上司の部下や前に担当した上司の人物評などを求められることがあります。そのようなときは，以下のような対応をするとよいでしょう。

◆人物評を求められた場合。

◎できるだけその人のよい面を話すようにする。

◎うわさでは聞いていても，実際には知らない場合は，「よく知らないので分からない」と話す。

◆上司が否定的な見方をしている人物について，意見・感想を求められた場合。

◎上司が，前の上司の悪い面を話して秘書に感想を求めたときは，「あまりそのようには感じませんでしたが」などと述べ，できるだけその話が続かないように心がける。

◎上司が，新人などの悪い面を指摘して，それに対して意見を求めてきたときは，仮に違う意見を持っていても，上司の見方を否定せずに，指摘された新人の悪い面は今後指導すると話す。

例）上司に，「新しく配属されたBは秘書に向いていないと思うがどうか」と尋ねられたときは次の手順で対応する。

①上司にどのようなところが向いていないか尋ねる。

②指摘されたことは否定せずに受け止め，その上で自分の考えを話す。

③上司の指摘した部分は直すように指導すると言う。

④Bに，上司に指摘されたことを話し，どう思っているか確認する。

⑤Bが改善できそうなら努力するように話し，上司に報告する。

⑥Bが改善できそうになく，B自身も秘書に向いていないと感じているようなら，そのことを上司に報告する。

●病み上がりの上司の補佐と関係者への対応

日ごろ健康管理に気を配っていたとしても，上司も病気になることがあります。例えば，入院していた上司が退院したときは，次のような補佐をします。

◆上司に対して。

◎通院がある場合は通院日や時間を優先し，ゆとりのあるスケジュールを組むようにする。

◎食事の内容や時間を確認しておき，薬の飲み忘れなどにも注意する。

◆上司の関係者に対して。

◎上司の入院を知っている関係者の中で知らせておくべき人や部署に退院の報告をし，世話になった人へ礼を述べる。

◎見舞いをもらった関係者のリストを作成して，内祝いを送る準備をする。

SELF STUDY

過去問題を研究し
理解を深めよう！

POINT 出題 CHECK

　「来客への対応」では，上司が会うのを避けている相手に対してどのように対応するかという問題がよく出題される。秘書としては，上司の心情を考慮し，できるだけ上司に会わせないような対応をすることになるが，独断専行しないように注意。また，上司の在席時・不在時の対応の手順はきちんと押さえておきたい。

　「上司への対応」では，不機嫌な上司や秘書の仕事の仕方に不満な様子を見せる上司にどう接するかなど，対応の仕方に迷う問題も出題されている。いずれも「上司の意向に沿うためにはどのようにすればよいか」という観点から対処法を考えていくことになるが，「上司を批判せずに受け入れる」，「自分に落ち度がないか常に反省する」，「上司をよく知ろうと努める」などの項目をチェックしておけば，対応のヒントをつかむことができる。このほか上司から人物に関する意見や感想を求められたときの対応，病み上がりの上司の補佐や病気・入院中に世話になった関係者への対応などが出題されている。

✱ 不機嫌な上司への対応

　秘書Aは他部署の秘書Bから，近ごろ上司の機嫌が悪くて困っていると相談を持ちかけられた。そのためBは，上司に伝えたいことも思うように伝えられないことがあるという。このような場合，AはBにどのようなアドバイスをすればよいか。箇条書きで四つ答えなさい。

　　〔解答例〕
　　1．Bの方に，上司の機嫌を悪くする原因がないか考えてみたらどうか。
　　2．伝えたいことは，メモにして渡す方法もある。
　　3．機嫌が悪いことを意識し過ぎないで，平常通り接してみたらどうか。
　　4．上司が不機嫌になるのはどんなときなのか，状況をよくつかむように努めてみてはどうか。
　　近ごろ上司の機嫌が悪くて仕事がしにくいとBが言っている。それに対するアドバイスなので，上司への接し方や具体的な方法があれば助言し，上司が不機嫌なのは何か原因があるのだろうからそれを考えて対応するなどが答えになる。解答例の他に，「上司はBを信頼しているからこそ感情をあらわにするのだと考えてみたらどうか」などもよい。

CHALLENGE 実問題

序章

受験対策
基礎知識

第1章 必要とされる資質

第2章 職務知識

第3章 一般知識

第4章 マナー・接遇

第5章 技能

第6章 面接

終章 模擬試験

1

秘書Aは後輩Bから,「今度の上司は, 機嫌がよいときと悪いときの差が激しくて困っている」という相談を受けた。Bが同じように仕事をしても, 注意されたり何も言われなかったりするらしい。このような場合, Bにどのようなアドバイスをすればよいか。箇条書きで三つ答えなさい。

2

秘書Aは新しく付いた上司から,「前の上司はどのような人だったか」と尋ねられた。このような場合に話してよいこと(どのようなことを話せばよいか)を箇条書きで四つ答えなさい。

【解答例・解説】1＝1. 上司の機嫌がよいときと悪いときは, どのようなときなのかを観察し把握するようにする。
2. 同じように仕事をしているつもりでも注意されるのは, Bに何か原因があるのではないか振り返ってみる。
3. 上司の機嫌を気にし過ぎて, 秘書業務を怠ることのないようにすること。
何の理由もなく上司の機嫌が変化することはないはず。また, 上司の機嫌を気にし過ぎると, 肝心な業務が滞ってしまう。それらに触れたことを答えればよい。解答例の他に,「急がない仕事であれば, 機嫌が悪いときを避けて報告などをしたらどうか」などもよい。
2＝1. 仕事に対する考え方や仕方。
2. 人柄。
3. 趣味や嗜好, 生活スタイル。
4. よい評判。
秘書として問われたのだから, 仕事に関係することや前の上司のよい面などが答えになる。

Lesson ②　社内関係者への対応

私たちにはあまりあいさつもしないのに，上には愛想がいいのね……

上司や役員以外からは不評。理由は何？

▶ 秘書Aは社長からの信頼が厚く，社長秘書を長年務めています。このため社内の事情にも通じているので，役員や部長などには受けがよいのですが，なぜか他の社員からの評判はあまりよくありません。ある日Aは，先輩秘書からそのことについての指摘を受けました。Aは，そのように思われる理由をどのように考えなければならないのでしょうか。三つ挙げてください。

対処例 ○△×?…

　次の三つの理由を考え，態度を改めていく必要があるでしょう。
1. 役員や部長に接するときの態度と，他の社員に接するときの態度が違うのではないか。
2. 自分の立場を意識し過ぎて，同僚秘書や他の社員と付き合うときも心から打ち解けていないのではないか。
3. 他の社員に対して，こまやかな気配りが欠けているのではないか。

スタディ 💡!!

　役員には受けがよいが，他の社員からの評判はよくないということは，一般社員と役員とで接し方が違うということになるので，この観点から考えればよいことになります。トップマネジメントの秘書は，社会的に地位の高い人たちと接することが多いため，「一般社員とは立場が違う」という意識を持ちがちですが，社長秘書も一社員に過ぎません。それを認識することが大切で，職名を意識し過ぎると他の社員と親しく打ち解けることもできなくなり，相手を思いやったり手助けをする心も薄れてきます。
　対処例の他に，「自分は社長秘書で，他の社員とは違うという思い上がりが，言動の端々に表れているのではないか」，「社長秘書によって物事が左右されていると思われているのではないか」などもよいでしょう。

上司の同僚への対応

　他部署の部長など上司と同じ役職者に対しては，上司との関係がよくても悪くても上司の他の同僚に対するのと同じように接します。例えば，上司と仲が悪い他部署の部長に，何かのことで世話になったからと会食に招待された場合，上司に気を使って断ったり，上司に許可を求めたりする必要はありません。取引先から招待を受けたときは，上司の了承を得ておく必要がありますが，この場合は，他の社員からの招待と同じように，自分の意思や都合で好きなように対応して構いません。上司と仲が悪いかどうかは，上司とその同僚との問題であって，秘書とは関係がないことだからです。ただし，会食の席で上司のことが話題になり，評判などを聞かれたりしたら，できるだけよいところを話すように心がけます。仮に，上司に対する相手の悪口や批判が当たっていたとしても，同調したり，あるいは逆に上司をかばって反論したりしてはいけません。そのような話になったら，「私はそう感じたことはありませんが」とか「それはよく分かりませんので」などとさらりと流し，話題を別な方向へ持っていくようにします。

 # 上司の部下への対応

　上司の部下は，あくまでも「上司の」部下であり，秘書の部下ではないことを自覚しておかなければなりません。上級秘書は，多くの経験を積んで部内のこともよく知っています。そのため，上司の指示を伝えたりするときなど，相手が年下の場合はつい自分が指示を与えるような言い方をしがちですが，それは決してしてはいけないことです。秘書はあくまでも上司の指示を伝える伝達者に過ぎないことを自覚し，丁寧な態度や失礼のない話し方を心がけなければなりません。

●部下のミスを伝えるときの留意点

　伝達役として特に注意しなければならないのは，上司からの注意を部下に伝えるときです。例えば，部下が作成した資料を見ていた上司がミスを発見して，「ミスがあったので注意しておくように」と資料を渡され，部下に訂正させておくよう指示された場合は，「ミスがあったので注意してください」「これを直しておいてください」と秘書が注意するような言い方をするのは厳禁です。「上司が，この資料にミスがあると言っていたので，もう一度見直してもらえないでしょうか」などと，表現を和らげて話し，上司が指摘したことを明確に伝える必要があります。

後輩秘書への対応

上級秘書は，先輩秘書として新人や後輩を指導したり，公私にわたってさまざまなアドバイスをしていかなければなりません。

●仕事を任せて後輩を育てていく

上級秘書は，上司から多くの仕事を任されるようになりますが，自分一人で仕事を抱え込むのではなく，後輩に仕事を任せて育てていくことも大切です。仕事を任せるときは以下のようなことに留意します。

◆仕事の手順やポイントなどを記したマニュアルを作成して渡す。

◆具体的な仕事の進め方や注意事項，マニュアルでは伝えきれない臨機応変な処理の仕方を教えていく。

◆指示に沿って的確に進めているか，仕事の節目ごとにチェックする。

◆仕事が終了したら，結果を評価する。

　　◎よい点は褒め，悪い点はどうすれば改善できるかを考えさせる。

　　◎仕事の仕上がり面だけでなく，効率面での成果も評価する。

●気軽に相談に乗ったり，アドバイスを与える

後輩に対しては，仕事に関することはもちろん，私的な悩み事についても気軽に相談に乗るように心がけます。後輩が上司などから注意を受けたり仕事でミスをしたときなどは，以下のようなことに留意して助言します。

◆なぜ注意されたのか，本人が理解していない場合。

　　◎どのような注意を受けたのか聞き出す。

　　◎なぜ上司が注意したのかについて話し，その意味を理解させる。

　　◎どのようにすればよいかを考えさせ，改善策を出させる。

　　◎改善ができなければ仕事に支障が出ることを話し，努力するように励ます。

◆後輩にも言い分があると思える場合の助言。

　　◎言い分があっても注意は素直に受け止め，すぐわびることが大切である。

　　◎その場で言い分を主張することは，雰囲気を悪くしたり上司を煩わせたりすることになるので控え，必要があれば機会を見つけて話すとよい。

◆ミスをして落ち込んでいる後輩への助言。

　　◎早く気持ちを切り替えることが大切である。いつまでもくよくよしていると，他の社員の士気にも影響を与え，仕事にも支障が出てくる。

　　◎二度と同じミスをしないように仕事の仕方を見直し，防止策を考えるとよい。

　　◎またミスをするのではないかなどと恐れず，新しい仕事にも前向きに取り組んでいってほしい。

序章　受験対策・基礎知識
第1章　必要とされる資質
第2章　職務知識
第3章　一般知識
第4章　マナー・接遇
第5章　技能
第6章　面接
終章　模擬試験

SELF STUDY

過去問題を研究し
理解を深めよう！

POINT 出題 CHECK

　「上司の同僚への対応」では，上司と仲が悪かったり，ライバル関係にある相手とどのように接するかが問われるが，上司が同僚とどのような間柄であっても秘書には関係のないことなので，仲がよくても悪くても「上司の他の同僚に対するのと同じように接する」という基本を押さえて対応すればよい。

　「上司の部下への対応」では，秘書はあくまでも上司と部下とのパイプ役であり，秘書が上司の部下の上に立つような関係にはないことを理解しておく。具体的には上司の指示を伝えるときの話し方に注意。特に部下のミスを注意しておくようにと指示されたときの対応を押さえておきたい。このほか，上司の部下に対する配慮の仕方を問う問題も出題されている。

　「後輩秘書への対応」では，上司などから注意を受けた秘書にどのようなアドバイスをするかがよく問われるので，改善を促したり，気持ちを切り替えるように励ますなど，相手に適した助言ができるようポイントを整理しておくとよい。また，個々の対人関係とは別に，「上司や役員には受けがよいのに，他の社員には評判が悪い秘書」に関する問題がよく出されるので，他の社員からよく思われないのはなぜか，考えられる理由を三つ以上挙げられるようにしておく。

✽ 上司の同僚への対応

　秘書Aの上司（部長）はS部長と反りが合わないらしく，上司はS部長のことをよく言わない。そのS部長からAは会食に招待された。

× 　①上司と反りが合わない部長からの招待なので，どのようにしたらよいかと上司に尋ね，上司の意向に従う。

○ 　②二人が反りが合わないことと個人的な招待は関係ないことだから，自分の気持ちで招待を受けるか断るかを決める。

× 　③上司と反りが合わない部長からの招待で，上司のことが話題になるかもしれないから，理由をつくってさりげなく断る。

　　　①個人的な招待なので上司に尋ねるようなことではない。③上司のことが話題になれば，適切に応じて話せばよい。それを断る理由にする必要はない。

CHALLENGE 実問題

1

　秘書Aの後輩Bは，仕事でミスをして周りの人に迷惑をかけてしまったことを気にして落ち込んでいるらしい。このような場合，Bに早く立ち直ってもらうためにアドバイスするとしたら，Aはどのようなことを言えばよいか。箇条書きで三つ答えなさい。

2

　秘書Aは上司（部長）から，「課長からの報告書を読んだが，数字が間違っている。前にも同じようなミスがあったが，こんな雑なことでは困る」と言われ，報告書を課長に返すように指示された。この場合の次の①と②について，それぞれ答えなさい。

　①　Aが課長に報告書を返すときの言葉。
　②　このときAが秘書として意識すること。

【解答例・解説】1＝1．してしまったことは仕方がないことなので，早く気持ちを切り替える
　　　　　　　　　ことが大切である。
　　2．二度と同じミスをしないように仕事の仕方を見直し，防止策を考えるとよい。
　　3．またミスをするのではないかなどと恐れず，新しい仕事にも前向きに取り組んでいっ
　　　　てもらいたい。
　落ち込んでいるのを立ち直らせるのだから，気持ちの切り替えや，同じことを繰り返さないようにする助言が答えになる。解答例の他に，1．は「いつまでも落ち込んでいると，周りの人の士気にも影響を与え，仕事にも支障が出てくる」などもよい。
2＝①　部長が報告書をご覧になりまして，数字が間違っているとのことでした。ご確認いた
　　　だけませんでしょうか。
　　②　報告書の数字の間違いについては伝えないといけないが，それ以外の部長の言葉は課
　　　長に対する注意なので，秘書が言うべきではないということ。

第2章

職務知識

秘書の役割

Lesson ① 職務の心得

後にしてくれる，常務室にいるからよろしくね……

今，よろしいでしょうか……

なかなか報告できないので困ってしまう……

多忙な上司に上手に報告するには？

▶秘書Aの上司は外出することが多く，また社内にいても忙しくて，ほとんど自席にいることがありません。このような上司に，指示されたことや不在中のことを報告する場合，どのようにすればよいのでしょうか。箇条書きで四つ挙げてください。

対処例 ○△×?…

　以下のような方法を考えればよいでしょう。
1. 急ぎのものと，後でよいものとを分けて効率よく報告するようにする。
2. 口頭で報告するときは，ポイントをメモしておき，手短に伝える。
3. 報告内容を簡潔に記したメモなど文書を作成し，手隙のときに読めるように上司の机の上に置いておく。
4. 携帯電話の電子メールを利用して，小まめに報告する。

スタディ

　忙しい上司に報告するのですから，①上司に時間を取らせないようにする，②上司が都合のよいときに報告を受けられるようにする，などの点に留意し，具体的な方法を考えることになります。

　①では，何でも一度に報告するのではなく，取りあえず急ぐものだけをまとめて伝えるなど短時間で済むような報告の仕方は何かを考えます。

　②では，上司がいつでも報告内容をチェックできるようにしておくことがポイント。その観点から考えれば，持ち歩きができるように文書にしておく，携帯電話のメールに送っておくなどの具体的な方法が思い浮かぶはずです。携帯用パソコンや携帯電話のメールなどをうまく利用しましょう。

　①は急ぎの報告，②は後でよい報告などと使い分けるようにすればよいでしょう。

上司との信頼関係を築く

　秘書は，上司の雑務を引き受けて補佐する立場にあることをしっかりと認識した上で職務を遂行していかなければなりません。また，上司から信頼される補佐役になることが大切で，十分な信頼を得るためには，特に次のようなことを心がけます。

◆指示がなくても，先を読んで仕事をする。
　　◎上司から指示されて動くのではなく，自分で仕事の流れを読んで積極的に仕事に取り組むようにする。

◆上司に合わせて補佐をする。
　　◎上司の性格や好み，仕事の仕方や癖，あるいは健康状態に合わせた補佐をする。
　　例）上司の体調が優れず，「面会の負担を少なくしたい」と言われたら，上司の了解を得て以下のような対応をする。
　　　①特に重要な用件や急ぎの用件以外は，断るかまたは先に延ばしてもらう。
　　　②「上司の予定が立て込んでいる」などの理由を付けて，面会の時間を短縮する。
　　　③面会の用件によっては，代行者に対応を頼んだり，後日に変更してもらうなどの調整をする。
　　　④社内の関係者など，話しても差し支えない人には上司の体調が優れないことを伝えておくようにする。

◆機密を守る。
　　◎仕事で知り得た機密事項を漏らさない。
　　◎何が機密なのかを知り，話してよい人といけない人を明確に区別する。

◆上司のプライベート事項を漏らさない。
　　◎取引先はもちろん上司の友人や知人に対しても，上司の許可なく「自宅の住所・電話番号」を教えない。
　　◎上司の上役や代行者など教えてよい人以外に「上司の健康状態」を話したりしない。
　　　☆急病で予定をキャンセルする場合は，「急病」のことは話さず，「急用のため」という理由にする。
　　　☆取引先などに上司の持病のことや体調が優れないことなどを話さない。

◆上司の動向について関係者以外に他言しない。

◎上司の出張先や外出先を漏らさない。

◎会合や接待などに関することを漏らさない。

◆上司への進言やアドバイスの仕方を心得ておく。

　◎いずれも上司に求められた場合にのみ行うというのが基本だが，上司のミスや勘違いなどで，仕事に悪い影響が出そうなときは，「あくまでも私の意見ですが」などと前置きして，謙虚に話すように心がける。

　◎上司の体調を気遣う配慮から食事などについてアドバイスする場合も，上司に失礼がないような言い方で助言する。

◆越権行為をしない。

　◎特に以下のようなことは重大な越権行為となるので十分注意する。

　　☆勝手に取引先と面談したり，上司の部下へ指示すること。

　　☆決裁業務を行うこと。

　　☆稟議書，届書などに押印すること。

　　☆秘書の独断で面会予約を受けること。

　◎上司に上記の一部を行うように指示されたときは，指示の範囲内で代行するが，あくまでも代行という立場を忘れないようにする。

◆上司に対する部下の要望や不満に耳を傾ける。

　◎社内のパイプ役として上司に対する部下の要望を聞いたり，不満があれば，それを解消するよう努める。

　◎部下の要望や不満に対して，秘書の職務の範囲で解決できることは，上司を煩わせずに解決するように努力する。

　　例）忙しい上司に対して，「決裁や報告が遅くなって仕事に支障が出るのでどうにかならないか」と部下から不満が出た場合は次のような対処をする。

　　　①決裁が必要な書類は預かっておいて，上司の都合を見て取り次ぐ。

　　　②報告は，メモや簡潔な文書にしてもらって預かり，タイミングを見て取り次ぐ。

　◎部下に対して，「自分が上司に言って〜させる」などと言ったり，上司に影響力を持つかのような印象を相手に与える言動をしてはならない。

　◎秘書の職務の範囲で解決できない要望などは，上司に「〜というご要望がありますが，いかがいたしましょうか」などと伺いを立てるような言い方をして意向を聞くようにする。

　◎上司の部下に意見を求められたら，適切なアドバイスをするなどして，部下と上司との関係がスムーズにいくように努力する。

SELF STUDY

過去問題を研究し
理解を深めよう！

POINT 出題 CHECK

　「職務の心得」では，上司に合わせた補佐の仕方やプライベート事項に関する考え方，また上司の部下からの要望・不満に対する対処の仕方などを問う問題がよく出される。対処例を挙げるときはその順序も重要になるので，それぞれのポイントを押さえて対応の手順を考えておかなければならない。例えば，上司の不在中に自宅の電話番号など上司のプライベート事項を聞かれた場合の対応では，「相手が誰であろうと上司の許可なく私的事項を漏らさない」ことに留意し，「相手の意向を上司に伝え，指示を得る」までの手順を考える。先方に対しては基本的に「用件を聞く」「上司が出社するまで待ってもらう」「待てないならこちらから連絡すると話し，連絡先と都合のよい時間を聞く」という手順で対応するが，問題の状況設定に応じて適切な対応ができるよう，いくつかのケースを想定して記述すべき内容をまとめておくとよい。

✽ 上司の部下への助言の仕方

　秘書Aは総務部長秘書である。異動で総務課長が，広報課長だったTに代わった。Tはこの異動に不満らしく表情がさえない。それを感じてか部長も自分から声をかけようとしない。ある日，TとAの退社が同時になり，食事を一緒にすることになった。Aも以前，広報部に所属していたのでTとは親しい。次は，このときAがTに言ったことである。

○　①いつもさえない顔をしていては部長の受けも悪くなる，異動は仕方がないことなので早く気持ちを切り替えた方がよい。

×　②総務部の雰囲気も慣れてくればよいものだ，早く溶け込むにはどうすればよいか，部長に相談してみたらどうか。

○　③部長も課長に声をかけにくいようなので，仕事以外のことを話題にして，課長から部長に話しかけてみたらどうか。

　　②Tの表情がさえないのはこの異動に不満だからである。部長も声をかけないのはTのそれを感じてのことである。であるのに，慣れれば雰囲気もよいものだとか，部長に相談したらどうかと言うのは見当違いのアドバイスで，不適当である。

序章
受験対策
基礎知識

第1章　必要とされる資質

第2章　職務知識

第3章　一般知識

第4章　マナー・接遇

第5章　技能

第6章　面接

終章　模擬試験

CHALLENGE 実問題

1

秘書Aが今の上司に付いて3カ月が過ぎた。最近，上司はAに仕事の指示をあまりしなくなったので，Aは信頼されていないのではないかと感じている。このような場合，上司から以前のように指示されるようになるにはAはどのようにすればよいか。箇条書きで三つ答えなさい。

2

秘書Aは，明後日に行われる企画会議の資料を作成していた。ところが途中で，上司の指示通りに作成すると予定のページ内に収まらないことが分かった。このような場合は上司に確認することになるが，確認の前にどのようなことをしておけば上司は指示を出しやすいか。具体的に箇条書きで三つ答えなさい。

【解答例・解説】1＝1. 上司が指示をせずに自分でしようとする仕事があったときに，自分は今手が空いているのでよければ指示してもらいたいとAの方から働きかけるようにする。
2. 指示された仕事は途中で仕上がり方を上司に示して，このまま進めてもよいかを確認し，手直しがあったときはすぐに修正をする。
3. 今までのAの仕事の仕方の至らない部分をわびて，今後は改善に努力すると申し出るようにする。
　上司から指示をされなくなったということは秘書として当てにされなくなったということだから，Aにとっては大問題である。ここは，信頼を取り戻さなければならないから，そのためにAが改めなければならないことなどが答えになる。
2＝1. どのくらいの分量が収まらないのかを分かるようにしておく。
2. ページ内に収まる方法が別にあれば，それによって大まかに作成したものを提示できるようにしておく。
3. 作成の仕方に変更が想定される場合は，それによる影響も説明できるようにしておく。
　指示通りに作成すると収まらないのが分かったので，どのようなことをしておけば上司は指示を出しやすいかという問いである。従って，状況の具体的な報告，変更案の分かりやすい提示の仕方など，上司の判断材料になることが答えになる。

Lesson ② 上司不在時の対応

CASE STUDY

あなたなら
どうする？

部長は，所長と一緒に得意先のY社を訪問されていますが……

すぐ部長と連絡を取りたいので，お願いしたいのですが……

部長とすぐに連絡は取れそうにないようだわ……

上司の不在中に至急の呼び出しが!!

▶ 秘書Aは営業本部長から，「W社との契約書を持って，急いで来てもらいたい」と上司（営業部長）宛ての連絡を受けました。上司は営業所に出向いているので連絡したところ，得意先を訪問しているとのことです。契約書はAがファイルしているのですぐに出すことはできます。また課長は在席しています。このような場合Aは本部長に，上司には連絡が取れないと言ってから，どのように対応するのがよいのでしょうか。順を追って箇条書きで述べてください。

対処例 ○△×?…

以下の順で対応すればよいでしょう。

1. 「課長では駄目か，契約書はすぐ出せる」と言う。
2. 課長でよいということなら，連絡して契約書を渡し，営業本部長のところに出向いてもらう。
3. 上司でないと駄目だということなら，「上司が出先から連絡できる時間を調べて営業本部長に連絡する」と言う。

スタディ 💡!!

上司は留守で，営業本部長の用件は急ぎということですから，まずは「上司の代行者」である課長の在席を知らせることになります。また，契約書が必要ということなので，それはすぐ出せることを伝えます。

課長で用が足りない場合は，上司と営業本部長が話すことになりますが，現在上司は取引先を回っているので，取りあえず上司と連絡が取れそうな時間を調べて，それを本部長に伝えることになります。

対処例の3.で，「営業所に連絡して上司が戻ってくるのは何時ごろになりそうかおおよその時間を尋ね，そのことを本部長に伝えて待ってもらう」とするのもよいでしょう。

序章 受験対策
基礎知識

第1章 必要とされる資質

第2章 職務知識

第3章 一般知識

第4章 マナー・接遇

第5章 技能

第6章 面接

終章 模擬試験

上司不在時の対応の基本を心得る

　秘書は，来客など用件がある人と上司との間に立つ仲介役として，常に適切な処理ができるように心がけておかねばなりません。ここでは上司が不在のときの基本対応を押さえておきましょう。

●急ぎなのか，上司でないと駄目なのかを確認する

　先方に上司の留守を告げた後どうするかは，以下のように相手の意向を確認した上で対応します。

◆急ぎか，待てるかを確認する。

　　◎用件が急ぎのものなのか，それとも上司が戻るまで待てるかを尋ねる。

　　　☆待てる場合はできるだけ待ってもらい，上司が戻ってきたら来客に待ってもらっていることを告げて指示を仰ぐ。

　　　☆相手に時間がない場合，急ぎの用件で来た場合は，「いつまで待てるか」を尋ね，その時間までに上司に連絡を取って用件を伝えるなど，ケースに応じて適切な対応をする。

◆上司でないと駄目か，代行者でもよいかを確認する。

　　◎用件を済ませるには上司でないと駄目か，それとも用件が分かる代行者や担当者でもよいのかを確認する。

　　　☆代行者や担当者でよいということなら，代行者に事情を話して代わってもらう。

　　　☆上司でないと駄目なら待ってもらうか，上司と連絡を取って指示を仰ぐ。

●上司に連絡する前に相手に確認しておくこと

　上司に連絡する場合は事前に次のようなことを確認しておきます。

◆相手の用件。

　　◎「契約事項の変更」など，差し支えない範囲でどのような用件なのか，おおよその内容を聞いておく。

◆連絡先と連絡してよい時間帯。

　　◎こちらから連絡する際の連絡先と電話を入れてもよい時間帯を聞いておく。取引先など相手の会社の電話番号が分かっていても，その時間に会社にいるとは限らないので，必ず確認する。また，差し支えなければ，携帯電話の番号も聞いておく。

◆連絡が取れない場合の対応。

　　◎上司と連絡が取れなかった場合はどのようにすればよいか，相手の希望を聞いておく。

ケース別の対応を心得ておく

序章

受験対策
基礎知識

第1章　必要とさ
れる資質

第2章　職務知識

第3章　一般知識

第4章　マナー・接遇

第5章　技能

第6章　面接

終章　模擬試験

　上司不在時の基本対応を踏まえ，来客だけでなく社内外の関係者へも臨機応変に対応できるよう心がけます。今誰に対して何をすべきか，どのような手順で処理すれば物事がスムーズに運ぶのかを瞬時に判断できるように，次のような幾つかのケースを想定して対応の仕方を研究しておくとよいでしょう。

◆ケース1〈緊急会議への出席依頼〉

　例）「明日，緊急理事会を開きたい」と上司が理事をしている業界団体の事務局から連絡があった。時間は上司の都合に合わせるとのことである。上司はH支店に出張中で，帰社予定は明後日になっている。

　　◎上司に理事会への出欠の意向を尋ね，それを事務局に連絡するまでの手順を考えることになるが，出席・欠席それぞれの場合に分けて対応を考える必要がある。

　　◎上司に電話したときに，すぐ連絡が取れる場合とそうでない場合を考える。

　　◎出席する場合の旅程のことや日程管理のことも頭に入れておく。

　　〈対応例〉

　　①事務局の担当者に返事はできるだけ早くすると言い，「差し支えなければ」と前置きして緊急理事会の議題を聞いておく。

　　②H支店に電話をして上司につないでもらう。すぐに出られなければ，できるだけ早く連絡が欲しいと伝言を頼む。もしくは上司の携帯電話に連絡を入れる。

　　③上司と連絡が取れたら緊急理事会のことを伝え，上司の意向を聞く。

　　④理事会に出席できないということなら，上司から事務局へ電話してもらうか，上司の伝言を秘書が事務局へ伝える。

　　⑤出席するということなら，上司と時間を調整して事務局に連絡する。

　　⑥必要なら宿泊施設のキャンセルをしたり，交通機関のチケット変更の手配をする。また，取引先などとの予約が入っていれば，上司の指示を受けてキャンセルや再予約の連絡をする。

◆ケース2〈緊急事態での情報収集と伝達〉

　例）営業部長から，「取引先T社のL工場で起きた火災の件を知っているか」と聞かれた。総務部には連絡は入っておらず，上司の総務部長は出張中で数時間後でないと連絡が取れない。

　　◎取引先の災害に関しては総務部が会社を代表して対応することになるので，総務部長秘書としてはそのことをすぐに上司に知らせなければならないが，

しばらく連絡が取れないということであれば上司の代行者に報告し，指示を仰ぐことになる。

〈対応例〉

①営業部長に，総務部にはまだ連絡が入っていないと言って，分かっていることを教えてほしいと頼む。

②Ｔ社の総務部に連絡して詳しい状況を教えてもらう。

③総務課長など上司の代行者に①と②を伝え，上司と連絡が取れるまでの間に秘書がすべきことの指示を受ける。

④上司と連絡が取れたら次のことを行う。

　　1）被害の状況と，それまでに課長の指示で行ったことを伝える。

　　2）会社としての対応について，指示を受ける。

⑤会社としての対応が決まったら，営業部長にも知らせておく。

◆ケース3〈上司への苦情の電話〉

　例）上司（営業部長）が出張中に，得意先のＦ部長から苦情の電話を受けた。「そのことで部長と直接話したい」とのことである。上司は明日来社する予定で今日は戻ってこないが，Ｆ社の担当者は在席している。

　　◎苦情の電話なので，まずは丁寧にわびる。その上で上司が出張中であることを伝え，担当者では用が足りないか自分が上司に取り次ぐかを尋ねて，相手の意向に沿った対応をする。

　　　〈対応例〉

①丁寧にわびて，上司は出張中で明日戻ることを伝える。

②差し支えなければ，担当者が用件を伺わせてもらうというのではどうか，あるいは秘書の自分が用件を伺い上司に伝えるのはどうか，それともやはり上司と直接話す必要があるかなど，どのようにするか相手の意向を聞く。

③担当者でよいということであれば，担当者に電話を代わってもらう。秘書でよければ秘書が話を聞く。

④上司と直接話すということであれば，連絡が取れ次第上司から連絡させると言い，連絡先と電話番号，連絡してよい時間帯を聞いておく。

⑤連絡が取れなかった場合は，上司が出張から戻り次第こちらから連絡させてもらうと言う。

⑥上司に連絡し，事情を話して先方への連絡を頼む。

⑦連絡が取れない場合でも携帯電話にメールを送るなどして早めに報告しておき，上司が来社したときに改めて事情を話して先方に連絡してもらう。

◆ケース4〈秘書のミスによる日程調整〉

例）取引先G社の担当者から，「パーティーの招待状を出したがまだ返事がない」と連絡を受けた。その招待状は自分の机の中にしまい忘れていたことに気が付いたが，スケジュールを調べてみるとその日の日時に上司（営業部長）は経済団体の会合に出席することになっている。上司は今外出中だが，夕方には戻る予定である。

◎秘書のミスで生じた手違いをどう処理するかということである。パーティーが，上司が出席予定の会合と同じ日時に開催されるということだが，上司にはパーティーの話が伝わっていないので，どちらに出席するか分からない。しかし，どちらかを代行者に出席してもらう可能性があるので，そのことを代行者に打診しておくなど先を読んで対処しなければならない。

〈対応例〉

①G社の担当者に返事が遅れたことをわび，返事を夕方まで待ってもらうように頼む。

②営業課長など上司の代行者に，パーティーと経済団体の会合の話をして，どちらかに代理出席を頼む場合，時間の都合がつくかどうか聞いておく。

③上司が戻ったら，招待状の件を忘れていたことをわび，パーティーと会合の出欠をどのようにするか指示を仰ぐ。代理を立てる指示があればその人に正式に頼む。

④G社に出欠の返事をする（上司が欠席で，代理出席をする場合はそのことを話す）。

⑤会合に欠席する場合は，担当者に連絡してキャンセルをわびる（代理出席をする場合はそのことを話す）。

パーティーか会合のどちらかに代理出席をお願いするかもしれませんが，お時間は取れますでしょうか……

個人的な用事はあるのだが，何とか都合をつけるようにしようか。

序章　受験対策
基礎知識
第1章　必要とされる資質
第2章　職務知識
第3章　一般知識
第4章　マナー・接遇
第5章　技能
第6章　面接
終章　模擬試験

SELF STUDY 過去問題を研究し 理解を深めよう！

POINT 出題 CHECK

　「上司不在時の対応」では，急ぎの用件かそうでないか，急用の場合はどれくらい待つことができるかを確認することと，上司でないと駄目か，上司以外の者でもよいのかを尋ねることがポイントになる。相手の要望を確認し，それに応えられるように取り計らうことが対応の基本になるが，さまざまな状況を想定して記述問題に対応できるようにしておきたい。

✳ 上司不在時の対応

　　秘書Aが出勤すると，上司が直接関係したトラブルの対応について，至急上司の指示を仰ぎたいという得意先からのファクスが入っていた。上司は業界の幹部研修会の講師として地方へ出張している。このような場合どのように対処したらよいか。順を追って箇条書きで答えなさい。

〔解答例〕
1. 得意先へ上司への連絡について事情を伝え，「指示はすぐでないといけないのか，少し待てるのか」を確認する。
2. 1. で確認したことを踏まえて上司の携帯電話に連絡を入れ，上司が得意先へ連絡できそうな時間を尋ねておく。
3. 得意先へ，出張先から連絡するように上司に伝言をしたことと，連絡が行きそうな時間を伝える。
4. 先方のオフィス以外の場所に連絡する場合には，連絡先を上司に伝える。
　　至急上司の指示を仰ぎたいということなので，どのようにすれば上司が直接対応できるかが答えになる。となると，上司と得意先の連絡がうまく取れるように調整，連絡していくことを順を追って言うことになる。

CHALLENGE 実問題

1

　秘書Aの上司がS支店に出張中，上司が社外取締役を務めている関連子会社の総務部F部長から，「明後日緊急の取締役会を開きたい」との連絡が入った。「上司は出張中で出社は三日後」と伝えると「時間は上司の都合に合わせるから何とかならないか」と言う。このような場合Aはどのように対処すればよいか。順を追って箇条書きで答えなさい。

2

　秘書Aの上司（販売部長）は4時までに戻る予定で，商談のため得意先を訪問している。その上司から，「資料を調べて折り返し知らせてもらいたい。4時からの部内会議までに戻れなくても，会議は始めておくように」という電話を受けた。資料を調べるのに20分はかかりそうである。今2時30分。Aは3時までに銀行へ行かなくてはならない。そこへ常務から，「販売データで確認したいことがあるので部長に来てもらいたい。急いでいる」という連絡が入った。課長は在席している。この状況にAはどのように対処すればよいか。順を追って箇条書きで答えなさい。

【解答例・解説】1＝1．F部長に議題などを教えてもらいたいと頼み，上司に連絡するが調整に時間がかかるかもしれないと言う。
　　　2．S支店に連絡し，上司に緊急取締役会の件を伝え，意向を確認する。上司とすぐ話せない場合は，A宛てに連絡をくれるようにとメッセージを残しておく。
　　　3．F部長に上司の意向を伝える。そのとき，
　　　　a　出張を切り上げて取締役会に出席するということなら，時間を調整して知らせる。
　　　　b　取締役会に出席できないということなら，上司から直接連絡を入れる必要があるか尋ねる。
　　　4．出張を切り上げる場合は，それに伴う必要な変更を行う。
　緊急でしかも時間を上司に合わせるという取締役会への対応である。上司は出張中なのだから，上司への連絡，出張を切り上げる場合，取締役会に出席できない場合のことまで含めて，それらへの対応と対処が答えになる。
2＝1．常務に，「部長は外出していて戻るのは4時ごろだが，課長が在席しているので，課長に出向いてもらうのでよいか」と言う。
　　　　a　課長でよいということなら，課長に事情を話して常務のところに出向いてもらう。
　　　　b　部長ということなら，部長に連絡してみると言い，電話をして上司の指示を得る。
　　　2．銀行へ行く用事は，代わりの人を探して頼む。
　　　3．資料を調べて部長に連絡し，常務の用件を課長が対応したのならそのことを報告する。
　　　4．部長から4時に戻らなくても部内会議は始めておくように連絡があったことを担当者に伝える。
　複数の用件の同時処理の仕方である。同時といっても処理は急いでいると言う常務の用件が先になる。銀行は他の人でも済む。このような処理の仕方に触れたことが答えになる。

序章　受験対策基礎知識

第1章　必要とされる資質

第2章　職務知識

第3章　一般知識

第4章　マナー・接遇

第5章　技能

第6章　面接

終章　模擬試験

SECTION 2 秘書の業務

Lesson 1 定型業務

CASE STUDY

あなたなら
どうする？

この前のコンペは
すごく盛り上がっ
た……。今回も
よろしく頼むわね。

かしこまりました。
いいお天気だとよろ
しいですね。

仕事がうまく運んだので
久々の骨休めのコンペとい
うところですね……

ゴルフコンペの接待，何をどう準備する？

▶ 秘書Aは上司から，「取引先数名を招き，ゴルフコンペとパーティーを催すので準備をするように」と指示されました。場所はWカントリークラブを予定しているとのことです。Aは上司に，こちら側の参加者と予算を確認した上で，どのように準備を進めればよいのでしょうか。順を追って箇条書きで挙げてください。

対処例 ○△×?…

　以下のような手順で準備すればよいでしょう。

1. 取引先に連絡し，参加者数と都合のよい日時の候補を二，三挙げてもらう。
2. 上司と相談して日程を決める。
3. Wカントリークラブに予約を入れ，スタートの時刻を確認する。
4. 取引先とこちら側の参加者に，コンペの実施日，スタート時刻を連絡して，参加者のハンディを聞いておく。
5. コンペ終了後のパーティーについて，クラブハウスの担当者と打ち合わせをする。
6. 接待ランクに見合った賞品や土産品を用意する。
7. 必要なら，配車や交通機関の切符の手配，宿泊の予約をし，その準備があることを参加者に伝えておく。
8. 上司に報告する。

スタディ 💡!!

　取引先の接待を兼ねたゴルフコンペ（ゴルフコンペティションの略でゴルフ競技会のこと）ですから，①日時の調整から始まり，②ゴルフ場の予約，③参加メンバーへの連絡，④パーティーや賞品・土産の準備，⑤交通機関や宿泊の手配まで，一通りのことをすることになります。

　準備に当たっては，上司との連絡を密にし，大筋がまとまったら文書にして上司に報告し，承認を得るようにします。

ケース別の対応

　定型業務には，①上司の身の回りの世話，②日程管理，③来客接遇，④電話応対，⑤会議・会合事務，⑥交際事務，⑦出張事務，⑧文書事務，⑨経理事務，⑩環境整備，⑪情報管理などがあります。ここでは，その中でも比較的重要なケースの対応について取り上げ，留意点をチェックしていきます。

●上司の身の回りの世話

　上司が仕事に専念できるように，秘書は上司の身の回りの雑務を引き受けることになりますが，上司の私的用事でも同様の意味から快く引き受け，他の業務と区別せずに処理します。

　担当する上司が高齢者の場合は，特に健康管理に注意が必要です。上司の主治医の連絡先は必ず控えておき，定期健診の予約を入れたり，持病がある場合は薬の飲み忘れがないように気を配るなどの細かい配慮が求められます。

◆ケース1〈持病がある上司の補佐〉

　　例）担当した上司に持病があり，「急に具合が悪くなることがあるので気を付けてもらいたい」と秘書課長に言われた。どのような点に留意すればよいか。

　　　◎スケジュールの組み方を工夫したり，緊急時及び日常生活で留意すべきことを心得ておく。

　　　　〈対応例〉

　　　　①体に負担がかからないように，余裕のあるスケジュールを組む。

　　　　②通院している病院や主治医のほか，緊急時の連絡先を控えておく。

　　　　③食事などの制限について必要なことを知っておく。

　　　　④服用している薬について，必要があれば上司から教えてもらっておく。

　　　　⑤薬の飲み忘れなどがないように注意する。

　　　　⑥応急手当ての知識を身に付けておく。

●日程管理

　上司の仕事がスムーズに運ぶように行動予定を管理します。二重予約や予約漏れがないようにチェックしたり，日程変更があれば調整したりしなければなりません。また，上司の意向を尊重し，体調を見ながらスケジュールがハードにならないように日程を組むのも秘書の腕の見せどころです。

◆ケース1〈聞かされていない件について返事を求められた場合の対応〉

　　例）上司が出張中（明日から出社予定）に，業界団体の事務局から「理事会の開催通知の返事がまだなので，今日中に返事がほしい」という連絡を受けたが，通知が来たことはもちろん，その件に関しては上司から何も聞いて

序章　受験対策
基礎知識
第1章　必要とされる資質
第2章　職務知識
第3章　一般知識
第4章　マナー・接遇
第5章　技能
第6章　面接
終章　模擬試験

いない。

◎秘書は何も聞いていないのだから答えられない。返事は上司に聞くしかないので，先方には返事が遅れたことをわび，明日まで待ってもらえないか尋ねることになるが，待てない場合は上司に連絡を取ることになる。

〈対応例〉

①担当者に，返事が遅れて迷惑をかけていることをわびる。

②上司が出張中であることを告げ，明日出社するのでそれまで待ってもらえないかと尋ねる。

③返事を待ってもらえるのであれば，明日，上司が出社したらすぐ確認して担当者に連絡する。

④待てないということなら，出張中の上司に連絡すると言う。

⑤上司と連絡が取れれば，確認して担当者に連絡する。

⑥上司と連絡が取れない場合は，「一応出席にしておいてもらいたい，上司と連絡が取れ次第，再度連絡する」と言う。

◆ケース2〈キャンセルが多い上司への対応〉

例）上司は外部の会議や会合への出席依頼があると，「取りあえず出席にしておいてほしい」と言うが，当日になって取り消すことが多く，先方に迷惑をかけている。

◎まず，先方に迷惑をかけていることを上司に知ってもらうことが大切。

◎その後，迷惑をかけないための対応策を提案する。

〈対応例〉

①上司に，出席の連絡をしてある会議に欠席することが多くなったことで先方に迷惑をかけていることを具体的に伝え，何か対応を考えなくてよいか尋ねる。

②対応が必要だと言われたら，次のような提案をする。

1）出欠の返事をぎりぎりまで待つようにしようか。

2）代理出席が可能な会議などの場合，予定が重なりそうになったら，秘書の方で代理出席の調整をしようか。

3）代理出席ができない場合は，出席が難しい状況になった時点で秘書が早めに出欠の再確認をし，出席できないようならすぐ先方に連絡するようにしようか。

●会議・会合事務

会議には，上司がメンバーとして参加する会議と上司が主催する会議があります。上司が主催する場合は，事前の準備や会議直前・会議中の仕事，後片付けな

どが秘書の業務になりますが，何かの事情で急に時間や会場が変更になった場合も慌てずに対処できるように適切な対応の仕方を心得ておく必要があります。

◆ケース1〈会議開催時刻の変更〉

例）上司（総務部長）から「明日の10時からの連絡会議は，Y部長の都合で2時に変更になったから頼む」と指示された。上司はこの会議の招集者である。

◎開催時間の変更なので，それに関する準備のし直しをすることになる。

〈対応例〉

①上司のスケジュール表を見て，2時に予定が入っていないかどうか確認する。面会の予約などが入っていたら，それを上司に伝えた上で先方にわび，別の機会に変更してもらうようお願いする。

②会議室の使用時刻変更を担当部署に連絡して，2時に再予約する。

③会議の変更時刻を，参加予定者全員と総務部内の関係者に知らせる。

④処理を終えたら上司に報告する。

●交際事務

　上司は交際範囲が広いため，多くの関係者の慶事や弔事などに関わることになります。秘書は，そうした上司の負担をできるだけ軽減するために，慶事や弔事に関する知識を持ち，適切な対応をしていかなければなりません。また，中元や歳暮など贈答に関する手配のほか，あいさつ回りや取引先の接待の手配なども秘書の業務になります。

◆ケース1〈あいさつ回り〉

例）上司（販売部長）が取締役に就任することが決まり，取引先にあいさつ回りに出向くことになった。どのような準備をすればよいか。

◎就任のあいさつなので，あいさつに行く先，行けなくてあいさつ状を出す先のリストを作成することから始まる。

◎リストができたら，行く場合に必要なこと，あいさつ状を作成するのに必要なことを準備することになる。

〈対応例〉

①あいさつに出向く取引先，あいさつ状を出す取引先のリストを作成して上司の了承を得る。

②あいさつ状の原案を作成し，上司の了承を得て印刷・発送の手配をする。

③名刺の原案を作成し，上司に確認してもらった後印刷の手配をする。

④あいさつ回りのためのスケジュール表を作成し，上司の了承を得たら同行者にも日程を伝えておく。

⑤車や乗車券の手配をする。

◆ケース2〈取引先の接待の手配〉

例）上司から，「取引先F社の担当者3人を会食に招待するので，その準備を頼む」
と指示された。

◎準備を始める前に日時や場所，食事や座席の種類などについて，上司の意
向を確認しておく必要がある。

〈対応例〉

①次のことを上司に確認する。

1）日時と予算。

2）日本料理，中華料理，西洋料理など希望する食事の種類。

3）椅子席，座敷など座席の種類。また部屋を貸し切りにするかどうか。

4）社内の同席者がいるかどうか。

5）交通の便など地理的な希望。

6）二次会の準備もしておくかどうか。

7）土産を用意するかどうか。

8）送迎の手配をするかどうか。

②確認事項に従って，候補の店（必要なら二次会の店も）を二，三リスト
アップし，上司の意向を尋ねる。

③上司の意向に従って，候補の店に予約を入れる。

④必要なら土産や送迎の手配をする。

◆ケース3〈祝賀会の準備〉

例）上司（取締役部長）から，「会長の喜寿を祝う祝賀会を私が幹事になって行
うことになった，準備を頼む」とメモを渡された。メモには「取締役全員」，
「ホテルで和食」，「時間は6時から」，「予算は成り行きでよい」と書いてある。
このほか，どのようなことを確認すればよいか。

◎喜寿の祝賀会なので，通常の会食の確認事項の他に「記念品」についての
確認が必要である。

〈確認内容例〉

①日にちはどのように決めるか。

②ホテルに希望はあるか。

③記念品はどのようにするか。

④祝賀会後の二次会の準備もするか。

⑤会長の送迎をどのようにするか。

◆ケース4〈祝賀会の後始末〉

例）上司（社長）の「古希を祝う会」が，社内外の人を招いてホテルで開かれ

た。秘書が会の後始末として会社に戻ってからすることは何か。

◎経費精算など通常の会食の後始末の他に，手伝ってもらった人へ礼を言ったり，一連の記録などを整理する必要がある。

〈業務内容例〉

①費用の精算をする。

②手伝ってもらったり，世話になった人に礼を述べる。

③祝賀会の状況の記録や資料のファイルをする。

④出欠席者名簿を作成する。

⑤贈られた品物・祝い金のリストを作成する。

⑥出席者への礼状の原案を作成して，上司に見てもらった後発送する。

⑦祝いをくれた欠席者へも同様に礼状を書く。原案を上司に見てもらい，記念品の用意があればそれも発送する。

● 出張事務

国内外を問わず，上司が出張することは少なくありません。秘書は，上司が持って行く資料や書類を用意したりするほか，宿泊施設や交通機関の手配をしたり，旅程表の作成などをしなければなりません。また，出発前の旅費等の仮払いや帰った後の精算等の経理事務も秘書の仕事です。

◆ケース1 〈海外出張〉

例）上司は，海外支店の開設式典出席のため出張することになった。日程を確認し，出張スケジュールを作成する以外に秘書がすべきことは何か。

◎海外出張ということで，通常の出張業務の他にパスポートやビザの取得，現地通貨の準備などを考えなければならない。

〈業務内容例〉

①上司に以下のようなことを確認する。

　1）同行者の有無。

　2）出張中の業務は誰が代行することになるのか。

②旅行代理店に以下のようなことを依頼する。

　1）必要があればパスポート，ビザの取得。

　2）航空券とホテルの手配。

　3）現地通貨への両替。

　4）旅行傷害保険の加入手続き。

③仮払いの手続きをする。

④社内関係部署と海外支店へ必要なことを連絡する。

⑤空港への車の手配をする。

●情報管理

　新聞やテレビなどマスコミへの対応のほか，上司が求める情報を収集します。また，外部に漏れないように機密を守ることも情報管理の一つです。

　講演などの依頼があった場合は，日時や会場，テーマのほか，団体の性格や活動内容なども聞いておく必要があります。

◆ケース1〈機密情報の管理〉

　例）上司（営業部長）の外出中に，急に出張することになった上司の出張準備をしていると，他部署のJ部長が来て営業部長はどこへ行くのかと尋ねた。その出張はどこにも知らされていないはずだが，J部長は知っているようだ。どのように対応すればよいか。

　　◎上司の出張がどこにも知らされていないということは，誰にも知られない方がよいということになる。となれば，秘書は知らないことにするのがよい。

　　　〈対応例〉

　　　①どこに行くのかという質問に対しては，詳しいことは知らされていないと答える。

　　　②上司を尋ねてきたことに対しては，用事があれば聞いておいて，上司が戻ったら伝えると言う。

　　　③上司が戻ったら，J部長のことを伝える。

　　　④上司に，今後このようなことがあった場合には，どのように対応すればよいか確認しておく。

◆ケース2〈必要な情報の収集〉

　例）上司（経理部長）は，ある団体から「経理担当者研修会」の講師の依頼を受けた。上司からは「引き受けるが，細かいことは君の方から聞いておくように」と言われているが，先方に何を聞けばよいか。

　　◎講師の依頼なので，そのために必要な事項を聞いておくことになる。

　　　〈確認内容例〉

　　　①研修の日程。

　　　②会場と場所。

　　　③テキスト・資料などの有無と使える機器。

　　　④研修対象者（初心者なのか経験者なのか）と人数。

　　　⑤当日の会場までの送迎と交通手段。

　　　⑥講義料と支払い方法。

SELF STUDY

過去問題を研究し
理解を深めよう！

序章　受験対策
基礎知識

第1章　必要とさ
れる資質

第2章　職
務
知
識

第3章　一般知識

第4章　マナー・
接遇

第5章　技
能

第6章　面
接

終章　模擬試験

POINT 出題 CHECK

　「定型業務」では，上司の身の回りの世話，日程管理，会議・会合事務，交際事務，出張事務，情報管理についての問題がよく出されるが，その中でも日程管理と交際事務，情報管理に関する出題が多い。日程管理では「上司が自分が約束した面会などを秘書に伝達し忘れるケース」や「上司が当日に予定をキャンセルすることが多いケース」など，対応が難しい問題も出題されるので事例を数多く研究しておくことが大切である。交際事務では祝賀会の準備や後始末の対応，接待の用意などで留意すべきポイントをしっかり押さえておきたい。また，情報管理では，講演などの依頼に関して「相手に聞いておくべきこと」がよく問われるが，依頼内容によって確認すべき事項も異なるので，まず依頼の趣旨をきちんと把握することが肝心である。この他の定型業務については，それぞれの業務の基本を押さえておくことが重要。また，主なケースごとに「行うべき準備や手順」，「上司に確認すべきこと」などを心得ておけば，それらを手掛かりにして難しい応用問題にも対応できるようになる。

 情報管理

　秘書Aの上司のところへ，取引先のS氏から「私が個人的に所属しているM団体で講演をしてもらえないか」と依頼があった。上司は外出していて留守である。このような場合，AがS氏から聞いておくことを，講演の希望日時・場所，返事をする期限，連絡先の他に，箇条書きで四つ答えなさい。

〔解答例〕
1. S氏のM団体での立場。
2. 団体の活動内容。
3. 団体の代表者・会員数。
4. 講演のテーマ・時間。
　Aの上司も，M団体のことは知らないであろう。従って，通常の講演依頼の場合に加えて，S氏とM団体のことを知るために必要なことを聞いておかなければならない。解答例の他に，「講演の対象者と参加予定人数」，「講演料と支払い方法」などもよい。

CHALLENGE 実問題

1

　秘書Aは上司から，「関係会社の取締役を招いて研究会を開くので，相当する会場を幾つか当たってもらいたい」と指示された。このような場合，Aはどのようなことを会場選定の条件とすればよいか。「会場使用料」「交通の便」「部屋の大きさ」の他に，箇条書きで四つ答えなさい。

2

　秘書Aは上司（営業部長）の外出中に，急に出張することになった上司の出張準備をしていた。そこへ他部署のK部長が訪ねてきた。上司は外出中と言うと，「営業部長はどこに出張するのか」と聞かれた。その出張は誰にも知らされていないはずだが，K部長は知っているようだ。このような場合Aは，どのように対応すればよいか。順を追って箇条書きで答えなさい。

【解答例・解説】1＝1．出席者にふさわしい格のある会場か。
　　　　2．駐車場は完備されているか。収容台数は十分か。
　　　　3．ロビーなどの休憩用スペースはあるか。広さは十分か。
　　　　4．機器などの必要な設備はそろっているか。
　　解答例の他に，「どのような食事が用意できるか」などもよい。
2＝1．出張先について，詳しいことは知らされていないと言う。
　　　　2．上司を訪ねてきたことに対しては，用事があれば聞いておいて，上司が戻ったら伝える。または，上司に確認して返事をすると言う。
　　　　3．上司が戻ったら，K部長のことを伝えて対応する。
　　　　4．上司に，今後このようなことがあった場合には，どのように対応すればよいか確認しておく。
　　この場合，上司の出張についてK部長は知っているようだとしても，Aは知らないこととして対応するのがよいことになる。後は，外出中の上司を訪ねてきた他部署の部長に対する通常の対応を答えればよい。

Lesson ② 非定型業務

CASE STUDY

あなたなら
どうする？

部長が今朝，宿泊先の
ホテルで気分が悪くな
って病院に行った!!

どのような容体で
しょうか……

すぐ奥さまに連絡しな
くては……

上司が入院! 出張先から連絡を受けて……

▶ 秘書Aは，上司（部長）と一緒に出張している係長から，次のような電話を受けました。「部長が今朝，宿泊先のホテルで気分が悪くなり病院に行った。今検査中だが，数日間は入院の必要があるらしい。出張先での用件は済んでいる」というものです。このような事態に，Aはどのように対処すればよいのでしょうか。箇条書きで順を追って書いてください。

対処例 ○△×?…

以下のような手順で対応すればよいでしょう。
1. 係長に，病院の所在地を尋ね，詳しいことが分かり次第連絡をしてほしいと言う。
2. 上司の家族に電話で，取りあえず分かっていることを伝え，詳しいことはまた連絡すると言う。
3. 課長に上司のことを話し，変更しなければならないスケジュールについて，どのようにすればよいか指示を受ける。
4. 係長から連絡があったら，詳しい内容を聞いて上司の家族に連絡し，必要なら家族が現地に出向くための手配をする。

スタディ ☺!!

出張中の上司の入院ということです。秘書としては，まず上司宅にそのことを第一報として知らせること，その後詳しいことが分かり次第再度連絡を入れるなどの対応が必要になります。

また，上司の急病は仕事上にも影響するので，そのことの具体的な対処が必要になります。

対処例の他に，「課長に，仕事上の連絡と見舞いのために現地に出向く人を決めてもらい，必要なら準備や手配をする」などもよいでしょう。

序章 受験対策 基礎知識

第1章 必要とされる資質

第2章 職務知識

第3章 一般知識

第4章 マナー・接遇

第5章 技能

第6章 面接 終章 模擬試験

ケース別の対応

　非定型業務は定型業務以外の仕事を指しますが，①予定外の来客，②上司の急な出張，③上司の急病，④上司の交通事故，⑤災害，⑥盗難，⑦不法侵入，⑧人事異動での引き継ぎ，⑨新人秘書・後輩秘書の指導などに関しても適切な対応ができるよう心得ておかなければなりません。

　ここでは，予定外の来客への対応，上司の急病や事故への対応，新人秘書・後輩秘書の指導についてそれぞれ幾つかのケースを取り上げ，留意点をチェックしていきます。

●予定外の来客への対応

　社会的地位の高い上司のところには多くの人が訪ねてきます。アポなしの来客も少なくありませんが，予約がないからと勝手に断ったりせず，状況に応じて適切に対応しなければなりません。また，転勤や新任のあいさつは，予約なしで来訪するのが一般的です。

◆ケース1〈上司と上司の代行者が不在のときの来客対応〉

　例）上司（営業担当常務）のところに取引先の支店長が新任のあいさつに来た。上司は在室していたので支店長を応接室に通して取り次ごうとしたところ，上司は席にいない。心当りを探しても見つからないので，営業部長に代理を頼もうと連絡すると，営業課長から「部長は外出中」と言われた。

　◎上司が在席していると思って通したが離席していた場合は，「急用で席を外している」と言って相手に丁寧にわびることが大切。

　◎上司の代理としては，相手が支店長なのでそれにふさわしい人に頼むことになる。このケースでは営業部長が会うことになるが，部長が留守の場合は課長がその代理を努めることになる。

　〈対応例〉

　①営業課長に事情を話し，自席で待機してもらっておく。

　②支店長に，「○○（常務）は急用で席を外しております。営業部長の○○もただ今外出しておりまして」と話し，丁寧にわびる。

　③支店長に，代わりの者として営業課長でよいか尋ねる。

　④よいということであれば，営業課長に連絡して応接室に来てもらう。

　⑤支店長が出直すと言えば，来社するおおよその日時を聞いておく。

◆ケース2〈上司が面談中，取引先の来訪と上役からの呼び出しが重なった場合〉

　例）上司（営業部長）が来客と面談中，上司と直接話がしたいと取引会社のT氏が訪れた。そこへ常務から秘書を通じて，急用があるので上司に来てもら

いたいと連絡が入った。来客との面談はあと数分で終わりそうである。

◎T氏は取引先の人なので，取り次ぐことを前提に待ってもらうことになる。

◎常務には，急用でも来客が重なっているのですぐには行けないことを伝えることになる。

◎その上で，上司に状況を伝え，その指示に従うことになる。

　〈対応例〉

　①T氏には，上司に取り次いでくるので，少し待ってもらえないかと頼む。

　②常務秘書には，「来客が重なっているのですぐには行けないが，折り返し連絡する」と伝え，念のためこの後の常務の予定を聞いておく。

　③接客中の上司に，T氏の件と常務からの連絡の件を伝え，指示を仰ぐ。

　　1）来客が帰った後，すぐに常務のところへ行くということであれば，そのことを常務秘書に伝え，T氏にはしばらく待ってもらうようにお願いする。

　　2）T氏との面談が終わってから，常務のところへ行くということであれば，常務秘書にそのことを話しておく。

◆ケース3〈上司不在中，取引先の紹介で入会の勧誘に訪れた団体への対応〉

　例）上司が外出中，取引先D社から紹介を受けたと言って，Y団体のK氏が入会の勧誘に訪れた。K氏は趣意書を出したが，このような場合，K氏に確認しておくことと，趣意書に書かれてあるかどうか確認しておくことは何か。

　◎取引先のD社は承知していても，K氏のことは知らないのだから，K氏とD社の関係やK氏の連絡先を確認する必要がある。

　◎趣意書の内容確認では，団体設立の目的の他に，団体のことを知るために必要なことは何かを押さえておく。

　　〈確認内容例〉

　　①K氏に確認すること。

　　　1）K氏と取引先D社との関係。

　　　2）K氏の連絡先。

　　　3）返事の期限。

　　②趣意書に書かれてあるかどうか確認すること。

　　　1）どのような人が役員，会員になっているのか。

　　　2）主な活動と定例行事。

　　　3）会費は幾らか。

●上司の急病や事故への対応

　上司が急に病気で倒れたり，入院したりしたときは，上司の代行者や秘書課長

序章　受験対策　基礎知識

第1章　必要とされる資質

第2章　職務知識

第3章　一般知識

第4章　マナー・接遇

第5章　技能

第6章　面接

終章　模擬試験

などと相談して見舞いや報告に出向いたり，仕事に支障が出ないようにスケジュールを調整するなど適切な対応をしなければなりません。また，会社や自宅だけでなく，出張先や外出先で病気になったり事故に遭ったりした場合の対応も考えておく必要があります。

◆ケース1〈病欠の連絡が入った場合のスケジュール調整〉

例）9時15分，上司（営業部長）の家族から，上司は熱が出たので今日は休む，と連絡を受けた。今日の上司のスケジュールは次のようになっている。どのように対応したらよいか。

A）9時30分に，上司の知人からの紹介状を持って訪れるS氏との面談。

B）2時に予定されている業界功労者の叙勲祝賀会への出席。

◎A）では，まず相手に謝ることが大切。次に会えない理由（病気のことは言わない）を話し，代理の者でよいか，紹介状は預かって上司に渡すかなど，相手の意向を尋ねることになる。

◎B）では関係者に代理の者を決めてもらうこと，代理の人が支障なく出席できるように補佐すること，代理出席を事務局に連絡するなどの対処が必要である。

〈対応例〉

A）への対応。

①課長に事情を話して，代理面談が可能かどうか確認しておく。

②S氏が訪れたら，急用ができて上司は面談できなくなったことを告げ，丁寧にわびる。

③代理の者でもよいかを尋ね，よいということであれば課長に連絡を取って会ってもらう。

④上司本人を希望したら，日を改めて面談することにし，いつがよいか都合のよい日時を二，三聞いておき，後日連絡すると話す。

⑤紹介状など上司に渡すものがあったら預かる。

B）への対応。

①課長など関係者に事情を話し，代理出席する人を決めてもらう。

②代理出席者に，祝賀会の案内状などを渡し，必要な情報を伝える。

③祝賀会の事務局へ，代理出席になったことを連絡する。

◆ケース2〈自宅静養中の上司との打ち合わせ〉

例）水曜日の朝，出かけようとしたら上司から電話があった。昨夜帰宅途中，自転車を避けようとして転倒したので病院に行ったら，二，三日大事を取った方がよいと言われた。今週は自宅で仕事をしようと思っているという

ことである。

◎上司は自宅で仕事をしようと思っているので，その間連絡・報告などをどのようにするか打ち合わせておく必要がある。

〈対応例〉

①どの程度のけがなのか，具体的に確認する。

②不在中の仕事の処理や対応についての打ち合わせをどのようにするか尋ねる。

　1）電話でするということなら，当日の打ち合わせを行い，翌日以降は何時ごろ電話をしたらよいか時間を決めてもらう。

　2）自宅へ来てもらいたいということであれば，スケジュール表など必要なものは持っていくが，その他に必要なものはないか尋ねる。

③上司の不在を，社内外の人にどのように説明するか確認する。

●新人秘書・後輩秘書の指導

　新人秘書や後輩秘書には知識や技能がきちんと身に付くように順序立てて分かりやすく指導しますが，指示や注意を与える場合は，自尊心を傷つけないような気配りが大切です。

◆ケース1〈上司から苦情があった新人秘書への対応〉

　例）上司から「新人秘書Bは私への伝達事項をよく忘れて困る。君からBに注意しておいてほしい」と言われた。どのように対応すればよいか。

　◎単に注意するのではなく，伝達事項を忘れないようにするにはどのようにすればよいかを，具体的にBに教える必要がある。

　〈対応例〉

①次のようなことをBに指導する。

　1）伝言しなければならないことはすぐメモにする習慣を付け，記憶に頼ることはやめること。

　2）のり付き付箋などにメモし，貼っておく場所を決めておくなど，自分なりのやり方を考えること。

　3）指示されたことを書いておく専用ノートを作り，その処理が済んだかどうかを，定期的にチェックする習慣を付けること。

②指導後は，改善されているかどうかをチェックし，改められていない場合は，手本を見せるなどより具体的な指導の仕方を考える。

◆ケース2〈ミスを報告しない後輩秘書への対応〉

　例）秘書課で使う小口現金の管理を後輩Bに任せていたが，あるときその処理で，Bがミスをしていることを知った。Bはミスに気付いているようだが，その

ことを報告してこない。この場合Bをどのように指導すればよいか。

◎ミスに気付いているのに報告がないというのであるから，なぜかを尋ねなければならない。

◎現金の取り扱いは他のことよりも，特に気を付けなければならないことを教えるのも重要である。

〈対応例〉

①Bに，なぜそのようなミスをしたのか，また，どうしてそれをすぐ自分に報告しなかったのかを尋ね，今後はミスをしたらすぐに報告するように指導する。

②現金に関してはミスは許されないことを教える。

③今後，現金に関するミスをしないようにするには，どのような方法を取ればよいかを教える。

  1）現金は鍵のかかる手提げ金庫などに入れ，それを鍵がかかる引き出しにしまって管理する。

  2）現金を数えるときは，1度ではなく2度数えて確認する。

  3）1円玉などの少額硬貨でもいいかげんに扱わない。

  4）現金を扱うたびに，残高が合っているか確認する。

  5）残高帳はまとめて記帳しようとしないで，必ずその都度記帳する。

④注意した後は，そのことにこだわらないようにし，Bに対する態度もそれまでと変わらないようにする。

SELF STUDY

過去問題を研究し
理解を深めよう！

POINT 出題 CHECK

「非定型業務」では，予定外の来客への対応，上司の急病や事故への対応，新人秘書・後輩秘書の指導に関する出題が多い。いずれの場合も，幾つかのケースを想定して対応の仕方をしっかり学習しておくことが大切だが，その他の非定型業務についても一通りの対応ができるようポイントを押さえておくこと。複雑な設定がされている設問でも，基本対応をベースに考えていけば何をどう処理すべきか推測できるはずである。

✻ 予定外の来客への対応

秘書Aの上司（S部長）のところへ，上司に着任のあいさつをしたいと取引先の支店長が訪れた。上司は業界関係者と懇親旅行に出かける矢先で，すでに業界関係の同行者が迎えにきて待っている。このような場合Aは，どのように対処するのがよいか。

× ①せっかくだから，Sにどのようにするか聞いてくると言って待っていてもらう。

× ②Sは出かけるところで時間がないが，立ち話でよければ聞いてみるがどうかと尋ねる。

× ③あいさつなら自分が受けておいてSに伝えておくと言って，上司に伝えることを聞いておく。

○ ④Sは出かけるところなので出直してもらいたいと頼み，上司の空いている日時を二，三伝える。

> ②幾ら時間がないからといって，立ち話でよいかというのは，相手に対して失礼である。③秘書が上司の代わりにあいさつを受けるということは出過ぎた行為となる。④業界関係者と懇親旅行に出かける矢先で，同行者が迎えに来ているときに，取引先の支店長が着任のあいさつに訪れたのである。上司は既に仕事から開放されてリラックスした雰囲気の中にいるのであろうから，支店長のあいさつを受けるにふさわしいときではない。また，着任のあいさつなのだから，今日でなくても機会はある。従ってここは上司が対応できるように出直してもらいたいと相手に頼むのが適当ということになる。

CHALLENGE 実問題

秘書Aの上司（部長）が出張から戻る予定の日に上司から，「予定が延びて帰りが明日の夕方になる」と連絡が入った。上司の明日のスケジュールは次の①〜③のようになっていて，対処はAに任せると言われた。このような場合の対処をそれぞれ答えなさい。

① 上司が招集した課長会議。
② L社の新製品発表会への出席。
③ 仕事の不手際について経緯説明とわびのために来社するW社との面談。

秘書Aの後輩Eは，指示された仕事に漏れが多い。このようなことでは困るので，指示通りの仕事ができるよう，AはEに指導をすることにした。このような場合，AはEにどのようなことを言えばよいか。箇条書きで三つ答えなさい。

【解答例・解説】1＝① 会議のメンバーに，部長の戻りが1日遅れるため延期することになったと伝え，日程は改めて連絡すると言う。
② 部内のL社の担当者に事情を話して，対処は任せると言われているが代理出席についてはどうするか相談する。
③ W社に連絡して明日は急用のため会えなくなったと言ってわび，都合のよい日時を二，三尋ね，後日こちらから連絡すると言う。
2＝1. 指示を受けるときは，指示の内容をメモし，用件の数を確認しておくこと。
2. 指示を受け終えたら復唱し，不明な点は確認すること。
3. 指示された仕事ができたら，報告する前に指示通りになっているか見直すこと。
仕事に漏れが多い原因は，必要なことを忘れるから。それを防ぐための指示の受け方や仕事の仕方についての具体策が答えになる。解答例の他に，「他の仕事と並行して行うときは，注意が散漫にならないようにすること」などもよい。

第3章

一般知識

企業・経営の知識

Lesson 1 企業活動の基本用語

スタディガイド

領域::理論編

領域::実技編

面接編

テスト

CASE STUDY

あなたなら
どうする？

「売上が損益分岐点を越えた」と
部長が喜んでいましたが……

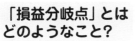

「損益分岐点」とはどのようなこと？

▶新人秘書Cが秘書Aに尋ねました。「今度の新規事業の売上が損益分岐点を越えたと部長が喜んでいましたが，損益分岐点とはどのようなことですか」

　Aは，Cにどのように説明すればよいのでしょうか。

対処例 ○△×?…

　次のように説明すればよいでしょう。

　「利益の発生と損失の発生の分かれ目となる売上高のこと」

スタディ 💡!!

　商品（またはサービス）の売上高と費用が一致すると，損失も利益も出ません。例えば，1億円の売上高があり，それに要した費用が1億円だったとすれば，「損益＝売上高－費用」の計算式を当てはめると，1億円（売上高）－1億円（費用）＝0となり，損失も利益もないことになります。この売上高のことを損益分岐点といいます。つまり損（損失）と益（利益）が発生する分かれ目となる点という意味です。上記の場合，売上が9千万円であれば1千万円の損失になりますが，1億円を越せば利益が出ることになります。経営者は，新規事業を展開するときや新商品を開発するときには，常にこの損益分岐点を頭に入れてさまざまな方策を立てていきます。また，損益分岐点は，低ければ低いほど利益が出やすくなるので，経営者は材料費や人件費などの費用をできるだけ抑えるように努力することになります。

経営・組織に関する用語

- ☐ 株主…………株式会社の出資者として株式を保有している人または法人。
- ☐ 株式…………株式会社への出資者である株主の権利を保証する出資証券のことで，株券または単に株ともいう。
- ☐ 株主総会………株主によって構成される株式会社の最高意思決定機関。決算後，定期的に開催される定時株主総会と，必要に応じて随時開催される臨時株主総会がある。
- ☐ 取締役会………株主総会で選任された3人以上の取締役で構成され，株主総会の権限に属する以外の業務執行上の重要な意思決定を行う。
- ☐ 代表取締役……取締役会設置会社では，取締役会の決議で選定される。取締役非設置会社の場合は，定款に代表取締役となる取締役が記載されていればその者が就任し，それ以外の場合は，定款に定められた取締役の互選*1) または株主総会での選定のいずれかの方法によって取締役の中から選定される。社内的には業務の執行*2) 権を持ち，対外的には会社を代表して契約の締結などを行う。また，株主総会や取締役会で決議されたことを執行する権限と責任を有している。
- ☐ 監査役…………会社が法令に違反して活動していないかチェックする会社の機関。監査は会計監査と業務監査に分けられ，会計処理や財務諸表が適正かどうかを監査するのが「会計監査」，取締役の業務執行が適法に行われているかどうかをチェックするのが「業務監査」である。
- ☐ 会計参与………取締役と一緒に会社の決算書を作成する機関。
- ☐ 常務会…………通常，会社に常勤する取締役以上の役員で構成する会議のこと。法で定められた機関ではないが，ほとんどの日本の大企業では常務会が設置されていて，実質的に会社の方針を決める意思決定機関になっている。
- ☐ 定款（ていかん）…………会社の組織や運営，会社活動の目的に関する根本原則を定めたもので，会社の憲法ともいわれる。会社設立の際には必ず作成し，株式会社の場合は公証人に認証してもらわなければならない。

ワード
Check!

*1) 互選＝お互いの中から選び出すこと。
*2) 執行＝執り行うこと。実際に（業務などを）実行すること。

序章　受験対策基礎知識
第1章　必要とされる資質
第2章　職務知識
第3章　一般知識
第4章　マナー・接遇
第5章　技能
第6章　面接
終章　模擬試験

□ 社是……………会社の経営理念や経営方針，活動方針，行動規範などを述べ
たもので，経営者や社員の精神的な支柱となるもの。定款と
違って法的な拘束力はないが，一般的に経営者は社是に沿っ
て行動するように努めている。

□ トップマネジメント…会長・社長・副社長・専務・常務などの取締役のこと。取締
役会や常務会などで会社の意思決定を行い，ミドルマネジメ
ントへの指揮・命令を行う。

□ ミドルマネジメント…部長・部長代理・課長・課長代理，あるいは支店長や営業所
長などの役職者で，トップマネジメントの指揮・命令を受け
てロアマネジメントへの指揮・命令を行う。なお，ミドルマ
ネジメント以上の役職者を管理職という。

□ ロアマネジメント…係長や主任，班長，グループリーダーなどの役職者のことで，
ミドルマネジメントからの指揮・命令を受けて一般社員を指
揮していく。

□ ライン部門……それがないと組織が成り立たない，企業本来の活動をする部
門。例えば，製造部門や仕入部門，営業部門や販売部門など
がライン部門になり，その部門に属する人をラインと呼ぶ。

□ スタッフ部門…ライン部門が本来の業務に専念して効率的に活動できるよう
に側面から支援する部門のことで，間接部門ともいう。例え
ば，人事部門や総務部門，経理部門などがスタッフ部門にな
り，そこに属する人をスタッフと呼ぶ。

□ 事業部別組織…製品別・地域別・市場別に事業部を分けた組織形態のこと
で，事業部制ともいう。例えば，製品別ではビデオ事業部，
カメラ事業部などに，地域別では東日本事業部，西日本事業
部，海外事業部などに，また市場別では家電事業部，ゲーム
事業部などに分け，それぞれに独立会社に近い権限を与えて
運営させるのが一般的である。

□ プロジェクトチーム…新規事業を始めるときや何か問題が起こったときなどに，臨
時に編成される組織のこと。チームは課題や問題が発生した
ときに結成され，目的が達成された時点で解散する。企画開
発を行ったり問題解決を図るためのチームなので，各部署か
らテーマに適した人材が集められるが，解散後はそれぞれ元
の組織に戻ることになる。

□ ボトムアップ型経営…下の者の意見を上層部が吸い上げて，経営方針に反映させる

経営方式のこと。日本の経営では，稟議書などを通じて部下の意見を取り上げていくなどボトムアップ型の経営が多い。

- [ ] トップダウン型経営…下の者の意見を聞くことなく，上層部で意思決定したことを下部組織に指揮・命令して実行させる経営方式。欧米の会社に多い。

人事に関する用語

- [ ] 就業規則………始業・終業時間，休日，賃金などの労働条件，人事制度，服務規定などを定めた規則類のこと。
- [ ] 職務評価………職務給を定める際に，会社内の各職務を重要度，困難度，責任の度合いなどに応じて評価し，序列化すること。
- [ ] 人事考課………一定期間における従業員の業務遂行の程度や能力，功績を分析・評価し，一定の基準で査定すること。評価に従って，昇進・昇給・降格・異動など，それにふさわしい処遇をすることになる。
- [ ] 自己申告制度…従業員がこれまでの職務に関する満足度や資格取得など今後の意欲について述べるほか，希望職種，希望勤務地など人事異動等に関する希望を会社に申告する制度のこと。申告内容はより適切な人事管理を行うための会社側の資料ともなる。
- [ ] 従業員持ち株制度…会社との一体感を持ってもらうなどの目的で，従業員に自社株を保有してもらう制度。
- [ ] フレックスタイム制…所定の時間数を勤務すれば，出社・退社時間は従業員が自由に選択できる勤務制度。自由勤務時間制。
- [ ] 昇進・昇格……係長から課長などへ役職が上がることを昇進，資格級などの等級が上がることを昇格という。また，役職などが下がることを降格という。
- [ ] 栄転・左遷……栄転は，今より高い地位に転任することだが，同じ地位の転任でも地方から中央など，重要度の高い職場や職務に転任する場合も栄転という。その逆が左遷。どちらも公式の人事用語ではない。
- [ ] 出向……………雇用関係はそのまま（会社に籍を置いたまま）で，子会社などの関連会社に長期間勤務すること。出向社員の業務に対する指揮命令権は出向先の会社に移る。

序章　受験対策　基礎知識
第1章　必要とされる資質
第2章　職務知識
第3章　一般知識
第4章　マナー・接遇
第5章　技能
第6章　面接
終章　模擬試験

□ 移籍‥‥‥‥‥‥‥勤務していた会社との雇用関係がなくなり，新たに関連会社などの従業員として雇用されること。移籍出向，転籍ともいう。

□ 配置転換‥‥‥‥‥人事係長が総務係長に転任するなど，役職が変化しないままの人事異動を配置転換という。従業員にさまざまな職種を経験させるジョブローテーション（職務歴任制度）を目的に行われることが多い。

□ ジョブローテーション‥‥従業員に計画的に各種分野の職務を経験させ，能力開発をする人材育成法のこと。

□ OJT‥‥‥‥‥‥‥On the Job Training の略。職場内での具体的な仕事を通して従業員の訓練を行うこと。

□ OFF-JT‥‥‥‥‥Off the Job Training の略。研修所など職場外で行う訓練のこと。オフ・ジェイティと読む。

□ モチベーション‥‥人間が行動を起こすときの動機，意欲を引き出す動機付けのことで，組織の中では特に仕事への意欲のことをいう。

□ モラール‥‥‥‥‥従業員の労働意欲や士気のこと。モチベーションがどちらかといえば個々の構成員の意識を指すのに対して，モラールは集団の感情や意識に対して使われる。

□ モラール・サーベイ‥‥サーベイは調査のことで，従業員の労働意欲を面談やアンケートなどで調査すること。

📁 財務・会計・契約・法に関する用語

□ 企業会計原則‥‥‥企業が財務諸表を作成する際に，守るべき原則であり，「一般原則」「損益計算書原則」および「貸借対照表原則」からなる本文と，その実践規範としての性格を持つ「注解」から成る。公認会計士にとっても，財務諸表を監査する際にこの原則に基づいて監査することになる。

□ 財務諸表‥‥‥‥‥企業の一定期間の経営実績や一定時点の財政状態などを利害関係者に報告するための書類のこと。代表的なものとしては，「貸借対照表」，「損益計算書」，「キャッシュフロー計算書」，「株主資本等変動計算書」などがある。

□ 貸借対照表‥‥‥‥決算時など一定時点の企業の財政状態を明確にした書類。企業の全ての資産，負債，純資産の内容が分かるように一覧表にして記してあり，通常，表の左側に「資産」を，右側に「負債」と「純資産」を記し，左側を「借方」，右側を「貸方」と呼ぶ。

また，資産＝負債＋純資産という関係が成り立ち，借方と貸方それぞれの合計金額は必ず一致する。両者が釣り合うので別名バランスシート（Balance Sheet）ともいい，その頭文字を取ってB／Sと略する。

- □ 損益計算書……決算期など，ある一定期間の企業の損益を計算して，企業の経営成績を示した書類のこと。英語では「Profit and Loss Statement」といい，Profit（利益）とLoss（損失）の頭文字を取ってP／Lと略する。
- □ キャッシュフロー計算書…一定の会計期間における企業の資金の流れ（増減）を明らかにした計算書で，「営業活動」「投資活動」「財務活動」ごとに区分して表示する。
- □ 株主資本等変動計算書…会社の純資産の変動を表した計算書類のこと。
- □ 決算公告………株式会社の前年度の決算内容を，株主総会の承認を得た後に一般に報告すること。
- □ 会計監査………会社の会計処理が適正に行われているか，また財務諸表が適切に作成されているかを社外の人が分析し，その正否・適否を判断すること。
- □ 粉飾決算………意図的に不正な会計操作をして，経営成績や財務状態を過大評価あるいは過小評価するように粉飾した決算のこと。
- □ 連結決算………親会社と子会社を一つにまとめて行う決算のこと。
- □ 営業利益………営業収益から営業費用を差し引いた利益のこと。営業収益より営業費用が大きいときは，営業損失という。
- □ 経常利益………営業利益（損失）に営業外収益（貸付金の利子や株式の配当など）と営業外損失（借入金の利子や為替差損など）を加えたもの。損失が出れば，経常損失という。
- □ 粗利益…………売上高から生産・仕入れ原価を差し引いた額のこと。
- □ 税引前当期純利益…経常利益（損失）に固定資産売却益（損）などの特別利益（損失）を加えたもの。損失が出れば税引前当期純損失という。
- □ 当期純利益……税引前当期純利益（損失）から納付すべき税金を差し引いた額が当期純利益（損失）で，これがこの期間に得た企業活動の実質的な成果ということになる。
- □ 流動資産………現金のほか，現金預金，受取手形，売掛金など1年以内に現金化できる資産。
- □ 固定資産………土地や建物などの有形固定資産と特許権，実用新案権，意匠

権など形のない無形固定資産がある。

☐ 含み資産………土地など，帳簿に記載されている価格より実勢価格が上回っ
ている場合の差額資産のこと。

☐ 減価償却………建物・機械設備などの資産を，その耐用年数に応じて価値が
減少した相当額（減価）を費用として計上すること。

☐ 棚卸し…………製品・商品などの在庫量を帳簿と照合して把握し，それらの
商品を金額に換算すること。

☐ 引当金…………企業会計において，退職金など将来の特定の費用や損失のた
めに，あらかじめ当期の費用または損失として計上しておく
金額のこと。

☐ 増資……………新株発行による払い込みなどで資本金の額を増加すること。

☐ 融資……………銀行などが資金を求める人に資金の貸し出しを行うこと。

☐ 利回り…………投資額や元金に対する配当金や利息の割合。

☐ 変動金利………預け入れや借り入れした期間中に，最初に決めた利率が一定
の金融情勢の変化に合わせて変動する金利のこと。最初に決
めた金利のままで変動しないものを固定金利という。

☐ 債権・債務……商品の引き渡し，代金の支払い，貸した金の返済などを求める
権利を債権，その権利を有している人を債権者。一方，借りた
金を返すべき義務を債務，その義務を負う者を債務者という。

☐ 不良債権………貸出先の経営不振などにより，回収が滞ったり，回収不能にな
るリスクが高い債権のこと。

☐ 抵当……………借金の保証として貸し主に差し出す財産。担保ともいう。

☐ 手付金…………契約時に買い主や注文主が，契約を実行する保証として相手
に渡す金銭。

☐ 登記……………不動産などに関する法律上の権利を確実にするために，公式
の帳簿に必要事項を記載すること。

☐ 背任……………任務に背くこと。自分の地位を悪用して会社などに損害を与
えること。

☐ インサイダー取引…内部者取引ともいう。投資判断に影響を与える重要事実の伝達
を知った役員など企業内部の者（企業内部の者から情報を得た
者も含まれる）がその重要事実が公表される前に株式の売買を
行うことで，証券取引法で禁止されている。

☐ コンプライアンス経営…コンプライアンスは法令順守と訳されるが，企業が法を守る
のは当然のことである。コンプライアンス経営とは，法を守

　るだけでなく，消費者や利害関係者に対し，企業として倫理
　基準や行動規範を守った経営を行うということである。

☐ PL法……………製造物責任法の通称で，ＰＬは Product Liability の頭文字
　　　　　　　　　を取ったもの。欠陥製品によって生命，身体または財産に被
　　　　　　　　　害を受けた場合は，製造業者に損害賠償責任が生じることを
　　　　　　　　　定めた法律。

☐ 会社更生法……資金繰りなどで経営に行き詰まった会社を破産させずに再建さ
　　　　　　　　　せることを目的とした法律。

☐ 民事再生法……倒産する前に裁判所に再建手続きを申し出た経営不振の企業に
　　　　　　　　　対して，事業の維持・再建を図らせることを目的とした法律。

序章　受験対策　基礎知識

第1章　必要とされる資質

第2章　職務知識

第3章　一般知識

第4章　マナー・接遇

第5章　技能

第6章　面接

終章　模擬試験

SELF STUDY

 過去問題を研究し
理解を深めよう！

POINT 出題 CHECK

　「企業活動の基本用語」では，経営・組織や人事，会計に関する用語の出題が多い。特に会計に関する用語は頻繁に出題されている。このほか，経済やマーケティング，法律に関する用語なども出題される可能性があるので，3級や2級で学習したことも再度チェックしておく必要がある。

✾ 経営・組織に関する用語

ビジネスで用いられる次の用語を簡単に説明しなさい。

①事業部制
②スケールメリット
③ボトムアップ型経営

〔解答例〕
①大企業などが，組織を事業や地域ごとに分け，独立会社に近い権限を与えて運営させる制度。
②企業規模，あるいは事業規模の大きさによって得られる利点のこと。
③下部の意見を吸い上げ，経営に反映させる経営方式のこと。

✾ 人事に関する用語

ビジネスで用いられる次の用語を簡単に説明しなさい。

①自己申告制度
②ジョブローテーション

〔解答例〕
①従業員に自分の仕事に対する意見や希望などを申告させ，より適切な人事管理を行おうとする制度。
②従業員に計画的に各分野の職務を経験させ，能力開発を促進させる人材育成法のこと。

✲ 会計・財務に関する用語 ①

次は，企業の財務・会計に関する用語，およびその説明の組み合わせである。

○ ①含み資産　＝　帳簿に記載されている資産の価格を実際の価格が上回っている場合の差額分のこと。

○ ②損益分岐点　＝　利益の発生と損失の発生の分かれ目となる売上高のこと。

○ ③貸借対照表　＝　企業の一定期日における資産，負債，純資産（資本など）の内容を一覧表にしたもののこと。

× ④決算公告　＝　その事業年度の決算の結果を税務署に申告すること。

　　④「決算公告」とは，株式会社が前年度の決算の内容を一般の人に知らせること。

✲ 会計・財務に関する用語 ②

次のそれぞれの説明を何と言うか。例を参考にして漢字で ▢ 内に答えなさい。

（例）親会社と，関連する子会社などを一つにまとめて行う決算のこと。
　　　　　　　　　　　　　　　　　＝ 連 結 決 算

①利益の操作を行って，決算の実態を正確に示さないこと。
　　　　　　　　　　　　　　　　　＝ ▢▢▢▢

②貸出先の経営不振などにより，回収が滞ったり，不能になったりした債権のこと。　　　　　　　　　　＝ ▢▢▢▢

③使用や時の経過で生じる固定資産の価値の減少分を，決算期に費用として計上すること。　　　　　　＝ ▢▢▢▢

　　①粉飾決算，②不良債権，③減価償却

✲ 会計・財務に関する用語 ③

次の用語を簡単に説明しなさい。

①引当金

②粗利益

〔解答例〕
①将来の特定の費用や損失のために計上する金額のこと。
②商品などの売上高と生産・仕入れ原価との差額のこと。

CHALLENGE 実問題

1

次の用語を簡単に説明しなさい。

1) メセナ
2) 特殊法人
3) 執行役員
4) 持ち株会社

2

次の用語を簡単に説明しなさい。

1) 棚卸し
2) 付加価値
3) 為替差益
4) 決算公告

【解答例】1＝1) 社会貢献の一環として資金などを提供し，文化，芸術活動を支援すること。
2) 公共的，国家的事業を行うために，政府からの出資を受けて設立された法人のこと。
3) 法律上の役員ではないが，業務の執行を担当する責任者のこと。
4) 他の会社の株式を保有することで，その会社の事業活動を支配することを主な業務とする会社のこと。
2＝1) 決算や整理のために在庫を調べること。
2) 生産活動やサービス活動によって新たに作り出した価値のこと。
3) 円とドルなど，通貨間の交換比率で生じた利益のこと。
4) 企業などが，その事業年度の決算の結果を一般社会に報告すること。

Lesson 2 税・印鑑・職種の知識

CASE STUDY

あなたなら
どうする？

係長は割印，部長は契印とおっしゃいましたが……割印と契印とは同じ意味なのですか？

「割印」と「契印」は同じ意味？

▶ 秘書Aは新人秘書Cから，「係長から，契約書に割印を押すのを忘れたから押しておいてほしいと頼まれたので，そのことを部長にお話ししたら，『契印だね』と言われたのですが，割印と契印は同じ意味なのですか」と聞かれました。どのように説明すればよいのでしょうか。

対処例 ○△×?…

次のように説明すればよいでしょう。
1. 割印は，ある文書と他の文書との関連性を証明するために文書間にまたがって押す印のこと。
2. 契印は，文書が2枚以上になる場合などに，それが一体の文書であることを証明するために，見開きにした書類のとじ目などに押す印のこと。

スタディ ☝!!

「割印」とは，契約書類の正本と副本など，独立したそれぞれの文書の関連性や同一性を証明するために，正本と副本の文書にまたがって押す印のことです。割印の例としては，正本・副本のほか，原本と写し，領収書とその控え，卒業証書と台帳などがあります。

一方「契印」とは，契約書などが数枚になる場合，それぞれの用紙が一連のものであることを証明するために書類の継ぎ目などに押す印のことですが，それは，契約していないことを書いた用紙を勝手に間に挟まれてしまうなど，偽造や改ざんを防ぐためにするものです。従って，使用する全ての紙にまたがって印鑑を押すことになります。

このように両者では押印の意味が異なりますが，契印も割印と同様，用紙の間に印を割るように押すためか，契印のことを割印と言う人が少なくありません。そのような場合は，ことさら正さないで，契印のことだと理解して対処すればよいでしょう。

序章 受験対策 基礎知識

第1章 必要とされる資質

第2章 職務知識

第3章 一般知識

第4章 マナー・接遇

第5章 技能

第6章 面接

終章 模擬試験

税に関する用語

- □ 国税………………国に納める税。法人税や所得税など。
- □ 地方税……………道府県や市町村に納める税。法人は事業税，個人は住民税，固定資産税など。
- □ 間接税と直接税…間接税は税を負担する人と納税義務者が一致しない税金。例えば，消費税の場合は消費者が税金分を負担しているが，納税義務者はメーカー・卸売業者・小売業者である。これに対して直接税は，所得税など，税を負担する人と納税義務者が一致している税金になる。
- □ 所得税……………個人の所得に課せられる国税。
- □ 法人税……………法人所得税ともいい，法人の所得（利益）に課せられる国税。
- □ 事業税……………事業を営む法人，個人に課せられる地方税。
- □ 消費税……………物品やサービスの消費に対して課せられる間接税。
- □ 住民税……………個人，法人に課せられる地方税。
- □ 固定資産税………土地や家屋，工場などの固定資産に課せられる地方税。
- □ 印紙税……………証書・契約書などを作成する際に課せられる税金。購入した収入印紙を書類に貼り，消印することで納税することになる。
- □ 累進課税…………所得など，課税対象額が大きければ大きいほど，高い税率を適用する課税方式。
- □ 確定申告…………一定期間の所得額や控除額を申告して税金を納めること。企業の場合は，決算日から2カ月以内に法人税を申告することになっている。
- □ 青色申告…………事業所得者が，一定の帳簿書類を備え付け，所定の事項を記録して申告することにより，税金の面で有利な計らいを受けられる制度。
- □ 源泉徴収…………税務署に代わって企業などが税金を徴収し，税務署に納付すること。
- □ 所得控除…………所得税を計算する際に，所得金額から差し引いて除外することで，課税額が少なくなる。「基礎控除」のほか，個人的な事情を配慮した「扶養控除」，「医療費控除」，「障害者控除」などがある。
- □ 年末調整…………給与から源泉徴収されている所得税額の過不足を年末に精算すること。

印鑑に関する用語

- 実印……………個人が地方自治体に印鑑登録した印鑑。重要な契約などには実印を押すことを求められる。実印であることを証明するためには，印鑑証明書を提出する。

- 認め印…………郵便の書留や宅配便の受領印など日常的に使う印鑑のことで，印鑑登録していないのが一般的。

- 公印……………役所や会社などの公的な印鑑。

- 代表者印………地方法務局などの登記所に登録した会社代表者などの正式な印鑑。一つの会社で一つしか登録できない。

- 銀行印…………銀行に届け出ている印鑑。小切手や手形，預金の引き出しなどに使用する。

- 割印……………契約書の正本と副本，領収書と控えなど，ある文書と他の文書との関連性を証明するため両方の文書にまたがって印鑑を押すこと。独立した文書の一体性や関連性を証明する印。

- 契印……………契約書が2枚以上になる場合など，それが一体の文書であることを証明するため，見開きにした書類のとじ目に印鑑を押すこと。同一の文書の一体性を証明する印。

- 訂正印…………契約書などの文書内容を一部訂正したときに，欄外に「○文字削除，○文字加筆」などと記入するが，そこに契約の当事者が訂正したことを証明するために押す印。

- 捨て印…………後に訂正が出てきた場合，手を煩わせないで済むようにという理由から，あらかじめ欄外に押しておく印。悪用される恐れがあるので，なるべく捨て印はしないようにする。

- 消印……………切手や収入印紙などが再利用されないように，使用済みのしるしとして押す印のこと。

- 封印……………重要書類の封筒のとじ目に印を押すなど，勝手に開かれないように押す印。

- 落款（らっかん）………書画が完成したときに作者が押す印（や署名）。

- 押印（おういん）………印鑑を押すこと。捺印（なついん）ともいう。

- 署名捺印………自分の氏名を自筆で書いて（署名）印鑑を押すこと。パソコンやゴム印を利用するなどして，自筆以外の方法で自分の氏名を記すのは「記名」。「署名」と指示してある場合，自筆でなければ無効になるので要注意。

序章 受験対策基礎知識

第1章 必要とされる資質

第2章 職務知識

第3章 一般知識

第4章 マナー・接遇

第5章 技能

第6章 面接

終章 模擬試験

知っておきたい職種

- ☐ 公認会計士……財務諸表など財務に関する書類の監査や証明を職業にしている人。税務業務を行うこともできる。

- ☐ 税理士…………税に関する事務書類の作成の代行や税務相談などを職業にしている人。

- ☐ 弁護士…………訴訟当事者の依頼を受け，訴訟に関する法律事務および法律活動を行うことを職業にしている人。さまざまな訴訟に備えて，また各種法律相談をするため，多くの企業は弁護士と顧問契約を結んでいるが，この弁護士を顧問弁護士という。

- ☐ 弁理士…………特許・実用新案・意匠・商標などに関して，出願手続き等の事務・代行を職業とする人。

- ☐ 公証人…………公正証書の作成など民事に関する事実を公に証明する権限を持つ公務員のことで，法務大臣に任命され，法務局または地方法務局に所属する。会社の定款は公証人に認証を受けなければならない。

- ☐ 行政書士………官公庁に提出する書類の作成や手続きの代行を職業としている人。事実証明や契約書の作成等も行っている。

- ☐ 司法書士………登記や供託及び訴訟等に関する手続きや，裁判所・検察庁・法務局などに提出する書類の作成や手続きなどの代行を職業としている人。会社の土地建物など不動産の登記は，司法書士に依頼することになる。

- ☐ 社会保険労務士…社会保険事務の代行や相談，指導などを職業としている人。労働・社会保険のほか人事・労務管理などにも精通していて，その方面からも企業を支援する。

- ☐ 中小企業診断士…中小企業の経営課題に対して経営の分析・助言などを行う専門家。

- ☐ 経営コンサルタント…企業の経営・管理，事業の運営などについて専門的な立場から指導や助言をする人。

- ☐ 証券アナリスト…証券投資に関する資料を収集・分析して，情報を提供する専門家。

- ☐ 不動産鑑定士…土地や建物など不動産を鑑定して適正な価格を判定する専門家。

- ☐ 土地家屋調査士…不動産の表示に関する登記について，所有者の代理人として

土地や建物に関する必要な調査や測量を行い，その申請手続きや審査手続きをする専門家。

- □ ケアマネジャー…介護支援専門員。介護保険制度において，要介護・要支援の認定を受けた人のために介護サービス計画（ケアプラン）を作成し，適切なサービスが受けられるように市区町村・事業者・施設などと連絡調整を行う専門員。
- □ ファイナンシャルプランナー…顧客の相談に応じ資産の運用・財産形成などについて助言を行う専門家。
- □ システムエンジニア…（コンピューターで）システムの設計・開発・保守に携わる専門技術者。
- □ Webクリエイター…WebサイトやWebコンテンツの制作作業全般を行う人。依頼主の要望を受けて，どのようなWebサイトやWebコンテンツが必要かを検討することになる。Webサイトのビジュアル面を担当するWebデザイナーよりも広範囲な知識などが求められる。
- □ アートディレクター…印刷物や広告のデザインに関して全行程を統括する人。関係するデザイナーなどを指揮・統括する。
- □ コーディネーター…いろいろな要素を調整して一つにまとめる人。また，放送番組などの進行担当者のこともいう。
- □ ディレクター…映画や演劇，放送などの監督，演出家（演出担当者）。また，会社の重役などのことも指す。

序章 受験対策 基礎知識

第1章 必要とされる資質

第2章 職務知識

第3章 一般知識

第4章 マナー・接遇

第5章 技能

第6章 面接

終章 模擬試験

SELF STUDY

過去問題を研究し
理解を深めよう！

POINT 出題 CHECK

　税の知識としては，基本的な用語を押さえておきたい。例えば，累進課税，源泉徴収，年末調整，確定申告，青色申告，所得控除などについては簡単な説明が書けるようにしておくこと。

　印鑑については，捨て印や消印をする理由，契印と割印の違い，記名捺印と署名捺印の違いなどが明確に説明できるようにしておくことがポイント。

　職種では，弁理士，社会保険労務士，公証人，行政書士，司法書士などがよく出題されているが，一般企業に関わる職業については一通りチェックしておき，それぞれの仕事内容をきちんと理解しておくことが大切である。

✳ 税に関する用語

　次のそれぞれの説明を何と言うか。例を参考にして漢字で □ 内に答えなさい。

　　（例）会社などが年末に行う，1年間の所得税の過不足を精算すること。

　　　　　　　　　　　　　　　　　　　＝ | 年 | 末 | 調 | 整 |

　　①所得が大きくなるに従って，税率が高くなる課税方式のこと。

　　　　　　　　　　　　　　　　　　　＝ | | | | |

　　②所得などの支払者が，その金額から所得税を天引きすること。

　　　　　　　　　　　　　　　　　　　＝ | | | | |

　　　①累進課税，②源泉徴収

✳ 知っておきたい職種

　次の人のことを，それぞれ何というか，適切な用語で答えなさい。

　　①社会保険事務の代行や相談，指導などを職業にする人。

　　②官公庁に提出する書類の作成や手続きの代行を職業とする人。

　　③特許，意匠などの申請，出願に関する手続きなどの代行を職業とする人。

　　④裁判所や法務局などに提出する書類の作成や手続きの代行を職業とする人。

　　　①社会保険労務士，②行政書士，③弁理士，④司法書士

CHALLENGE 実問題

1

次の税に関する用語を簡単に説明しなさい。

1) 確定申告
2) 基礎控除
3) e -Tax
4) 可処分所得

2

次の，人に関する用語の意味を簡単に答えなさい。

1) オンブズマン
2) コンシューマー
3) デイトレーダー
4) マーチャンダイザー

【解答例】1＝1）その年に納めるべき所得税を計算して，税務署に報告すること。
　　　　2）個人の税金額を計算するとき，所得から差し引ける一定の金額のこと。
　　　　3）インターネットを利用して国税の申告や納税などが行えるシステムのこと。
　　　　4）個人所得から税金や保険料などを引いた後の，個人が自由に使える所得のこと。
2＝1）行政監察委員（団体）
　　　2）消費者
　　　3）1日で株の売買を完了する個人投資家
　　　4）商品化計画担当者

序章

受験対策
基礎知識

第1章 必要とさ
れる資質

第2章 職務知識

第3章 一般知識

第4章 マナー・
接遇

第5章 技能

第6章 面接

終章 模擬試験

SECTION 2 社会常識と基本用語

Lesson ① 常識としての一般知識

「一所懸命」ではなく「一生懸命」が正しいと思うのですが……

CASE STUDY

あなたならどうする？

「一所懸命」それとも「一生懸命」？

▶昼休み時間，秘書Aが自席でコーヒーを飲んでいると，新人秘書のCが次のようなことを尋ねてきました。「イッショウケンメイの書き方は，『一所懸命』ではなく，『一生懸命』が正しいと思うのですが……」。聞けば，上司に手紙の原案を確認してもらったところ，「生」を「所」に直すように注意されたとのこと。Cは不満げな様子です。このような場合，Aはどのように答えればよいのでしょうか。

対処例 ○△×？…

次のように答えればよいでしょう。

本来は「一所懸命（いっしょけんめい）」と表記されていたが，「一生懸命（いっしょうけんめい）」がよく使われるようになって，現在では，報道機関など「一生懸命」に統一しているところも多い。かといって，「一所懸命」が間違いということではない。従って，上司が「一所懸命」が正しいとするなら，それに合わせるようにするのがよい。

スタディ 💡!!

「一所懸命」の本来の意味は「一カ所の領地を命を懸けて守り，そこを生活のよりどころにすること」です。そこから「命懸けで物事に当たること」を「一所懸命」というようになりました。それが，いつしか「一生懸命」とも書くようになり，また誰もが使うようになったので現代ではそちらの表記の方が一般的に用いられるようになってきました。

このように，言葉は生き物なのでいろいろと変化してきます。単に正誤を決めるのではなく，疑問に思ったらその変遷などを調べて，正しく理解することが重要です。また，どちらでもよい場合は，上司に従うのが秘書の立場であることを心得ておくことが大切です。

一般用語・時事用語

□ スケールメリット…規模が大きくなることによって得られる利益や効果のこと。

□ 外形標準課税……事業活動の規模に応じて課税する税金のこと。企業の床面積や従業員数，資本金，売上高など客観的に判断できる数値に照らし合わせて税額を算定しようとするもの。

□ メガバンク………都市銀行や信託銀行などが合併などにより，規模が巨大化した銀行のこと。

□ ステークホルダー…企業に利害関係を持つ人や組織のこと。

□ コストパフォーマンス…費用に対する満足度の評価のこと。費用対効果。

□ ニッチビジネス…ニッチ (niche) とはこの場合，市場の隙間を意味し，大企業の参入がなく，誰も目を付けていない分野の産業，隙間産業のことをいう。

□ ペイオフ…………銀行などの金融機関が万一破綻したときにも，保険金で一定の範囲内での払い戻しを行うという制度のこと。

□ モラルハザード…道徳的危険などと訳されるが，道徳的節度を失って行動する危険性のこと。本来は保険用語で，保険に加入したり，救済対策が整うとかえって危機管理に対する意識が低下して危険になることをいう。

□ 情報リテラシー…コンピューターやインターネットを操作し，情報を収集したり加工・処理・発信するなど，情報を使いこなす能力のこと。英語では，information literacy。

□ ランニングコスト…建物や機械などを維持管理していくための費用のこと。これに対して，建物や機械などを購入するときにかかる初期費用のことをイニシャルコストという。

□ M&A……………企業の合併 (Merger) と買収 (Acquisition) のことで，それぞれの英語の頭文字を取って略した言葉。

□ 地産地消…………地元で生産されたものを地元で消費すること。

□ グローバリゼーション…市場経済が世界的規模に拡大すること。

□ 環境アセスメント…開発が環境に及ぼす影響を事前に調査し，予測・評価すること。

二十四節気

- ☐ 立春……2月4日ごろ。この日から暦の上では春で，春の気配が現れる。
- ☐ 雨水……2月19日ごろ。草木の芽が出始めるころ。
- ☐ 啓蟄……3月6日ごろ。冬眠していた虫が地中から出るころ。
- ☐ 春分……3月21日ごろ。昼と夜の長さが等しくなる日。
- ☐ 清明……4月5日ごろ。天地が清々しく，万物が生き生きするころ。
- ☐ 穀雨……4月20日ごろ。穀物を育てる雨が降るころ。
- ☐ 立夏……5月6日ごろ。夏の気配が感じられ，この日から暦の上では夏。
- ☐ 小満……5月21日ごろ。草木が育ってあらゆるところに満ちあふれるころ。
- ☐ 芒種……6月6日ごろ。稲・麦など芒のある穀類の種をまく時期の意。
- ☐ 夏至……6月22日ごろ。1年で昼が最も長くなる日。
- ☐ 小暑……7月7日ごろ。このころから次第に暑さが増してくる。
- ☐ 大暑……7月23日ごろ。最も暑いころ。
- ☐ 立秋……8月8日ごろ。まだ暑さが残っているが，暦の上では秋。
- ☐ 処暑……8月23日ごろ。暑さが次第にやわらいでくるころ。
- ☐ 白露……9月8日ごろ。草木に露が宿って白く光るという意。このころから秋
  の気配が感じられる。
- ☐ 秋分……9月23日ごろ。この日，春分と同じく昼と夜の長さが同じになる。
- ☐ 寒露……10月8日ごろ。草木に宿る露が冷たく感じられるころという意味。
- ☐ 霜降……10月23日ごろ。霜が降り始めるころの意。
- ☐ 立冬……11月8日ごろ。このころから冬の気配が感じられ，暦の上では冬。
- ☐ 小雪……11月23日ごろ。小雪がちらつき始めるころの意。
- ☐ 大雪……12月7日ごろ。雪が積もるほど降るころの意。
- ☐ 冬至……12月22日ごろ。夏至の逆で，昼が最も短い日。
- ☐ 小寒……1月6日ごろ。次第に寒さが増してくるころ。
- ☐ 大寒……1月20日ごろ。寒さが最も厳しいころ。

二十四節気とは，1年を太陽の黄道上の位置に従って24等分した中国伝来の季節区分です。テレビのニュースなどでもよく話題になるので，季節を示すそれぞれの語は覚えておきたいものです。また，節分を基準にするので，日付はうるう年により前後します。

五節句と雑節

□ 人日………1月7日。五節句の一つで陰暦の正月7日のこと。七草がゆを食べて長寿を願う風習がある。七草は，セリ，ナズナ，ゴギョウ，ハコベ，ホトケノザ，スズナ，スズシロのこと。

□ 節分………立春の前日で2月3日ごろ。この日は，各地の神社や寺院，あるいは各家庭で豆まきをして邪気を払う風習がある。また，節分とは本来季節の変わり目のことで，立春・立夏・立秋・立冬の前日のことをいう。

□ 上巳………3月3日。五節句の一つ。もともとは陰暦3月初めの巳の日だったが，後に3月3日に固定された。桃の節句，ひなの節句ともいい，女児の幸福を願ってひな人形を飾り，白酒やひしもちを供えて祝う風習がある。

□ 春の彼岸…春分の日（3月21日ごろ）を中日として，その前後各3日間，計7日間をいい，秋の彼岸とともに，寺院に参拝したり，墓参りをするなどの仏事を行う。

□ 春社………春分の日に最も近い戊の日（年によって異なる）。春の社日。社は土地の神の意味で，土の神を祭って，春に豊作を祈る。

□ 八十八夜…立春から数えて88日目のことで，5月2日ごろ。この日以降は霜が降りないとされている。また，茶摘みの最盛期でもある。

□ 端午………5月5日。五節句の一つ。ショウブやヨモギを軒に挿し，ちまきや柏餅を食べて邪気を払う風習がある。また男児の成長や幸福を願って，鯉のぼりを立てたり，武者人形を飾ったりするが，現在は「こどもの日」として国民の祝日になっている。

□ 入梅………6月11日ごろ。梅雨の季節に入る日とされている。

□ 半夏生……7月2日ごろ。夏至から数えて11日目。このころ梅雨明けとなり，田に半夏（カラスビシャク）が生える。農家では，このころを田植えの終期の目安としていた。

□ 七夕………7月7日。五節句の一つで，七夕ともいう。牽牛星と織女星が年に一度逢うという伝説からそれらを祭る行事となった。五色の短冊に願い事を書いて竹の葉や枝に飾り付けるなどの風習がある。

□ 土用………立秋（8月8日ごろ）の前の18日間。本来は，立春・立夏・立秋・立冬の前18日間のことだが，一般的には夏の土用を指していう。一年中で最も暑い時期。

□ 二百十日…立春から数えて210日目のことで，9月1日ごろ。よく台風が襲来する時期とされ，このころが稲の開花期に当たるため，農家では厄日としている。

□ 重陽………9月9日。五節句の一つ。菊の節句ともいう。

□ 二百二十日…立春から数えて220日目のことで，9月11日ごろ。二百十日と同じく台風の襲来が多い日とされ，農家では厄日として警戒している。

□ 秋の彼岸…秋分の日（9月23日ごろ）を中日として，その前後各3日間，計7日間。

□ 秋社………秋分の日に最も近い 戊 の日（年によって異なる）。秋の社日。春社が豊作を祈るのに対して，秋社は土の神に収穫を感謝する。

📁 12カ月の異称

□ 1月………睦月
□ 2月………如月
□ 3月………弥生
□ 4月………卯月
□ 5月………皐月
□ 6月………水無月

□ 7月………文月
□ 8月………葉月
□ 9月………長月
□ 10月……神無月
□ 11月……霜月
□ 12月……師走

📁 六曜

□ 先勝………何事も急いでするとよいとされる日。午前中は吉で，午後は凶。急用や訴訟には吉日。「せんかち」とも読む。

□ 友引………何をしても引き分けで勝負がつかないとされる日。朝晩は吉だが，昼は凶。「友を引く」として葬礼を避ける習慣がある。

□ 先負………何事も平静を吉とし，急用や訴訟にはよくないとされる日。午前は凶，午後は吉。「せんまけ」とも読む。

□ 仏滅………何をするにも凶とされる日。特に結婚式はこの日を避ける。

□ 大安………何をするにもよいとされる日で，開店，結納，結婚式などに選ばれる。

□ 赤口………正午のみ吉だが，一日中凶とされる日。「しゃっく」とも読む。

知っておきたい慣用句

　頭や手足など，体の一部が入った慣用句は意外に多く，会話でもよく使われます。ここではその一例を挙げておきますが，部位ごとに調べて使える慣用句を増やしていくとよいでしょう。

☐ 頭が固い…………柔軟なものの考え方ができない。融通が利かない。

☐ 頭が切れる………頭の回転が速く，仕事などをそつなく迅速に処理する能力がある。

☐ 頭をはねる………上前（人の取り分の一部）をかすめ取って，自分のものにする。ピンはねする。

☐ 顔から火が出る…恥ずかしい思いをして，顔が真っ赤になるさま。

☐ 顔に泥を塗る……その人の名誉を傷つけたり，恥をかかせたりすること。類義語→顔をつぶす，顔を汚す

☐ 顔を立てる………その人の名誉や面目が保たれるようにする。

☐ 顔をつなぐ………たまに訪ねるなどして，相手との関係を保っておく。

☐ 後ろ髪を引かれる…未練が残って，その思いをなかなか断ち切ることができない。その気持ちを「後ろ髪を引かれる思い」などという。

☐ まゆにつばをつける…（「まゆにつばをつければ，狐や狸にだまされることはない」という俗信から）人にだまされないように用心する。「まゆつば物」は用心すべき疑わしい物のこと。

☐ 目からうろこが落ちる…あることがきっかけで，これまでよく分からなかったことが急に理解できるようになる。

☐ 目から鼻へ抜ける…頭の回転が速いこと，また機敏で抜け目がないことの形容。「目から鼻に抜けるような人」などと使う。

☐ 目に余る…………その程度が許容範囲を超えるほどひどく，黙って見ていることができない。

☐ 目に角を立てる…怒ったように鋭い目つきで見る。「目角を立てる」ともいう。

☐ 目鼻が付く………物事がほぼ出来上がって，完成までの見通しが立つ。

☐ 目をかける………特別に世話をしたり面倒を見たりする。ひいきにする。

☐ 目をつぶる………人の過失などに気付いても，見て見ぬふりをしてとがめない。

> このほか，「目を皿にする」「目を細める」など，「目」には表情が出るためか，調べてみるとたくさんの慣用句がありますよ。

序章　受験対策　基礎知識

第1章　必要とされる資質

第2章　職務知識

第3章　一般知識

第4章　マナー・接遇

第5章　技能

第6章　面接

終章　模擬試験

□ 耳が痛い………他人の言うことが自分の弱点に触れるので，聞いているのがつらい。

□ 耳にたこができる…同じ話，同じことを繰り返し何度も聞かされてうんざりする。（「たこ」は表皮が堅くなって盛り上がったもので，指にできるペンだこなど特定の部位を絶えず圧迫したりこすったりすることでできる）

□ 耳に挟む………ちらっと聞く。類義語→小耳に挟む

□ 耳を貸す………相手の話を聞く。また，相談に乗る。

□ 鼻であしらう…相手の言うことにろくに返事もせず，冷淡な応対をする。

□ 鼻を明かす……相手を出し抜いて，あっと言わせる。

□ 鼻を折る………得意になっている相手をへこませる。類義語→鼻をへし折る

人を無視して，まったく相手にしないことを「はなも引っかけない」といいますが，この「はな」は「鼻」（器官）ではなく，「鼻水」のことです。

□ 口が堅い………秘密（機密）など，漏らしてはいけないことは他言しない。反義語→「口が軽い」

□ 口が酸っぱくなる…同じことを何度も繰り返して言うさま。「口が酸っぱくなるほど説明する（注意する）」などと使う。

□ 口が減らない…自分が間違っていても，負け惜しみを言ったり屁理屈を並べ立てる様子。減らず口をたたく。

□ 舌を巻く………非常に感心したり驚いたりして，言葉も出ないさまをいう。

□ 舌鼓を打つ……おいしいものを食べたときなどに舌を鳴らすこと。

□ 歯が立たない…相手が手ごわいため，対抗して張り合うことができない。また，物事が難し過ぎて自分の力が及ばない。

□ 首を突っ込む…興味や関心を持ってある物事に関係する。また，本来なら関わらないで済む事に深入りする。類義語→頭を突っ込む

□ 肩を並べる……対等の地位，同じようなレベルの力や勢いを持つ。

□ 肩ひじ張る……気負いが感じられ，堅苦しいさま。

□ 腕が鳴る………身に付けた技術や能力など，自分の腕前を示したくてうずうずする。

- [ ] 腕を振るう………腕前を十分に発揮する。
- [ ] 腕を磨く…………持っている技術，能力をさらに高めるために努力する。
- [ ] 手に余る…………自分の能力では到底処理できない。手に負えない。
- [ ] 手を引く…………それまで関わってきた物事と関係を絶つ。
- [ ] 腹を探る…………相手の心中をそれとなく知ろうとする。
- [ ] 腹を割る…………本心を包み隠さず打ち明ける。
- [ ] 腰が重い…………無精で，なかなか行動に移さない。
- [ ] 腰が砕ける………途中で勢いや気力がなくなり，仕事など物事が続けられなくなる。
- [ ] 腰を折る…………物事の進行を中途で妨げる。「話の腰を折る」などと使う。
- [ ] 尻に火が付く……物事が差し迫って慌てる様子。
- [ ] 尻をたたく………相手に強く働きかけて物事をさせる。
- [ ] 尻をぬぐう………他人のした失敗や不始末の処理をする。
- [ ] 足が地に着かない…気持ちが落ち着かない。考え方がしっかりしていない。
- [ ] 足が出る…………出費が予算をオーバーして赤字になる。また，隠していたことが表に現れる（ぼろが出る）という意味もある。
- [ ] 足を運ぶ…………わざわざその場所を訪ねていく。
- [ ] ひざが笑う………(山道を下る際などに) ひざに力が入らなくなり，がくがくと震えることをいう。
- [ ] ひざを崩す………楽な姿勢で座る。逆に，姿勢を整えて改まった様子で座ることを「ひざを正す」という。
- [ ] ひざを交える……互いに打ち解けて，親しく話し合う様子。
- [ ] 足元にも及ばない…相手の方が自分よりもはるかに優れていて，比べものにならない。足元は「足下」とも書く。
- [ ] 足元を見る………(昔，駕籠を担ぐ人などが，旅人の足元で疲れ具合を判断し，高い料金を請求したことから) 人の弱点を見抜いてそれに乗じて何かをする，弱みに付け込むことをいう。足元は「足下」とも書く。

このほか，体の内部にも着目。「『脈』がある（見込みがある）」「『肝』に銘ずる（心に刻み込んで忘れないようにする）」など，日常的に使っている言葉が見つかりますよ。

誤りやすい慣用句

　慣用句も，言葉を言い誤ると意味をなさなくなるため，似たような言葉を混交・混同して用いたり，意味や言い回しの似通った他の慣用句と混用しないように注意しましょう。

- [ ] ×愛想を振りまく　→　○愛嬌を振りまく
  「愛想」は「――がいい」「――がない（＝無愛想）」「――が尽きる」「――を尽かす」などと使う。

- [ ] ×合いの手を打つ　→　○合いの手を入れる
  「合いの手」は邦楽で唄と唄の間をつなぐ短い楽器演奏のことだが，踊りや歌の間に入れるかけ声や手拍子，人が話している間に挟む言葉などにも用いられる。人の話に調子を合わせる「相づち（を打つ）」と混用しやすいので注意。

- [ ] ×足元をすくう　→　○足をすくう
  「足をすくう（足を急に持ち上げて倒す）」は，相手の隙に付け入って失敗させること。「足元」が入った慣用句もあるので，それぞれ区別して覚えておきたい。

- [ ] ×怒り心頭に達する　→　○怒り心頭に発する
  激しく怒る。「心頭」は「心の中」の意。

- [ ] ×薄皮をはぐように　→　○薄紙をはぐように
  病気が少しずつよくなるさまを言い表すたとえ。

- [ ] ×恨み骨髄に達す　→　○恨み骨髄に徹す
  心の底から恨む。

- [ ] ×笑顔がこぼれる　→　○笑みがこぼれる
  （注）×「満面に笑顔（を浮かべる）」　→　○「満面に笑み（を浮かべる）」

- [ ] ×押しも押されぬ　→　○押しも押されもせぬ
  実力があり，不動の地位を確立していることの形容。

- [ ] ×女手一人で育てる　→　○女手一つで育てる
  この場合の「女手」は「女の働き」の意。

- [ ] ×顔をうかがう　→　○顔色をうかがう
  相手の表情から，その心中を推し量る。

- [ ] ×気に介さない　→　○意に介さない
  気に掛けない。

- [ ] ×舌の先の乾かぬうち　→　○舌の根の乾かぬうち

舌の根（根元の意）も乾かぬうちに＝今（そう）言ったすぐ後で。

□ ×白羽の矢が当たる　→　○白羽の矢が立つ

多くの人の中から特に選ばれることをいうが，よい場合だけでなく，「犠牲者になる」など悪い場合にも使う。

□ ×心血を傾ける　→　○心血を注ぐ

全精力を注いで何かをする。「心魂を傾ける」（あることに全精神を集中する）との混用に注意。

□ ×酸いも辛いもかみ分ける　→　○酸いも甘いもかみ分ける

人生経験を積んで世間の裏面や人情にもよく通じていること。

□ ×取り付く暇もない　→　○取り付く島もない

「島」は頼りとなる物事，手掛かりの意。取りすがろうとしても頼りとなる手掛かりさえ見つからないこと。

□ ×熱にうなされる　→　○熱に浮かされる

高熱のためにうわごとを言う，また何かに夢中になってのぼせ上がること。

□ ×馬脚を出す　→　○馬脚を現す

「馬脚」は馬の足。芝居で馬の足の役を演じる役者がうっかり姿を見せてしまう意から，隠していたものが現れる，化けの皮がはがれること。「しっぽを出す」と混用しないこと。

□ ×火ぶたを切って落とす　→　○火ぶたを切る

火ぶたを開けて点火の準備をすることから転じて，戦いを開始する，物事に着手する。「幕を切って落とす」（物事を華々しく始める）と混用しやすいので注意。

□ ×微に入り細にわたる　→　○微に入り細をうがつ

微細な点にまで気を配る。

□ ×寄る年には勝てぬ　→　○寄る年波には勝てぬ

「年には勝てぬ」との混用に注意。

□ ×弱気を吐く　→　○弱音を吐く

「弱気」は消極的な気持ち，「弱音」は意気地のない言葉。

このほか，「つめの垢（あか）をせんじて飲む」を「つめの垢を飲む」と言い間違えたり，「腹の虫がおさまらない」を「腹がおさまらない」と言ってしまったり……ついうっかり言葉を抜かしてしまうことがありますが，言葉を省略すると慣用句にならないので気を付けましょう。

序章　受験対策　基礎知識

第1章　必要とされる資質

第2章　職務知識

第3章　一般知識

第4章　マナー・接遇

第5章　技能

第6章　面接

終章　模擬試験

知っておきたいことわざ

☐ 人間万事塞翁が馬

「塞翁が馬」ともいう。「塞翁」は辺境の塞に住む老人の意。（以下のような故事から）吉凶・禍福は予測できないことのたとえで、人生では何が福となり何が災いとなるか分からない。災いも悲しむにあたらず、福も喜ぶに足りないことをいう。

「昔、中国北方の塞近くに一人の老人が住んでいた。あるとき彼の持ち馬が隣国の胡に逃げてしまったので、人々が同情して声をかけたところ、老人は『これが福とならぬとも限らない』と言い、少しも落胆した様子を見せなかった。しばらくしてその馬が胡の名馬を連れて戻ってきた。それを聞いて人々は喜び、祝いに駆けつけたが、老人は『これが災いとならぬとも限らない』と言って少しも喜ばなかった。その後、その名馬に乗って老人の息子が落馬。足を折ったが、そのときも老人は平然とした様子で、『これが福とならぬとも限らない』と見舞いに来た人々に話した。それから約一年後、胡の国との戦争が始まり、ほとんどの若者たちは戦死したが、老人の息子は足が不自由であったため出征せず、無事であったという」

☐ 石に漱ぎ流れに枕す（＝漱石枕流）

（以下のような故事から）自分が誤っていても屁理屈をこねて自分の説を通し、言い逃れることのたとえ。負け惜しみが強いこと。ちなみに夏目漱石の「漱石」はここから取られたものである。

「晋の孫楚は隠居する際、今後は自然の中に隠れ住んで自由な生活をしたいと思い、それを語ったが、『石に枕し流れに漱ぐ』と言うべきところ、うっかり『石に漱ぎ流れに枕す』と言ってしまった。『石で口をすすぐことはできないし、水の流れを枕にすることはできない』と相手から誤りを指摘されると、孫楚は『石で口をすすぐのは歯を磨くためであり、流れに枕するというのは耳を洗うためだ』と答えたという」

> せっかくことわざを覚えても会話の中で適切に使えなければ意味がありません。単に暗記するのではなく、意味を正しく理解しておくことが大切。また、言葉の由来となった故事などを知ることで興味も倍増しますよ！

□ 青は藍より出でて藍より青し

　　藍の葉からとれる青色の染料が，原料となる藍よりもさらに青いという意から，教えを受けた弟子が師よりも優れていることをいう。類義語→出藍の誉れ

□ 一を聞いて十を知る

　　一部分を聞いただけで物事の全体を理解するという意から，理解が早く，鋭い洞察力を持っていることをいう。類義語→一を以て万を知る

□ 虎穴に入らずんば虎子を得ず

　　虎の子を捕獲したければ虎の住む洞穴に入らなければならないという意で，危険（リスク）を冒さなければ，大きな利益や立派な成果，功名を得ることはできないというたとえ。類義語→危ない所に登らねば熟柿は食えぬ

□ 過ぎたるはなお及ばざるがごとし

　　物事は中庸がよく，程度を超えたことは足りないことと同様によくないということ。類義語→薬も過ぎれば毒となる

□ 栴檀は双葉より芳し

　　「栴檀」は，香木として知られる「白檀」の異称。栴檀は双葉のころからすでに芳香を放つという意から，大成する人は幼少のころから優れたところがあることのたとえ。逆に，「大器晩成」（偉大な人物は大成するのに時間を要するという意）という言葉もある。

□ 前門のトラ後門のオオカミ（＝前門にトラを拒ぎ後門にオオカミを進む）

　　表の門でトラの侵入を防いだところ，今度は裏の門からオオカミが入ってきたという意で，一つの災難を逃れても，さらにまた別の災難に見舞われることのたとえ。類義語→一難去ってまた一難

□ 蓼食う虫も好き好き

　　辛い蓼の葉を好んで食う虫がいるように，人の好みもさまざまであるということのたとえだが，他人の悪趣味を評して使うことが多い。

□ 人を見て法を説け

　　「人」は「にん」とも読む。「釈迦は相手の持っている知識や性格を考慮し，それぞれの人に応じた方法で仏法を説いた」ということから，人を説得したりするときは，相手の性格や個性などを把握した上で，臨機応変な対応をすることが大切であるという意味。

□ 待てば海路の日和あり

　　今は海が荒れていても，待っていればそのうち航海に適した日和も来るという意で，焦らず慌てずに待っていれば，必ず幸運（よい時節）が到来するということ。類義語→果報は寝て待て

序章　受験対策

基礎知識

第1章　必要とされる資質

第2章　職務知識

第3章　一般知識

第4章　マナー・接遇

第5章　技能

第6章　面接

終章　模擬試験

SELF STUDY

✒ POINT 出題 CHECK

　「常識としての一般知識」では，これまで経済用語やビジネス用語・一般用語を中心に出題されてきたが，「六曜」など，秘書として知っておきたい知識も出題されるようになった。今後，慣用句やことわざ，四字熟語などの出題も予想されるので，これらについても留意しておき，社会人に求められる一般的な常識は身に付けておくようにしたい。

❋ ビジネス用語・一般用語

　次の用語を簡単に説明しなさい。
　①プライスリーダー
　②情報リテラシー
　③モラルハザード
　④ランニングコスト
　⑤スケールメリット
　⑥コマーシャル・ベース
　⑦セカンド・オピニオン

〔解答例〕
①市場価格の決定に強い影響力を持つ企業のこと。
②コンピューターを利用して，情報を自由に処理する能力のこと。
③道徳的節度を失って行動する危険性のこと。
④建物や装置などを維持するのに必要な経費のこと。
⑤規模が大きくなることによって得られる有利性のこと。
⑥商業上の採算のこと。
⑦現在かかっている医師とは別の医師の意見のこと。

CHALLENGE 実問題

1

　秘書Aの上司は総務部長である。上司は仕事柄，慶事や弔事に関わることが多く，行事を決めるとき暦を見て参考にする。次は，暦に書かれている用語（六曜）とその説明の組み合わせである。空欄の□□内に適切な用語を記入しなさい。

1. □□ ＝ 急用や訴訟などをするのによいとされる日。「せんかち」ともいわれる。
2. 友引 ＝ 友を引くといわれ，葬式を行うのによくないとされる日。
3. □□ ＝ 何をするにも控えめにするのがよいとされる日。「せんまけ」ともいわれる。
4. □□ ＝ 何をするにもよくないとされる日。
5. 大安 ＝ 旅行，結婚式，引っ越し，開店などをするのによいとされる日。
6. □□ ＝ 昼時以外は何をするにもよくないとされる日。「しゃっく」ともいわれる。

2

　次の中から下線部分の慣用句の使い方が<u>不適当</u>と思われるものを選び，その番号を（　　）内に答えなさい。

1. 「彼は初めのうちは勢いがよかったが，<u>腰が砕けて</u>しまったな」
2. 「取引では謙虚さを忘れず常に相手の<u>足元を見る</u>ように心がけている」
3. 「以前，相談したことのある例の企画案だけど，ようやく<u>目鼻が付いた</u>よ」
4. 「これからお世話になるお得意さまだから，一席設けて<u>膝を交えて</u>話すことにしよう」
5. 「佐藤さんがどういうつもりで言ってきたのか，それとなく<u>腹を割って</u>探ってみるよ」
6. 「ここしばらく取引がなかったが，来週あたりアポを取って<u>顔をつないで</u>おこうと思う」
（　　　　　　　　　　　　　）

【解答・解説】1＝1.先勝　3.先負　4.仏滅　6.赤口
2＝2,5
　「足元を見る」とは，人の弱みを見抜いてそれに付け込むこと。「腹を割る」とは，心の内をさらけ出すという意味の慣用句である。

Lesson ② 社会常識としての基本用語

CASE STUDY

あなたなら
どうする？

ロールプレーイングによる接客研修に参加するのですが，「ロールプレーイング」ってどんなことをするのですか？

「ロールプレーイング」とは？

▶ 秘書Aが帰ろうとしていると，新人秘書Cが追いかけてきて，お茶に誘われました。そのお茶の席で話題になったのが，ロールプレーイングによる接客研修のことです。Cは明日その研修に参加することになったというのですが，初めてのことなので戸惑っている様子。「『ロールプレーイング』とはどのようなことか」と尋ねてきました。Aは，どのように説明すればよいのでしょうか。

対処例 ○△×?…

次のように説明すればよいでしょう。

「ロールプレーイングとは，役割演技のことで，ある役割を演じ，そこから問題点や解決法を考える体験学習法のこと」

スタディ 💡‼

ロールプレーイング（Role Playing）とは，課題に沿ったある役割（Role）を演じること（Playing）ですが，それを社員に行わせることで体験的に問題点に気付かせ，解決法を考えさせる，企業の教育・研修法の一つです。

例えば，接客の役割演技では，「応接室での茶菓のサービス」などの課題を設定し，入室の仕方，茶菓の配り方，退室の仕方などを実際に体験させて問題点を発見させます。また，接待役だけでなく，来客がどのように感じるか来客役も演じさせ，「来客に最大の満足をしてもらうためにはどのようなサービスの仕方がよいか」を考えさせます。

ちなみに，秘書検定試験の面接は，このロールプレーイングの手法を利用して行われます。試験では審査員が上司役や来客役を演じますが，受験者は秘書役として，与えられた課題の状況を理解し，適切な応対をしていかなければなりません。

よく使われるカタカナ語

- □ アイデンティティー……自己同一性，主体性。
- □ アウトソーシング…………外部調達，外注。
- □ アクセス…………………コンピューターシステムなどへの接続，交通の便。
- □ アクティビティー…………活動，行動。
- □ アセスメント………………評価，査定。
- □ アテンダント………………付き添い人，劇場などの案内人，ホテルの接客係。
- □ アナリスト…………………分析家，研究者。
- □ アメニティ…………………環境などの快適性，心地よさ。
- □ イニシアチブ………………主導権。
- □ イノベーション……………技術革新，新機軸。
- □ インセンティブ……………誘因。（士気を高める）刺激。
- □ インフラストラクチャー…港湾・交通網・通信情報施設・ダム・上下水道・学校・病院など社会的生産基盤や生活基盤を形成する構造物や施設のこと。
- □ インフレーション…………物価が上昇して，貨幣の価値が下がること。インフレと略されることが多い。この逆がデフレーション。
- □ エージェント………………代理人。
- □ エクステンション…………拡張。
- □ エグゼクティブ……………経営幹部，重役，上級管理職。
- □ エコノミスト………………経済学者。経済の動向を分析・研究する人。
- □ エコロジー…………………生態学，生態系。「環境」の意味でよく用いられる。
- □ エビデンス…………………証拠，根拠。
- □ エンプロイアビリティ……雇用される能力。
- □ オープンプライス…………メーカーではなく，小売業者が自由に設定できる価格のこと。
- □ オーソリティー……………権威，権威者，大家。
- □ オファー……………………提案，申し込み。
- □ オプション…………………選択権，選択肢。
- □ オンブズマン………………苦情調査官，行政への苦情を調査・処理する機関。
- □ カスタマー…………………顧客，得意先。
- □ カリキュラム………………教育課程。
- □ キャパシティー……………能力，受容力。
- □ キャンペーン………………特定の目的のために組織的に行う宣伝活動のこと。
- □ クーリングオフ……………一定期間内であれば，訪問販売などによる商品購入契約を解約できる制度。

- □ クオリティー……………………品質。
- □ クリエーター……………………創造者，制作者。
- □ グローバリゼーション……世界化。各国の経済が解放され，世界経済への統合が進むこと。
- □ ケーススタディー…………事例研究。具体的な事例（ケース）を研究し，一般的な原理や理論を探る方法。
- □ コーチング………………………能力開発技法。
- □ コーポレートガバナンス…企業統治。
- □ コストパフォーマンス……費用対効果。投入した費用とそれによって得られる効果の割合。
- □ コネクション……………………縁故。
- □ コメンテーター…………………解説者。
- □ コンシューマー…………………消費者。
- □ コンセンサス……………………合意，意見の一致。
- □ コンテンツ………………………中身，内容物。本の目次。
- □ コンファレンス…………………会議や協議会のこと。
- □ コンプライアンス………………法令順守。
- □ サイト……………………………インターネットで公開しているコンテンツ（内容）が置かれている場所。
- □ サゼスチョン……………………暗示，示唆。サジェッションともいう。
- □ サンプリング……………………標本抽出。
- □ シチュエーション………………立場，状況，局面。
- □ シナジー…………………………相乗作用。個々のものが合わさると，合計以上の働きになること。「シナジー効果がある」などと用いる。
- □ シミュレーション………………模擬実験。
- □ スキーム…………………………計画。図式。
- □ スキル……………………………手腕，技量，技能。
- □ スケールメリット………………規模が大きくなることで得られる利益やメリットのこと。
- □ スタグフレーション……………景気停滞の中で，物価上昇が続く状態。
- □ スポークスマン…………………政府や団体の情報発表担当者。
- □ セーフティーネット……………年金や医療保険など万一のために備える社会保障制度など。
- □ セールスプロモーション…販売を促進する活動。
- □ ゼネラリスト……………………多方面に知識や能力がある人。
- □ セラピスト………………………治療士。社会復帰のための治療を行う人。
- □ ソリューション…………………問題解決。

□ ダウンサイジング………… 小型化。規模や形を小さくすること。

□ タスク…………………… 課せられた仕事，課題，作業。

□ ディスクロージャー……… 財務内容開示のこと。企業などが投資者や取引先に対して経営状況や財務内容を公開すること。

□ デイトレーダー…………… 一日の取引時間内で株の売買を完了する個人投資家のこと。インターネットによるオンライン取引制度を利用して行われる。株だけでなく外国為替の取引なども対象にされている。

□ デフレーション…………… 物価が下落し，貨幣価値が上がること。デフレと略することが多い。

□ デフレスパイラル………… デフレが企業の収益悪化をもたらし，景気後退を招いて，さらにデフレが強まるという悪循環のこと。

□ デベロッパー……………… 開発者，開発業者。

□ デモンストレーション…… 宣伝のための実演。

□ デリバティブ……………… 金融派生商品。本来の金融商品から派生した金融商品の総称。

□ テンション………………… 精神的緊張。

□ トレードマーク…………… 登録商標。

□ ナショナリスト…………… 国家主義者，民族主義者。

□ ナショナルブランド……… 全国的に知名度のある商品名・商号。

□ ニッチビジネス…………… 隙間産業。大企業が参入していない小規模な市場（ニッチ市場）を対象とする産業。

□ ネガティブ………………… 否定的。

□ ネゴシエーション………… 交渉，取り決め。

□ ノベルティー……………… 広告用に配布する社名や商品名を入れた品物。

□ パブリシティー…………… マスメディアに新製品などをニュースとして扱ってもらう宣伝方法。

□ ハイブリッド……………… 異種の技術や素材を組み合わせること。

□ バイオテクノロジー……… 生命工学。

□ ハザードマップ…………… 災害予測地図。

□ バリアフリー……………… 高齢者や障害者の生活の支障をなくすために作られるもの。

□ ファイナンス……………… 財政，財務，金融，資金調達。

□ ファンクション…………… 機能。

□ ファンド…………………… 資金，基金，投資信託。

□ フェーズ…………………… 局面，段階。

□ プライオリティー………… 優先順位，優先権。

□ プライスリーダー………… 市場価格の決定に強い影響力を持つ企業のこと。

序章　受験対策　基礎知識

第1章　必要とされる資質

第2章　職務知識

第3章　一般知識

第4章　マナー・接遇

第5章　技能

第6章　面接

終章　模擬試験

☐ プライベートブランド……メーカーではなく，大手スーパーなどの販売業者が独自に開発した商品・商標のこと。

☐ フランチャイズチェーン…本部が加盟店に一定地域での営業権を与える営業方式のこと。

☐ フレキシビリティー………柔軟性。

☐ プレゼンテーション………提示，説明。企画案などを説明すること。

☐ フローチャート……………作業工程・手順を示した流れ図。

☐ プロバイダー………………インターネット接続業者。

☐ ペイオフ……………………金融機関が破綻したとき，保険金で一定額を払い戻す制度のこと。

☐ ヘッドハンティング………他社から有能な人材を引き抜くこと。

☐ ベンチャービジネス………知識集約型で，事業の独創性・革新性を追求する小企業のこと。また，規模は小さく，リスクも高いが，今後成長が期待される事業のこと。

☐ ボーダーレス………………境界がないこと。国境がないこと。

☐ ポジティブ…………………肯定的。

☐ ボトムアップ………………下部の意見を吸い上げ，業務計画に反映させる方式。

☐ マーケティング……………生産者から消費者に商品やサービスが渡るまでの一切の活動。

☐ マージン……………………手数料。売価と仕入原価の差額（利ざや）のこと。

☐ マーチャンダイジング……商品化計画。担当する人はマーチャンダイザー。

☐ ムーンショット……………大胆な発想に基づく研究開発。困難だが夢がある。

☐ メインバンク………………主要取引銀行。

☐ ランニングコスト…………運転資金。

☐ リスクヘッジ………………危険回避。

☐ リストラクチャリング……企業が事業構造や業務内容を見直し，再構築すること。リストラと略される。

☐ リテラシー…………………読み書き能力。情報を引き出して活用する能力。

☐ レイオフ……………………経営不振のために従業員を一時帰休させること。

☐ レジリエンス………………復元力。

☐ レセプション………………歓迎会。ホテルなどの受付，フロント。

☐ ローテーション……………回転，交代，循環。

☐ ロイヤルティー……………特許権などの使用料。ロイヤリティー。

☐ ワークシェアリング………仕事の分かち合い。一人当たりの労働時間を短縮することで，より多くの人が働けるようにしようという考え方。

☐ ワークショップ……………参加者が自主的に活動する研修会や講習会。

よく使われる略語

- 安保理……………安全保障理事会
- 世銀………………世界銀行（正式には国際復興開発銀行）
- 衆院………………衆議院
- 参院………………参議院
- 経産省……………経済産業省
- 厚労省……………厚生労働省
- 国交省……………国土交通省
- 農水省……………農林水産省
- 文科省……………文部科学省
- 家裁………………家庭裁判所
- 簡裁………………簡易裁判所
- 地裁………………地方裁判所
- 高裁………………高等裁判所
- 最高裁……………最高裁判所
- 地検………………地方検察庁
- 高検………………高等検察庁
- 最高検……………最高検察庁
- 日弁連……………日本弁護士連合会
- 公取委……………公正取引委員会
- 科捜研……………科学捜査研究所
- 政府税調…………政府税制調査会
- 中教審……………中央教育審議会
- 日本経団連………日本経済団体連合会
- 日商………………日本商工会議所
- 同友会……………経済同友会
- 連合………………日本労働組合総連合会
- 東証………………東京証券取引所
- ジェトロ…………日本貿易振興機構（JETRO）
- 日赤………………日本赤十字社
- 日教組……………日本教職員組合
- 民放連……………日本民間放送連盟
- 労組………………労働組合
- 漁協………………漁業協同組合
- 農協………………農業協同組合
- 生協………………生活協同組合

序章　受験対策基礎知識

第1章　必要とされる資質

第2章　職務知識

第3章　一般知識

第4章　マナー・接遇

第5章　技能

第6章　面接

終章　模擬試験

- □ 信金‥‥‥‥‥‥‥信用金庫
- □ 投信‥‥‥‥‥‥‥投資信託
- □ 原発‥‥‥‥‥‥‥原子力発電／原子力発電所
- □ 国体‥‥‥‥‥‥‥国民体育大会
- □ 国保‥‥‥‥‥‥‥国民健康保険
- □ 労災保険‥‥‥‥労働者災害補償保険
- □ 生保‥‥‥‥‥‥‥生命保険
- □ 損保‥‥‥‥‥‥‥損害保険
- □ 道交法‥‥‥‥‥‥道路交通法
- □ 労基法‥‥‥‥‥‥労働基準法
- □ 特措法‥‥‥‥‥‥特別措置法
- □ 破防法‥‥‥‥‥‥破壊活動防止法
- □ 外為法‥‥‥‥‥‥外国為替及び外国貿易法
- □ 住基ネット‥‥‥‥住民基本台帳ネットワーク
- □ 行革‥‥‥‥‥‥‥行政改革
- □ 外為‥‥‥‥‥‥‥外国為替
- □ 重文‥‥‥‥‥‥‥重要文化財
- □ デノミ‥‥‥‥‥‥デノミネーション
- □ ハイテク‥‥‥‥‥ハイテクノロジー
- □ マスプロ‥‥‥‥‥マスプロダクション
- □ AI‥‥‥‥‥‥‥‥人工知能
- □ APEC‥‥‥‥‥‥アジア太平洋経済協力会議
- □ ASEAN‥‥‥‥‥東南アジア諸国連合
- □ ATM ‥‥‥‥‥‥現金自動預払機
- □ CB ‥‥‥‥‥‥‥転換社債
- □ CEO ‥‥‥‥‥‥最高経営責任者
- □ CF ‥‥‥‥‥‥‥コマーシャルフィルム
- □ CM‥‥‥‥‥‥‥コマーシャルメッセージ
- □ COO ‥‥‥‥‥‥最高執行責任者
- □ ECB ‥‥‥‥‥‥ヨーロッパ中央銀行
- □ EPA ‥‥‥‥‥‥経済連携協定
- □ ESG ‥‥‥‥‥‥環境・社会・ガバナンス
- □ EU ‥‥‥‥‥‥‥欧州連合
- □ FRB ‥‥‥‥‥‥連邦準備（制度）理事会＝アメリカの中央銀行制度の最高意思決定機関のこと。
- □ FTA‥‥‥‥‥‥‥自由貿易協定
- □ GDP ‥‥‥‥‥‥国内総生産

- ☐ GNP ･･････････････国民総生産
- ☐ IAEA ･････････････国際原子力機関（国連）
- ☐ ICT･････････････････情報通信技術
- ☐ IEA ･･････････････････国際エネルギー機関
- ☐ ILO･････････････････国際労働機関（国連）
- ☐ IMF･･････････････････国際通貨基金（国連）
- ☐ IOC･･････････････････国際オリンピック委員会
- ☐ IoT ･･･････････････モノのインターネット。身の回りの物がインターネット
  につながることで実現する新たなサービス等。
- ☐ JARO･･････････････日本広告審査機構
- ☐ JAS ･･････････････日本農林規格
- ☐ JASRAC ････････日本音楽著作権協会
- ☐ JIS ･･･････････････日本産業規格
- ☐ JOC ･････････････日本オリンピック委員会
- ☐ LAN ･･･････････････（大学・企業内などの）構内情報通信網
- ☐ M&A ･･････････････企業の合併・買収
- ☐ NASA･････････････航空宇宙局（米国）
- ☐ NGO ･････････････非政府組織
- ☐ NPO ･････････････民間非営利団体
- ☐ NPT･･･････････････核拡散防止条約
- ☐ ODA ･･･････････････政府開発援助
- ☐ OECD･･････････････経済協力開発機構
- ☐ OPEC･･････････････石油輸出国機構
- ☐ PKO ･･････････････国連平和維持活動
- ☐ PR ･････････････････パブリックリレーションズ（広報活動）
- ☐ SEC ･･･････････････証券取引委員会（米国）
- ☐ SDGs ････････････持続可能な開発目標
- ☐ TOB ･･･････････････株式公開買い付け
- ☐ TPP ･･････････････環太平洋連携協定
- ☐ UNESCO･･･････････国連教育科学文化機関（ユネスコ）
- ☐ VR ･･････････････････仮想現実
- ☐ WHO ･･････････････世界保健機関（国連）
- ☐ WTO ･･･････････････世界貿易機関

SELF STUDY

過去問題を研究し
理解を深めよう！

POINT 出題 CHECK

「社会常識としての基本用語」では，カタカナ語の出題が圧倒的に多く，経済・時事関連用語から一般用語まで広範囲にわたって出題されている。略語については，政治経済に関するものがよく出題されるので，新聞で用いられる略語は押さえておきたい。

✻ カタカナ語 ①

次は，用語とその意味の組み合わせである。

○ ①イノベーション ＝ 技術革新
○ ②コンプライアンス ＝ 法令順守
× ③ディスクロージャー ＝ 情報過多
○ ④コーポレートガバナンス ＝ 企業統治
○ ⑤コストパフォーマンス ＝ 費用対効果

③「ディスクロージャー」とは，「財務内容開示」のことで，企業が投資家や取引業者に対して，経営状況や財務内容を公開することをいう。

✻ カタカナ語 ②

次は何についての説明か。それぞれの用語をカタカナで答えなさい。

①社外調達。業務の一部を外部に委託すること。

②企業が，事業構造や業務内容を見直し，再構築すること。

③金融機関が破綻した場合，預けたお金はある上限までしか保護されないこと。

④デフレが企業収益の悪化を引き起こし，それが景気後退を招いてさらにデフレが強まるという悪循環のこと。

⑤仕事の分かち合い。一人当たりの労働時間を短くすることにより，全体として雇用機会を増やそうという考え方のこと。

①アウトソーシング ②リストラクチャリング（リストラでもよい）③ペイオフ ④デフレスパイラル ⑤ワークシェアリング

✱ カタカナ語 ③

次の用語の意味を下の枠内から一つ選びなさい。

①グローバリゼーション

②デフレーション（デフレ）

③インフレーション（インフレ）

④インフラストラクチャー（インフラ）

1. 物価が上昇し，貨幣の価値が下がる状態。
2. 物価が下落し，貨幣の価値が上がる状態。
3. 生産や生活の基盤になる構造物や施設のこと。
4. 各国の経済が解放され，世界経済への統合が進むこと。

①　4　　②　2　　③　1　　④　3

✱ 略語 ①

次の略語の正式名称を，日本語で答えなさい。

①行革

②公取委

③GDP

④NPO

①行政改革（行財政改革）　　②公正取引委員会　　③国内総生産
④民間非営利団体

✱ 略語 ②

次の略語の意味を右の枠内から選べ。

①APEC

②TPP

③OECD

④ASEAN

⑤FTA

1. 自由貿易協定
2. 経済協力開発機構
3. 環太平洋連携協定
4. アジア太平洋経済協力会議
5. 東南アジア諸国連合

①　4　　②　3　　③　2　　④　5　　⑤　1

序章　受験対策　基礎知識

第1章　必要とされる資質

第2章　職務知識

第3章　一般知識

第4章　マナー・接遇

第5章　技能

第6章　面接

終章　模擬試験

CHALLENGE 実問題

1

次の略語は何のことをいっているか。日本語で（　　）内に答えなさい。

1) ODA 　　（　　　　　　　　　　　　　　）
2) WHO 　　（　　　　　　　　　　　　　　）
3) CEO 　　（　　　　　　　　　　　　　　）
4) NGO 　　（　　　　　　　　　　　　　　）

2

次はビジネスで用いられるカタカナ語である。該当する日本語の意味を下の枠内から選び，その番号を（　　）内に答えなさい（番号は重複しないようにすること）。

1) シナジー　　　　（　　　　　　　　）
2) エビデンス　　　（　　　　　　　　）
3) リスクヘッジ　　（　　　　　　　　）
4) ダイバーシティ　（　　　　　　　　）
5) イノベーション　（　　　　　　　　）
6) フローチャート　（　　　　　　　　）

1．証拠	2．交渉	3．新機軸	4．多様性
5．選択肢	6．作業工程	7．危機回避	8．問題解決
9．相乗作用	10．優先順位		

【解答例】1＝1) 政府開発援助　　2) 世界保健機関　　3) 最高経営責任者
　　　　4) 非政府組織
2＝1) 9　　2) 1　　3) 7　　4) 4　　5) 3　　6) 6

第**4**章

マナー・接遇

関係者との接し方・話し方

Lesson ① 関係者との接し方

あなたなら
どうする？

困ったなあ，まだ手を付けていないの……。
明日までに何とかなるかなあ………。

催促の電話に上司は困り顔……どう補佐する？

▶ 秘書Aは，上司が出社する前に取引先の田中氏から上司宛ての電話を受けました。上司はまだ出社していないと言うと，今日上司から返事をもらうことになっている件はどうなっているかとのことだったので，上司が出社し次第こちらから連絡すると答えて電話を切りました。出社した上司にそのことを話すと，「困ったなあ，まだ手を付けてない，明日までに何とかなるかなあ」とため息交じりにつぶやくのが聞こえました。このような場合，Aはどのように対処すればよいのでしょうか。順を追って箇条書きで答えてください。

対処例 ○△×？…

次のように対処すればよいでしょう。
1. 上司に，明日まで待ってくれるように田中氏にお願いしてみようかと言う。
2. 了解を得たら，しばらく時間を置いてから田中氏に電話する。
3. 田中氏には次のことを言う。
   a. 上司と連絡が取れたが，忙しくて検討する時間がなく，まだはっきりした返事ができないと言っている。
   b. 明日までには返事ができそうだと言っているので，何とか待ってもらえないか。
4. 遅れたことをわび，明日また電話をさせてもらうので，よろしくお願いしたいと言う。

スタディ 💡‼

上司は田中氏との約束を果たしていないので，電話ができる状況ではありません。そのことを察して，田中氏への連絡はAが引き受けるように気を利かせなければなりませんが，電話する前にいつまでに返事ができるかを上司に確認しておくことが大切です。また，田中氏には「多忙で時間がなかった」という事情を説明してわび，明日まで待ってもらえないかとお願いするのが，秘書としての適切な対応の仕方になります。

来客への接し方

　来客は，社内の誰よりも上位の存在として位置付け，どのような来客でも最大の誠意をもって公平に接するように心がけなければなりません。以下のようなことに留意します。

◆来客にはいつも笑顔で接し，社内で迷っている人，困っている様子の人を見かけたら，積極的に声をかけて，できるだけ力になるように努める。

◆よく上司を訪ねてくる取引先の人などと会社の近くで会ったときは「いつもお世話になっております」，「こんにちは」などと一言あいさつをする。
　◎相手に連れがある場合は，声をかけないで会釈だけするのが原則。

◆会話をするときは，落ち着いた調子で，めりはりを利かせて話すよう心がける。

◆ケースに応じたお辞儀の仕方を心得ておく。
　◎会釈は，廊下で擦れ違うときや部屋に入るときなど。
　◎敬礼（普通礼）は，客を迎えたり見送るときなど。
　◎最敬礼は，謝罪や願い事をするときなど。
　◎お辞儀は，背筋を伸ばしたまま腰から曲げ，手は前で重ねるのが基本。

◆来客とは前傾姿勢（図①）で応対する。
　◎前傾姿勢のポイントは，背筋を伸ばしたまま体をやや前傾させること。また，両手は前で重ねるようにする。

◆相手の傘や荷物，コートなどは，「お預かりいたしましょう」などと言って，適切な場所に保管する。
　◎荷物が多い場合は，見送るとき玄関まで秘書が持っていくように心がける。

🔲 図①　前傾姿勢。

◆物を受け取るときや渡すときは，必ず両手で行う。

◆来客を案内するときや物を指し示すときは，指ではなく，手で示す（図②）。

◆案内するときは，以下のようなことに留意する。
　◎来客の斜め二，三歩前を先導するように歩く。
　◎廊下の曲がり角では，後ろを向いて「こちらでございます」などと声をかけ，曲がる方向を指し示す。
　◎階段を上がるときは，来客を先にして，秘書は後ろから付いて行くようにする。来客が足を踏み外して

🔲 図②　案内するときや物を指し示すときの手と姿勢。

倒れそうになったときに支えることができるからである。

◎階段を降りるときは，来客の前に立ち，時々振り返るようにして様子を見
ながら案内する。

◎案内をしているときに，他部署の上役や同僚などがそれと知らず自分に話
しかけてきたときは，「後で伺います」などと言って接客中であることをそ
れとなく伝え，来客には「失礼いたしました」とわびる。

◎案内中に，他部署の上役などが来客に近寄ってきてあいさつを始めたとき
や来客が誰かに話しかけたときは，邪魔にならないように少し離れて話が
終わるのを待つ。

◆来客をしばらく待たせるときは気配りを欠かさないようにする。

◎受付やロビーなどで待たせる場合は，椅子を勧めたり，雑誌や新聞などの
読み物を提供する。

◎応接室で待たせる場合は飲み物のサービスをするが，長く待たせるときに
は飲み物の種類を変えるなどして何度か出すように心がける。

◎上司が外出中で帰社が遅れている場合は，「渋滞を抜けたので，あと15分ほ
どで到着できるそうです」などできるだけ途中経過を知らせるようにする。

上司への接し方

　上司と応対するときは前傾姿勢を保つことを心がけます。お辞儀をするときの
心得も来客の場合と同じと考えて構いませんが，重要なのは，「上司を補佐する
ことが秘書の仕事である」ことを常に念頭に入れて接することです。以下の点に
留意しておきましょう。

◆上司には尊敬の心をもって接する。

◎頑固なところや偏屈なところがあったとしても，これまでの実績や社会的
な地位に対して敬意を表すことが大切である。

◆上司を理解し，上司の好みや仕事の仕方に沿った補佐をするように心がける。

◎自分の仕事の仕方の方が合理的だと思っても，上司の指示に従って進める
ようにする。

◎自分に責任がないミスを注意されるなど，上司から指摘されたことに納得
がいかなくても，その場で弁明したり抗議したりしないでいったん受け止
め，適切なころを見計らって事実や経緯などを話すようにする。

◎仕事の仕方や立ち居振る舞いなどに対して注意を受けたら，言い訳をしな
いで素直に謝り，どのようにすれば改善できるかを考えるようにする。

◆上司とは仕事での結び付きを中心に考え，必要以上に私生活に立ち入ったり，興味を示したりしない。

 ◎仕事のことに関しても，秘書という立場をわきまえ，必要以上の口出しをしない。

◆上司が出社する前に出社することを心がける。

 ◎出社した上司が気持ちよく仕事ができるように始業時間前に準備しておくことがある。

◆上司が残業するときは，必要に応じて秘書も残るようにする。

 ◎上司が残業するときは，秘書も残っていた方がよいか伺いを立てる。

 ◎用事があって残業できないときは，前もって上司に話して了解を取っておくようにする。

◆上司の指示を受けるときの姿勢や手順を心得ておく。

 ①呼ばれたら，「はい」と明るい声で気持ちよく返事をし，メモ帳と筆記用具を持って上司のところへ行く。

 ②上司が話しやすい位置（上司が自席にいる場合は机から1.5mくらい離れた位置）に立ち，「失礼します」あるいは「お呼びでしょうか」，「どのようなご用でしょうか」などと言って話を聞く姿勢（前傾姿勢）を取る。

  ☆上司が応接セットなど低い椅子に座っているときは，上司が見上げるような姿勢にならないように注意する。

 ③集中して上司の指示を聞き，理解したら「はい」または「かしこまりました」とうなずきながら返事をする。

  ☆必要ならメモを取る。

 ④分からないことがあれば，最後にまとめて質問する。

  ☆話が長く続く場合は，一段落したところで質問してよい。

 ⑤内容が複雑なもの，改めて確認する必要があるものは，復唱して指示内容を確認する。

  ☆数値データや固有名詞，期日などは必ず確認しておく。

  ☆「手が空いたときでよい」とか「急がないから」などと言われたときも，おおよその期日は聞いておく。

  ☆確認を終えたら，「確かに承りました」，「承知いたしました」などと言って理解・承諾したことを伝える。

 ⑥下がるときには，「失礼いたします」と言って一礼する。

上司の上役や部下への接し方

「上司の部下への対応」については第1章（SECTION2／Lesson2「社内関係者への対応」）でも取り上げましたが，まず上司の部下は秘書の部下ではないこと，秘書はあくまでも上司の補佐役であり，上司の部下に影響を与えるような存在ではないことを自覚しておかなければなりません。

相手が年下であっても敬語を用いて話し，常に丁寧な態度で接するよう心がけますが，上司の部下でも役職者や先輩社員などは，他部署のそれらの人と同じように秘書にとっては格上の人に当たるので，特に敬意をもって接することが必要です。

また，上司の上役に対しては常に十分な敬意を払って接し，失礼のないように言葉遣いにも気を配りますが，その上役からの指示や命令は何よりも優先すると考えて行動しなければなりません。以下のようなことにも留意しておきましょう。

◆上司の上役に仕事を指示されたら，「かしこまりました」などと応じていったん引き受け，上司にそのことを報告してどのようにするか指示を受ける。

◆上司が不在の場合は，引き受けてから自分の判断で処理し，必要であれば上司が戻ったときに報告する。

　　◎すぐに済む仕事など報告する必要がないことは，いちいち上司に報告しない。

　　◎上司に指示された急ぎの仕事をしているときに，上司の上役から急ぎの仕事を指示された場合は，その上役に事情を話し，どのようにしたらよいか指示を仰ぐ。

　　　☆その際，同僚に手伝ってもらったら間に合うと判断したら，そのことも上役に提案し，許可を得た上で手配をするなど，可能な限り仕事を引き受けるように努力する。

◆上司との関係がよくないとうわさされる他部署の上役に対しても，他の上役と区別することなく敬意をもって接する。

　　◎上司と不仲であるかどうかは，秘書には関係ないことであると理解しておくことが大切。

◆上司が不在のときに他部署の上役が上司を批判するようなことを話しても，同意したり反論したりしない。意見を聞かれた場合は「私にはよく分かりませんが……」などと軽く受け流し，さりげなく別なことに話題を切り替えるようにする。

先輩や同僚，後輩への接し方

　先輩や同僚，後輩などとは協力して仕事ができるように，日ごろからよい人間関係をつくっておく必要があります。特に，グループで何人かの上司を担当する場合は，相互のコミュニケーションを密にするだけでなく，気心が知れた人間関係を構築しておくことが大切です。日常のあいさつや声かけを積極的に行うほか，以下のようなことにも留意しましょう。

◆どんなに親しくなっても，先輩や年長者に対しては敬語を用いる。

　◎同僚や後輩に対しては，親しくても友達言葉は禁物。ビジネスの場にふさわしい言葉で話す。

◆仕事を手伝ってもらうときは，相手を気遣うことを忘れない。

　◎相手の都合を考えて依頼するように心がける。

　◎昼食や終業時刻を考慮して頼むようにする。

　　☆どうしても昼食時間にかかってしまう場合や残業になる場合は，仕事の重要性や緊急性を話し，相手に納得してもらうように努力する。

　◎手伝ってもらう相手に責任を負わせるようなことをしない。

　　☆仕事の最終責任は自分にあることを自覚し，それを相手にも伝えておく。

　　☆相手の仕事にミスがあっても非難したりしない。

　◎分担した仕事でも，基本的には全て自分がやるべき仕事と心得る。

　　☆自分の仕事が早く終わったら，残りの仕事は自分が引き受けるように申し出なければならない。

　◎手伝う人に困難な仕事を押し付け，自分は楽な仕事をするなどという仕事の分担をしてはならない。

◆先輩はもちろん，同僚や後輩に対しても礼やわびの言葉を省略しない。

　◎仕事を手伝ってもらったときは，どんなに親しくてもきちんと礼の言葉を述べるようにする。

　◎自分のミスで迷惑をかけたときは素直に謝罪する。

◆新人や後輩を指導する際には，相手を思いやる心を忘れない。

　◎相手のプライドを傷つけないように注意。その人の恥になるようなことは，できるだけ人に知れないように配慮して指導する。

　◎一度でできないからといって叱ったりさじを投げたりせず，できるまで何度でも根気強く教える。

　◎相手の能力を把握しておき，長所は称賛して伸ばし，欠点は励ましながら補っていくように指導する。

序章　受験対策・基礎知識
第1章　必要とされる資質
第2章　職務知識
第3章　一般知識
第4章　マナー・接遇
第5章　技能
第6章　面接
終章　模擬試験

SELF STUDY

過去問題を研究し
理解を深めよう！

POINT 出題 CHECK

「関係者との接し方」では，ここでも取り上げているように，上司としっくりいかない理由を考えさせたり，上司の指示を聞くときの態度を改めさせる指導の仕方を問うなど，上司への接し方に関する出題が多い。このような設問に対しては，「上司への接し方で留意すべきことは何か」，「指示を聞くときの基本は何か」と角度を変えて考えていけば，これまで学習したことの中から自然に答えが導き出せるはずである。

このほか，来客に接するときの正しい姿勢やお辞儀の仕方，話し方，後輩への依頼の仕方などが出題されているが，いずれも留意すべきポイントを押さえておけば十分対応できる問題であろう。

❋ 上司への接し方

秘書Aは，他部署からの異動で秘書になったBから，上司との間がどうもしっくりしない，なぜだろうかと質問された。このような場合Aは，秘書として心得るべき上司との人間関係を，どのように答えるのがよいか。箇条書きで三つ答えなさい。

〔解答例〕
1．上司に対する，尊敬心や信頼感が薄いのではないか。
2．上司の仕事を理解しようとしていないのではないか。
3．上司の仕事に対して必要以上の口出しをしているのではないか。
　しっくりしないということは何かわだかまりがあるということである。それを上司と秘書の人間関係というところから考えると，上司に親近感をもって接していない，逆に入り込み過ぎているなどが挙げられる。つまり，「上司とうまくやっていく接し方とは何か」を考え，「それができていないのではないか」ということを述べるのが解答になる。解答例以外に「上司の私生活に必要以上の関心を持っているのではないか」などもよい。

CHALLENGE 実問題

1

　秘書Aが新しく付いた上司は，グループ会社から栄転してきた人で年齢がAに近い。そのせいか，Aに指示をしないで自分で事務処理をしたり，Aの後輩に指示したりする。このような上司へ，Aはどのように対応したらよいか。次の中から<u>不適当</u>と思われるものを一つ選び，その番号を（　　　）内に答えなさい。

1. 自分は秘書なのだから，どのようなことでも言い付けて使ってもらいたい，と申し出ておく。
2. 今まで自分がしていた仕事を後輩が指示されたら，今まで通り自分がしようと思うがよいかと申し出る。
3. 前の上司にしていたことを一覧表にして上司に渡し，今後どのようにするか検討して決めてもらえればそのようにすると申し出ておく。
4. 会議の資料作りなど今まで自分がしていた仕事は，今回はどのように作るかを早めに確認して，指示される前に手を付けるようにする。
5. 上司には上司の考えがあってのことだろうから，しばらくは様子を見ることにし，特に問題がなければ今の上司のやり方に従って仕事をする。

（　　　　　　）

2

　秘書Aは上司から，「F（新人）のお辞儀は，いつでも首をちょこんと下げるだけだ。きちんとした丁寧なお辞儀ができるように，指導しておいてもらいたい」と言われた。このような場合Fに，状況に合ったきちんとした丁寧なお辞儀の仕方を指導するには，どのようなことを教えればよいか。箇条書きで三つ答えなさい。

【解答例・解説】1＝3
　秘書の仕事はおのずと決まっているのだから，その限りで上司や周囲と調整しながら仕事をするのがこの場合の仕事の仕方。それをせず，前の上司にしていたことを一覧表にして検討してもらうなどは，秘書の仕事が自覚されていなくて不適当ということである。
2＝1. お辞儀の仕方は，大きく分けて三つの深さ（角度）があり，状況によって使い分ける必要がある。
　　2. 背筋を伸ばしたまま，腰から体を倒すようにするときちんとした印象になる。
　　3. 頭を下げたらいったん止め，上げるときはゆっくりと上げると丁寧な印象になる。
　いつでも首をちょこんと下げるだけの新人に教えるのである。まず，お辞儀には3種類あり状況によって使い分けなければいけないということを指導する。また，きちんと丁寧にさせなければいけないので，そのように見えるお辞儀の仕方を具体的に説明することが答えになる。

Lesson ② 秘書としての話し方

CASE STUDY

あなたなら
どうする？

3時までに，会議の資料を用意したいのだが，この原稿をパソコンで清書して，20部作成して……

かしこまりました。清書して 20部でございますね。

「落ち着いた話し方」の指導法とは？

▶秘書Aは上司から，「今度配属になったBは，私が指示し終わらないうちに返事をしたり，話し出したりする。せっかちな性格のようなので，秘書らしく落ち着いた話し方ができるように指導してほしい」と言われました。この，落ち着いて聞く・話すなどについて，一般的にはどのように指導すればよいのでしょうか。箇条書きで三つ挙げてください。

対処例 ○△×?…

次のようなことを話して指導すればよいでしょう。
1. 相手の言おうとしていることが話の途中で分かったと思っても，最後まで聞くようにする。
2. 自分が話をしている間も意識して話し方をチェックする。
3. 間の取り方に気を付けて，早口にならないように注意する。

スタディ 💡!!

秘書としてのよい話し方はいろいろとあり，「どのような場合でもこのように話す」ということはありません。一般的には「感じのよい話し方」や「明るくめりはりの利いた話し方」など幾つか挙げられますが，付いた上司の性格やその場の状況，雰囲気に応じて話し方を変えるのは当然のことです。ここでは，「落ち着いた話し方」が求められているのでそれについて言及することになります。

秘書らしい落ち着いた話し方とは，ゆったりと静かに話をしたり，聞いたりすることです。従って，そのための方法，注意，心がけが答えとなります。

対処例の他に，「自分が話をする場合は，相手が言い終わるのを待ってからにする」，「余計なことは言わないように注意する」，「自分から話し出すときは，『よろしいでしょうか』と予告をしてから話し始めるように心がける」などもよいでしょう。

感じのよい話し方

　秘書は「会社を代表して」受付をしたり，来客の案内をしていることを常に意識し，来客の誰からも「感じのよい人だ」と好感を持たれるように努めなければなりません。服装や立ち居振る舞いだけに気を配るのではなく，来客と会話を交わすときも，意識して感じのよい話し方をするように心がける必要があります。また，来客だけでなく職場の人にも好感を持たれる話し方ができるよう以下のようなことに留意しておきましょう。

◆正しい敬語を用いて話す。
　　◎来客や上司のほか年配者など格上の人に対しては敬語を使って話す。
　　◎丁寧さを意識し過ぎて二重敬語にならないように気を付ける。
　　◎同僚や後輩にもビジネスの場にふさわしい話し方をするよう心がける。

◆誰に対しても，敬意をもって肯定的に話すように心がける。
　　◎相手のプライドを傷つけるような話し方をしない。
　　◎相手と意見が違う場合でも，「そうではない」と否定するような話し方はしない。「確かにそのような考えもある」と相手の意見を一度肯定し，「しかしこのような考えもあるのではないか」という，「イエス・バット法」を用いた話し方を心がける。

◆明るい雰囲気で話すようにする。
　　◎基本的には笑顔で話すように心がける。
　　◎相手の話に笑顔でうなずいたり，「さようでございますね」などと話の合間に相づちを打つようにする。

◆会話は言葉のキャッチボールなので，交互に話し手聞き手になるように心がける。
　　◎自分だけ一方的に話すようなことはしない。
　　◎相手にばかり話をさせるようなことはしない。また，相手から情報を聞き出すような質問形式の話し方をしてはいけない。

◆相手と話題を合わせるようにする。
　　◎自分が話したいことがあっても，まずは相手の話を聞き，できるだけ相手の話題や関心事について話すように心がける。
　　◎単に相手の話に合わせるだけではなく，共感をもって聞いたり話したりするように心がける。

◆相手の目を見て会話をするように心がける。
　　◎会話中に相手の目を見るのは，真剣に話をしたり話を聞く様子が相手に伝

序章　受験対策　基礎知識
第1章　必要とされる資質
第2章　職務知識
第3章　一般知識
第4章　マナー・接遇
第5章　技能
第6章　面接
終章　模擬試験

わるからである。常に相手の目を見ている必要はないが，目を伏せたり，よそ見をしながら会話をしてはいけない。

◆話すときには，簡潔に分かりやすく話す。

◎間延びしたような話し方をしない。

◎回りくどい話し方をしない。

☆「できないわけではない」など二重否定を用いた話し方は避ける。

☆「協力するにやぶさかでない＊1)」など持って回った言い方を避ける（「快く協力する」と言った方が分かりやすい）。

◎業界用語や社内用語，専門用語，外来語などは，一般的に理解されている言葉に言い換えて使うようにする。

 ## 秘書として信頼される話し方

　秘書は，ビジネスや社交の上で上司と関係者の橋渡しをする役割を持っています。従って，両者間の連絡役として正確な言葉の伝達ができるように心がけ，相手からも信頼を得られるような話し方を心得ておく必要があります。次のようなことに留意しましょう。

◆相手にはっきり分かるような大きさの声で話す。

◎声が小さくて弱々しいと，相手に頼りなさや不安感を与える。

◆話し方にめりはりを利かせ，明るく生き生きとした調子で話す。

◎曖昧になりがちな語尾を意識してはっきりと話すように心がける。

◎「部長は留守」，「午後2時には戻る」など，話のポイントとなる部分は特にはっきり発音するように心がける。

◎「かしこまりました」，「確かに承りました」，「承知いたしました」など，用件を引き受けるときの言葉や理解したことを伝えるときの言葉などは力強く発音する。

◆相手の質問などに正確に答えられないときは，言葉を濁したりせず，「私には分かりかねますので，調べてまいります」，「分かる者を呼んでまいります」などと返事をして適切な対応をする。

◆相手に頼りない印象を与えないように，立ち居振る舞いはきびきびとし，自信をもった態度で話すように心がける。

◎相手の目を見て，言うべきことははっきり話すようにする。

 ＊1）やぶさかでない＝ためらわない，「〜にやぶさかでない」で快く〜するの意味。

SELF STUDY

過去問題を研究し
理解を深めよう！

POINT 出題 CHECK

　「秘書としての話し方」では，感じのよい話し方，信頼される話し方とはどのようなことか具体的に問う問題がよく出題される。逆に，感じが悪い話し方，頼りない話し方を問い，それを直すためにはどのようにすればよいかを考えさせる問題もあるが，秘書としての「よい」話し方が分かっていれば解答できる問題で，基本は同じである。従って，まず秘書に求められる好ましい話し方とはどのようなものかを把握しておき，話すときはどのようなことに留意すべきか，要点をまとめておくことが重要。また，上級秘書として，話し方を指導したりアドバイスするときのポイントも押さえておきたい。

✳ 感じのよい口調・話し方

　秘書Aは秘書課に配属された新人に，「ビジネスの場にふさわしい話し方としての感じのよい口調」を教えることになった。このような場合Aは，基本的なこととしてどのようなことを教えればよいか。箇条書きで四つ答えなさい。

〔解答例〕
1. 張りのある，生き生きとした調子で話す。
2. 明るい調子で話す。
3. 大きめの声で歯切れよく話す。
4. 語尾まではっきり分かるように話す。
　この場合の感じのよい口調とは，話し方がビジネスの場に適していて感じがよいということである。この観点から答えればよい。解答例の他に「語尾を伸ばしたり，語尾に力を入れ過ぎた話し方をしない」，「整然とした調子の話し方をする」，「回りくどい話し方に注意する」などもよい。

序章　受験対策　基礎知識

第1章　必要とされる資質

第2章　職務知識

第3章　一般知識

第4章　マナー・接遇

第5章　技能

第6章　面接

終章　模擬試験

CHALLENGE 実問題

1

　秘書Aは新人Bから，話し方が頼りないと上司から言われたがどうすればよいかと相談された。このような場合AはBに，具体的にどのようなことをアドバイスするのがよいか。箇条書きで三つ答えなさい。

2

　秘書Aは上司から，今度配属になったCについて，「もう少し落ち着いて人の話を聞いたり，話したりするよう指導してもらいたい」と指示された。このような場合Aは，どのようなことを指導すればよいか。次のそれぞれについて一般的に考えられることを，箇条書きで二つずつ答えなさい。

　①　話の聞き方について
　②　話の仕方について

【解答例・解説】1 ＝ 1．大きめの声で明るい調子で話す努力をする。
　　　　　2．語尾まではっきり分かるように話す。
　　　　　3．頼りない話し方は態度とも関係があるので，自信を持った態度で振る舞う。
　解答例の他に，「トーンを上げて，生き生きと張りのある声で話す努力をする」「相手の目を見て話す」などもよい。
2 ＝①　1．相手の言うことは最後まで聞く。
　　　　　2．早合点や独り善がりに注意する。
　　　②　1．早口にならないようにする。
　　　　　2．内容を整理してから話す。
　解答例の他に，①は「相づちをタイミングよく打つ」，②は「相手の反応を見ながら話す」などもよい。

Lesson ③ 話し方の実際

CASE STUDY

あなたなら
どうする？

あと20分ほどで戻る
予定でございます。

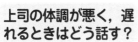

上司の体調が悪く，遅れるときはどう話す？

▶ 秘書Aは外出中の上司（山田部長）から，次のような電話を受けました。「出先で気分が悪くなり休んでいたが，よくなったのでこれから戻る。T氏（予約客）来訪の時刻には20分ほど遅れるが待ってもらって先に資料を見ておいてもらうように」ということです。このような場合，来訪したT氏にどのように話したらよいのでしょうか。その言葉を言ってください。

対処例 ○△×？…

　次のように話せばよいでしょう。
　「大変申し訳ございません。山田は外出先から戻るのが遅れておりますが，あと20分ほどで戻る予定でございます。山田から，T様にお待ちいただき，先に資料をご覧いただいておくようにと申し付かっておりますが，お待ちいただけませんでしょうか」

スタディ 💡‼

　以下のことを押さえて，話すことになります。
①上司が約束の時間に面会できないことを，まずわびる。
②この場合は，遅れる本当の理由を言う必要はない。特に健康状態のことに関しては，外部の人に軽々しく話してはいけない。公のやむを得ぬ事情で遅れることはよくあることなので，相手には遅れる時間だけを話せばよい。もし事情を聞かれた場合は，「会議が長引いた」など，一般的に了解される理由を話す。
③上司からの伝言として，「待っていてほしいこと」「先に資料を見ておいてもらいたいこと」について話す。
　以上の手順で話すことになりますが，上司のことを，「部長」，「山田部長」と言わないこと，「見ておいてもらう」を「ご覧いただいておく」に言い換えることなどにも注意します。

序章　受験対策

基礎知識

第1章　必要とされる資質

第2章　職務知識

第3章　一般知識

第4章　マナー・接遇

第5章　技　能

第6章　面　接

終章　模擬試験

来客・取引先への話し方

　来客には，どのような人に対しても敬語を用いて話します。また，敬語を正しく用いるだけでなく，「外部の人に話してはいけないこと」や「必要に応じて言葉を添えること」などを瞬時に判断して話をしなければなりません。例えば，まだ公表していない「事故や事件」の対策会議などで面会を断る場合は，単に「急用」を理由にします。ただし，既に報道されている工場火災や事故などで面会を断る場合は，むしろ理由を正直に話した方がよいでしょう。また，上司に「10分ほど遅れるが，待っていてくれるように伝えてほしい」と言われた場合，「10分ほど遅れるそうです。お待ちいただくようにと申し付かっておりますが……」とそのまま伝えるのではなく，「〜と申し付かっておりますが，『お待ちいただけませんでしょうか』」などと，相手にお願いする言葉を添えなければなりません。

　以下は来客や取引先への対応例です。話し方のポイントをケースごとに見ていきましょう。

◆相手の都合を聞く場合。

　　◎「山田部長が，来週の金曜日に企画会議を開きたいとのことだが都合はどうか」と聞くとき。

　　　　例）「私どもの山田が，来週の金曜日に企画会議を開催したいと申しておりますが，ご都合はいかがでございましょうか」

　　　　　　☆「ご都合はいかがでしょうか」よりも丁寧な「ご都合はいかがでございましょうか」を用いる。

◆上司に代わって資料などを受け取る場合。

　　◎急用で外出する山田部長に「2時に来訪予定のL社の鈴木様（秘書とは面識がない）から資料を受け取っておくように」と言われたとき。

　　　　例）「L社の鈴木様でいらっしゃいますね。大変申し訳ございませんが，山田は急用で外出いたしました。私は秘書の○○と申しますが，山田から資料をお預かりするように申し付かっております」

　　　　　　☆相手は秘書のことを知らないのだから，上司が会えないことをわびた後に，自分が秘書の○○であると名乗らなければならない。

◆一度頼み事を断られた相手に，さらにお願いする場合。

　　◎相手に「忙しくて時間がとれない」と断られたが，「それでもお願いできないか」と頼むとき。

　　　　例）「お忙しいと存じますが，そこを何とかお引き受けいただくことで

　　　　きませんでしょうか」

　　　☆「お忙しいことは重々承知いたしておりますが，そこをどうにかお
　　　　願いできませんでしょうか」などもよい。

◆上司によろしく伝えてほしいと言われた場合。

　◎他部署に用事で来た顔見知りの客と廊下で出会い，「常務（上司）によろし
　　く伝えてほしい」と言われたとき。

　　例）「はい，承知いたしました。そのように申し伝えます」

　　　☆「はい，承知いたしました」は「かしこまりました」でもよい。
　　　　「承知しました」では丁寧さに欠ける。また，「申し伝えます」を
　　　　「申し付けます」と言い間違えないように注意。

◆ミスを指摘され，それを上司に伝えるように言われた場合。

　◎上司（山田部長）のミスを指摘され，今後このようなミスをしないよう，上
　　司に伝えてほしいと言われたとき。

　　例）「大変申し訳ございません。今後はこのようなことがないように，ご
　　　　注意がありましたことを山田に確かに申し伝えます」

　　　☆まず，先方にこちらのミスをわびること。次いで，「今後このよう
　　　　なことがないように」という先方の意向を上司に確実に伝えること
　　　　を述べる。「〜を○○に確かに申し伝えます」というフレーズを覚
　　　　えておくこと。

◆面会を断った不意の来客に再度面会を求められた場合。

　◎上司が取り込み中なので面会を断ったが，「そこを何とか」と頼まれたとき。

　　例）「お目にかかれないかもしれませんが，取り次いでみますので，少々
　　　　お待ちいただけませんでしょうか」

　　　☆相手の強いての頼みであれば，何とか希望をかなえるように努力す
　　　　るのも秘書の仕事である。会えない確率が高い場合は，「お目にか
　　　　かれないかと存じますが」でもよい。

◆面会を断らなければならない場合。

　◎「今日は予定が詰まっていてどうしても会うことができない」と言うとき。

　　例）「誠に申し訳ございませんが，本日は予定が立て込んでおりまして，
　　　　お会いいたしかねますが」

　　　☆まず相手の希望をかなえられないことに対してわびを言うことを忘
　　　　れない。「予定が詰まっている」を「予定が立て込んでいる」，「で
　　　　きない」を「いたしかねる」に言い換えること。

◆贈り物を断る場合。

　◎受け取りたくない贈り物を断るとき。

　　例）「申し訳ございませんが，お気持ちだけ頂戴いたします」

　　　☆「せっかくですが」などもよい。また，現金や高価な品物は受け取らないのが原則。

◆贈り物を受け取る場合。

　◎日ごろ世話になっているからと儀礼の範囲内の贈り物を渡され，受け取るとき。

　　例）「お心遣いをいただきましてありがとうございます。仕事でしていることですから，今後はどうかこのようなお気遣いはなさらないでくださいませ」

　　　☆社交儀礼の範囲内の品物であれば，せっかくの心遣いをむげに断るのも失礼に当たるので，受け取っても差し支えない。

 ## 上司や上司の関係者への話し方

　上司と話すときは常に敬語を用いなければなりませんが，単に丁寧な言い方をするというだけでは不十分で，ビジネスの場に適した敬語表現を身に付けておく必要があります。気心が知れてくると，つい「ちょっと待ってください」などと礼儀を欠いた言い方をしてしまうことがあるので，気を付けなければなりません。また，上司だけでなく，上司の上役や部下など自分より目上の人に対しては，どんなに親しくなっても必ず敬語を用いて話すようにします。

　以下は上司や上司の関係者への応対例です。話し方の留意点をケースごとに押さえておきましょう。

◆上司の都合を聞く場合。

　◎上司に「今，手が空いているか。Ｂ（同僚）が確認してもらいたいと言っていたので，よければ来てもらうように伝えたいが」と言うとき。

　　例）「ただ今お手隙でいらっしゃいますか。Ｂさんがご確認願いたいことがあると言っていましたので，よろしければ来てもらうように伝えたいのですが」

　　　☆上司の行為に関することなので，「手が空いている」は「お手隙」に，「確認してもらいたいと」は「ご確認願いたいことがあると」にする。また，「言っていた」のは同僚なので，「言っていました」と丁寧な言葉にすればよく，「おっしゃっていた」の尊敬表現や

「申しておりました」の謙譲表現を使わないように注意。

◆上司の上役や部下に都合を聞く場合。

◎上司（山田部長）の上役に、「上司が，明日プレゼンテーションの打ち合わせをしたいと言っているが，都合はどうか」と聞くとき。

　例）「山田部長が，明日，プレゼンテーションの打ち合わせをお願いしたいとのことですが，ご都合はいかがでございましょうか」

　　☆上司の上役なので、「打ち合わせをしたい」を「打ち合わせをお願いしたい」に言い換え、「都合はどうか」も「ご都合はいかがでございましょうか」と丁寧に言わなければならない。

◎上司（山田部長）の部下の課長に、「上司が，明日，商品企画の打ち合わせをしたいと言っているが，都合はどうか」と聞くとき。

　例）「山田部長が，明日，商品企画の打ち合わせをしたいとおっしゃっていますが，ご都合はいかがでしょうか」

　　☆部下に対する上司からの言葉なので，上司の行為に敬意を表して「おっしゃっている」を用いる。

◆他部署の上役に意向を聞く場合。

◎上司（山田部長）と打ち合わせをする予定の他部署の部長が時間になっても来ないので，その部長に「打ち合わせの4時なので上司が待っている。都合が悪いのならそのように言うが」と話すとき。

　例）「打ち合わせの4時でございますので，山田部長がお待ちでございます。ご都合が悪いようでしたらそのようにお伝えいたしますが，いかがいたしましょうか」

　　☆「お待ちでございます」は，より丁寧に「お待ちでいらっしゃいます」としてもよい。

◆上司に，不意の客に面会するかどうかを聞く場合。

◎予定外だが，顔なじみの取引先（岡田氏）が訪れたので，上司に「約束はないが岡田氏が来ている」と伝えるとき。

　例）「お約束はございませんが，岡田様がおみえです。お会いになりますか」

　　☆約束がなくても岡田氏は取引先の人なので敬語表現を用い，「岡田氏」は「岡田様」，「来ている」は「おみえになっている」とする。また，来ていることを知らせるだけでなく，上司がどのようにするのか指示を受けなければいけないので，「お会いになりますか」と意向を聞くことになる。「いかがいたしましょうか」でもよい。

SELF STUDY

過去問題を研究し
理解を深めよう！

POINT 出題 CHECK

　「話し方の実際」では来客や取引先と応対するときの話し方に関する出題が多く，上司への話し方がそれに続く。このほか，上司からの伝言を相手にどう伝えるかを問う問題がコンスタントに出題されている。その場合は，上司の上役や上司の部下，上司と同格の他部署の上役など，上司と相手の上下関係を考えて敬語表現を用いなければならないので，しっかり学習しておかないと難しい。できるだけ多くのケースに当たって，基本的な表現はマスターしておくようにしたい。

✱ 来客への話し方

　秘書Aの上司（田中常務）は，急な会議が招集されて出席している。Aは上司から，予約客W氏が訪ねてくる時刻には出てくるのでW氏が来たら待ってもらうように，また，早く来ても連絡はしなくてよいと指示されている。このような場合，W氏が予約時間前に来訪したとしたら，どのように言うのがよいか。その言葉を答えなさい。

〔解答例〕
「誠に申し訳ございません。早くおいでくださいましたが，田中は急な用事でただ今席を外しております。W様がいらっしゃることは承知しておりますので，時間までには戻ると思います。少々お待ち願えませんでしょうか」
　W氏の来訪が予約時間前であっても，上司はすぐに会えないのだから，わびの言葉を言わないといけない。また，「早くおいでくださいましたが」と相手を気遣うような言い方も必要である。上司は席を外しているが，W氏のことは分かっていて，早く来ても連絡する必要はないと言われているので，上司への連絡は必要ない。後は，時間まで待ってもらいたいと頼めばよい。

序章　受験対策基礎知識

第1章　必要とされる資質

第2章　職務知識

第3章　一般知識

第4章　マナー・接遇

第5章　技能

第6章　面接

終章　模擬試験

❋ 取引先への話し方

秘書A（田中）は，急に外出することになった上司（斉藤部長）から次のように言われた。「取引先S社のK氏が資料を持って来るので受け取っておいてもらいたい。後で連絡をしたいので連絡先と都合のよい日時を尋ねておくように」ということである。AはまだK氏と会ったことがない。このような場合，来訪したK氏にAは何と言えばよいか。その言葉を答えなさい。

〔解答例〕
「S社のK様でいらっしゃいますね。大変申し訳ございませんが，斉藤は急用のため外出いたしました。私は秘書の田中と申しますが，斉藤から，資料をお預かりするよう申し付かっております。また，後ほど斉藤からご連絡を差し上げたいとのことでございますので，ご連絡先とご都合のよい日時をお教えくださいませんでしょうか」
　相手は，上司に直接渡すつもりで来ているのだから，上司が急用で外出したこと，代わりに秘書である自分が受け取るようになっていることを伝えなければならない。従って，上司が外出していて直接会えないことをわびた後は，自分のことを名乗ることと代理で受け取ることを話すことになる。後は，上司に頼まれたことを教えてくれるように頼めばよい。

❋ 上司への話し方

次のそれぞれの場合，秘書Aが上司にどのように言うのがよいか。その言葉を答えなさい。

1) 上司から食事を誘われ，その誘いを受けるとき。
2) 忙しそうにしている上司に，聞きたいことがあり，都合を尋ねるとき。
3) 上司に手が空いているときがあれば，原稿を見てもらいたいと頼むとき。

〔解答例〕
1)「ありがとうございます。喜んでお供させていただきます」
2)「お忙しいところ申し訳ございません。お教えいただきたいことがございますが，ただ今よろしいでしょうか」
3)「お手隙のときがおありでしたら，原稿にお目通しいただけませんでしょうか」
　解答例の他に，1) の「お供」は「ご一緒」，2) の「教えていただきたい」は「お尋ねしたい」「お聞きしたい」，3) の「お手隙のとき」は「お時間」，「原稿にお目通し」は「原稿をご覧」などもよい。

CHALLENGE 実問題

1

Aは知り合いの学生から，「学校で，社会に出たら敬語を使って話さないといけないと言われたが，なぜ敬語を使うのか」と尋ねられた。あなたならどのように答えるか。簡単に答えなさい。

2

秘書Aの上司（山田部長）が出張中，取引先の部長から上司宛てに電話が入った。上司は出張中と伝えると，「先日の商談の返事を待っているのだが，何か聞いていないか」と尋ねられた。Aは上司から何も聞いていないが，様子から商談はまとまりそうにないことが分かっている。このような場合，Aはどのように言えばよいか。その言葉を答えなさい。

【解答例・解説】1＝人にはそれぞれ年齢，立場，職位，親疎などに違いや差がある。これらの違いや差のある人同士が，敬語を使って話すことにより，相手への敬意を示しつつ対等に話すことができるから。
2＝誠に申し訳ございません。その件につきまして私は何も聞いておりませんので，山田が戻りましたら，ご返事をお待ちになっていると申し伝えます。

序章　受験対策
基礎知識

第1章　必要とされる資質

第2章　職務知識

第3章　一般知識

第4章　マナー・接遇

第5章　技　能

第6章　面　接

終章　模擬試験

SECTION 2 話し方の応用

Lesson ① 説明・報告・スピーチ

CASE STUDY

今の説明の仕方では要領を得ないわね……。もう少し工夫して説明してほしいわ。

あなたなら
どうする？

**長い内容を要領よく
伝えるには……**

▶ 秘書Aは上司から，「あなたの説明は，長い内容になると要領を得ないことがあるので注意をするように」と言われました。Aは今後，長い内容の説明をする場合，どのようなことを注意すればよいのでしょうか。箇条書きで四つ挙げてください。

対処例 ◯△×?…

次のことに注意すればよいでしょう。
1. 説明する内容を，自分自身が完全に理解した上で説明する。
2. 説明する前に，概略・要点・主な説明の数などを予告してから具体的な内容に入る。
3. 口頭だけで伝えるには複雑と思われる場合は，図解したものなどを用意して説明する。
4. 相手の反応を見ながら説明し，相手がよく理解できていない様子だったら確認をする。

スタディ

長い内容の説明の仕方が問われています。長いのですから内容はそれだけ複雑ということになります。それを説明するためには，まず自分が伝えようとしている内容を完全に理解しておくことが必要で，その上で，相手に理解してもらうためにはどのようなことに注意して説明すればよいかと考えることになります。

対処例の他に，「説明でポイントが幾つかある場合は，最後にポイントを繰り返して念を押す」，「相手が理解しやすい順序・配列を考えて説明する」などもよいでしょう。

説明の仕方

　説明とは，相手が理解できるように伝える内容を順序立てて述べることです。簡単な内容は口頭でも十分説明できますが，複雑な内容を伝える場合は，図解やグラフ，写真などを活用するなど必要に応じて工夫する必要があります。

　相手に分かりやすく説明するためには，以下のようなことに留意しておかなければなりません。

◆長く複雑な内容を説明する場合の手順。

　①説明する相手に「概略」，「要点」，「説明数」などを述べる。

　　☆最初にどのような内容なのか，どの程度の分量なのか大まかなことを伝えておくと，相手も心の準備ができ，全体のアウトラインをつかんだ上で説明を受けるので理解しやすくなる。

　②以下のような方法を用いて簡潔に順序よく説明する。

　　☆時系列的配列…………時間の流れに沿って説明する方法。

　　☆空間的配列………………場所的配列ともいう。階数ごとの展示品の説明など，場所や空間ごとに説明する方法。

　　☆既知から未知への配列…相手が知っていることから話を始め，知らないことへと展開していく方法。

　　☆重要度による配列………話の中でまず重要なことから説明していく方法。

　　☆因果関係による配列……原因から結果へと説明する方法。

　③一通り説明したら，重要な部分を再度繰り返して念を押す。

◆説明をする際のポイント。

　◎相手に説明する前に内容を完全に理解しておく。

　◎その内容に関する相手の認識度を把握しておく。

　　☆例えば，パソコンのソフトについて説明する場合，コンピューターについて相手がどの程度の知識を持っているか知らなければ，結果的に無駄な説明をしたり，不十分な説明をすることになる。

　◎高さや広さ，長さなどの数値データは，数字のままでは理解しにくいので，「名刺大の大きさ」，「五百円玉くらいの重さ」など，身近な物を例に挙げて説明するとよい。

　◎必要に応じて，グラフ，図版，写真，イラスト，映像などを利用する。

　◎説明の要所要所で相手の表情を観察したり，「ここまではよろしいでしょうか」と聞くなどして，相手が理解しているかどうかを確認しながら話を進めていく。

報告の仕方

　報告はタイミングが重要です。上司が忙しくしているときや考え事をしているとき，また何かに熱中しているときは避けなければなりません。仕事に一段落したときなどを見計らって報告するようにしますが，仕事などで悪い知らせが入った場合はすぐに伝えるようにします。早く知ればそれだけ早く手を打つことができるからです。また，上司が気にかけている報告は，結果がどうであれすぐに知らせるようにします。上司によっては，そのことが気になって仕事に集中できないということもあるでしょう。秘書はそういうことも考えて報告のタイミングを判断しなければいけません。報告する際には，以下のことに留意しましょう。

◆報告の際の手順。
　①どのように話すか，報告内容や話す順序などを簡潔にまとめる。
　②上司の様子を見て，仕事が一段落したときを見計らって報告する。
　　☆悪い結果の報告や上司が気にしている件に関してはすぐ報告する。
　③上司に，「失礼いたします。○○についてご報告いたしたいことがございますが，ただ今よろしいでしょうか」と都合を聞く。
　④「よい」ということであれば，要領よく簡潔に報告する。
　⑤報告が終わったら，上司が了解したことを確認して，「失礼します」と言って下がる。

◆報告をする際のポイント。
　◎報告では，結論を先に述べ，理由や経過説明は後回しにする。
　　☆内容によっては結論だけ伝えればよいということもあるが，理由や経過は不要だろうと自分で判断してはいけない。
　◎報告する際は，「○○の件について」などとタイトルを言うようにする。
　　☆タイトルを示すことによって，上司は，今すぐ知りたいことか後回しでよいことかの判断ができる。
　◎報告が複数ある場合は先にそのことを告げ，優先順位を上司に決めてもらう。
　◎報告は事実をありのままに話すのが原則。
　　☆推測や思い込みによる断定，勝手な解釈，オーバーな表現をしてはならない。
　　☆経過報告の際，今後の見通しなど意見を求められたときは，事実とはっきり区別して，「あくまでも私の予測ですが」などと前置きしてから話すようにする。
　◎要領よく，てきぱきとした話し方で報告する。

スピーチの仕方

　会社の同僚や後輩，あるいは懇意にしている取引先の秘書などから結婚披露宴に招かれてスピーチを頼まれることもあります。そうした場では，会社や取引先の関係者が出席していることもあるでしょう。社会人として恥ずかしくないスピーチ術を身に付けておくことも大切です。

　結婚式の披露宴でスピーチをする場合は，以下のことに留意しましょう。

◆スピーチの手順。

　①スピーチ原稿を用意する。

　　☆原稿はスピーチするときに見ても構わないので，丸暗記する必要はない。ただし，原稿をそのまま読むとどうしても棒読みになってしまうので，話のポイントだけを書くようにする。

　②司会者に紹介されたら，マイクの方に進み出て新郎新婦に一礼し，参加者全員に対して左右に一礼する。

　　☆マイクに近づき過ぎたり離れ過ぎたりしない適切な位置に立つ。

　③「ただ今，ご紹介にあずかりました○○でございます。せんえつながら，ご指名によりまして一言ご祝辞を述べさせていただきます」などとあいさつしてからスピーチを始める。

　④スピーチが終わったら，新郎新婦に一礼し，また全員に対して軽く会釈をして席に戻る。

◆スピーチをする際のポイント。

　◎時間は短く，簡潔に話す。

　　☆3分以内に話すことを目安に原稿をまとめておく。

　　☆3分間のスピーチは文字数にすると約900字。原稿を書いた後何度か読み，時間を計って調整するとよい。

　◎話題は明るく楽しいものにする。

　　☆暴露話や品のない冗談は避ける。

　◎忌み言葉に注意する。

　　☆結婚式では「切れる」「分ける」「出る」「去る」「終わる」「戻る」などの言葉は禁句。「重ね重ね」「しばしば」などの重ね言葉も二度あることを連想させるので嫌われる。

　◎当人の人柄や仕事ぶりを褒める。

　◎上司や社内の評価・期待などを紹介する。

　◎明るい雰囲気をつくるように笑顔で話す。

SELF STUDY

過去問題を研究し
理解を深めよう！

POINT 出題 CHECK

　「説明」では，長い内容を説明するときのポイントがよく問われるので，少なくとも五つほど箇条書きで書けるようにしておきたい。「報告」では，口頭で報告する際の注意点や報告の手順を問う出題が多い。報告するときの状況や伝える内容は異なっても，留意点や手順など基本を押さえておけば十分対応できるはずだ。「スピーチ」に関する問題は1級で初めて出題される。後輩などの結婚披露宴でのスピーチに関して問われるので，祝いの席での話し方やスピーチ内容で留意すべきことを押さえておくとよい。

❀ スピーチの仕方

　秘書課の主任Aは後輩Bの結婚披露宴に招かれ，スピーチを頼まれた。このような場合のスピーチは，どのようにするのがよいか。一般的な注意点を箇条書きで四つ答えなさい。

　〔解答例〕
　1．時間は短く，簡潔に話す。
　2．Bの人柄や仕事ぶりを褒める。
　3．話題は，食事の場にふさわしい明るく楽しいものにする。
　4．明るい雰囲気をつくるように笑顔で話す。
　　結婚披露の宴なのだから，参加者が共通して楽しく聞ける話がよいことになる。そのためには，「明るく」とか，「時間は短く」などがよいことになる。解答例の他に，「ユーモアを交えて盛り上げる」「忌み言葉など参加者が嫌う言葉や話し方を避ける」「参加者が言い訳をしたり，議論になりそうな話題は避ける」などもよい。

CHALLENGE 実問題

1

　秘書Aは他部署の後輩Bから，「報告するときは私見を控えて事実だけを言うようにしてきたが，今度付いた上司からは『あなたの考えも聞かせてもらいたい』と言われる。どのようにすればよいか」と相談された。このような場合Aは，どのようなことをアドバイスするのがよいか。意見の述べ方も含めて箇条書きで三つ答えなさい。

2

　秘書Aは後輩Eから相談を受けた。「報告のとき，長い説明になると要領を得ないことがあるので注意するようにと上司から言われた。どのように注意すればよいか」ということである。このような場合，AはEにどのようなことを言えばよいか。具体的に箇条書きで三つ答えなさい。

【解答例・解説】1＝1. 秘書の考えも聞きたいというのが上司の意向であれば，それに沿うような報告の仕方をする必要がある。
　　　　2. ただし，まず事実を述べてから，事実とはっきり区別がつくように「あくまでも私の考えですが」などと前置きしてから話すのがよい。
　　　　3. 意見であっても秘書の立場を十分に意識して，憶測や思い込みによる断定，勝手な解釈をしないように気を付けること。
　解答例の他に，3は「個人の意見とはいえ，感情的になったり大げさな表現をしたりしないように気を付けること」などもよい。
2＝1. 内容を十分に理解した上で，説明が前後したり，つじつまが合わなかったりすることのないよう，あらかじめ話の順序を考えておく。
　　　　2. 要点が幾つかある場合は，最後に要点を繰り返す。
　　　　3. 相手の反応を見ながら説明し，よく分かっていない様子だったら分かったかどうか確認する。
　長い説明になると要領を得ないのは，内容の理解不足，説明をするための整理がされていない，相手の反応に関係なく説明をしているからなどである。それらのことが答えになる。解答例の1. は，「説明する内容の概略，結論などを最初に言ってから具体的な内容に入る」，その他には，「話をだらだらと接続詞で続けるのではなく，適度に区切って話す」などもよい。

Lesson ② 注意する・褒める・助言する

CASE STUDY

あなたなら
どうする？

Cさんに比べBさんは受付の応対が悪いようなので，今後気を付けてくださいね。

朝礼で注意したら，当人から反発された……

▶ 秘書AにはBとCの二人の後輩がいます。あるときAは他部署の秘書から，「Cの受付での応対はよいが，Bはよくない」という話を耳にしました。そこで秘書課の朝礼でBに「Cに比べて受付での応対が悪いようだから，気を付けるように」と注意したところ，後でBから，「そのようなことはないはずだ」と反発されました。この場合，AはBに対してどのように注意すべきだったのでしょうか。箇条書きで三つ挙げてください。

対処例 ○△×?…

次のように注意すればよかったのです。

1. 他部署の秘書から聞いたことだけで判断するのではなく，Bの受付での応対がどのように悪いのか，A自身が確かめてから注意すべきだった。

2. 注意するとき，Cと比較して言うべきではなかった。

3. 注意するときは，朝礼のような皆のいるところではなく，Bが一人でいるときに行うべきだった。

スタディ 💡‼

注意の仕方の基本原則に「事実を確認すること」「他と比較しないこと」「人前でしないこと」があります。この場合には，原則を設問のケースに当てはめて述べることが対処の仕方になります。

1. 人によって感じ方や評価の仕方は異なる。また，気が合わない相手のことは悪く見がちである。

2. 持ち味や能力は人それぞれ違うのだから，比較して注意してはいけない。

3. 皆の前で注意するとその人の自尊心まで傷つけることになり，反発を招くだけで注意の効果が得られなくなる。

対処例の他に，「Bに言い分があるかもしれないので，まずそれを聞いてから注意すべきであった」「ただ『気を付けるように』ではなく，感じのよい応対の仕方の具体例を示せばよかった」などもよいでしょう。

注意の仕方

　相手の態度や言動に問題がある場合は，注意をして改めさせることになりますが，注意を受けた方は，仮に指摘されたことが正しいと分かっていても気持ちのいいものではありません。注意の仕方によっては，必要以上に相手の心を刺激して反発を招いたり，人間関係をこじらせて仕事がしにくくなってしまうので，慎重に対応しなければなりません。

　以下のようなことに留意しておきましょう。

◆注意する際の手順。

　①誤解のないように事実を確認する。

　　☆人から聞いた話をうのみにせず，実際はどうなのか自分自身で事実を確認する。

　　☆注意した後，誤解だったことが分かって相手に謝罪してもしこりが残ることがある。

　②タイミングを見計らい，人のいないところで話す。

　　☆人がいる前で注意しない。一対一が原則。

　　☆食事に誘うなど，相手がまず話を聞きやすい雰囲気をつくる。

　③注意すべきことを話す。

　　☆感情的にならず冷静に穏やかに話す。追い詰めるような話し方をしない。

　④注意した後は，注意点が改善されているかどうか観察する。

　　☆改められていたら，努力したことを認めて褒めるようにする。

　　☆改善されていなければ，理由を尋ねるなどして再度注意する。

◆注意する際のポイント。

　◎「なぜそのようなことをするのか」原因をつかむ。

　　☆原因を把握していないと，改善策を提示できない。

　◎「なぜそうしてはいけないか」相手を納得させる理由を話す。

　　☆相手が納得すれば，注意したことはほとんど改善されるとみてよい。

　◎「気を付けるように」と単に悪いところを指摘するのではなく，「このようにしたらどうか」などと改善策を提案する。

　　☆押し付けるのではなく，あくまでも提案として話す。

　◎他の人と比較するような言い方をしない。

　　☆比較された方は，例に出された人より人格的にも劣っていると全面的に否定されたように受け止める恐れがある。誰でも得手不得手はあるが，人にはそれぞれ個性があることを認めて対応しなければいけない。

◎注意の内容を追加しない。

☆話のついでに，それまで感じていた悪い面を追加して注意するなど，追い打ちをかけるようなことをしてはならない。

◎一方的に注意しないで相手の言い分を聞くようにする。

☆そうせざるを得なかった理由があるかもしれない。

◎注意するだけでなく，その人の持っているよい面は褒めるようにする。

☆「こういう部分を改善すれば，このような素晴らしい面があるからもっと仕事ができるようになる，上司も期待している」などと積極的に褒めるようにする。

◎注意した後は，自分自身が相手に特別な感情を持たないようにし，いつも通り接する。

☆注意を受けた方は気まずく思っていることが多いので，普段通り接してわだかまりがないことを示す。よそよそしい態度をとったり避けたりしていると，相手は悪感情を持たれているのではないかと勘違いすることもある。

◎折を見て相手に声を掛けるなど，注意を受けた心の痛みを和らげるような配慮も必要。

 ## 褒め方

「褒めて人を伸ばす」とよくいいますが，褒められて不愉快になる人はいません。また，褒められた人は，自分を認めてくれた人の期待に応えようと努力するようになるので，注意やアドバイスも素直な気持ちで受け入れるようになります。以下の点に留意し，指導する際にもできるだけ長所を褒めて伸ばすよう心がけましょう。

◆同僚や後輩を褒める際のポイント。

◎タイミングよく褒める。

☆仕事を手伝ってもらっているときなど，「さすがに仕事が速いわね」，「丁寧な仕事ぶりには感心するわ，見事な仕上がりね」などとその場で褒めるようにする。

◎具体的な事実を褒める。

☆「仕事に対して前向きね」といった漠然とした褒め方ではなく，「指示されなくても○○の準備がきちんとされているのには驚いたわ，さすが△△さんね」などと具体的な事実を取り上げて褒めるようにする。

◎少しでもよいと思ったところは褒める。

☆短所にはある程度目をつぶり，よい面を積極的に探して褒める。

☆気が合わない人でも，長所を見つけて褒めるように心がける。相手も悪い気はしないので，仕事がしやすくなる。

◎うまく仕事が運んだら，手伝った人の功績として褒める。

☆手伝ってもらった仕事がうまくいったら，「あなたでなければ，こんなにうまくはいかなかった」と相手の功績を褒める。

◎人が褒めていたことを伝えて褒める。

☆上司や上司の部下などがその人のことを褒めていたら，「先日○○課長と一緒になったけど，あなたの来客応対が素晴らしいと感心していたわ。あなたの来客応対は本当に洗練されているわね，どこで覚えたの？」などと人が褒めていたことを伝えて，自分も褒める。

◎人を介して褒める。

☆その人のよい面を上役や先輩・同僚など他の人に話しておくと，「秘書の○○さんが，あなたのことを褒めていたよ」などと相手に伝わる。直接褒めるよりも効果がある。

◎なるべく人前で褒める。

☆褒められることは名誉なことなので，誰でも多くの人の前で褒められた方がうれしいものである。

◎同じ人ばかり褒めない。

☆同じ人ばかり褒めると，他の人からその人をえこひいきしているのではないかと勘繰られてしまう。

◎同じことを何度も褒めない。

☆同じことを何度も褒めると，本人だけでなく周囲の人もうんざりする。

◎オーバーな褒め方をしない。

☆過大な褒め方をすると真実味がなくなる。

 ## 助言の仕方

　後輩などが困っているときは，助言をしてあげるのも先輩秘書の役割です。また，上級秘書になれば後輩から相談を受けるだけでなく，上司からアドバイスを求められることもあるでしょう。助言をするときには，以下のようなことを心得ておきます。

◆同僚・後輩に助言をする際のポイント。

　◎客観的な立場から助言するようにする。

　　☆人間関係についてアドバイスを求められたときは，どちらかに肩入れするのではなく，できるだけ客観的な視点から助言するようにしなければならない。

　◎アドバイスを押し付けないようにする。

　　☆アドバイスを参考にするかどうか，また最終的にどのようにするかは相手が判断することなので，このようにするべきだという言い方は避けるようにする。

　◎自分で考えさせるように工夫する。

　　☆あまり親切にアドバイスをすると，相手に依存心が芽生えて，どんなことに対してもアドバイスを求めてくるようになるので，結果的にその人のためにならない。

　　☆アドバイスを求めてきたときには，助言する前にまず，どうするのが適切だと思うかを相手に考えさせるようにする。

◆上司に助言をする際のポイント。

　◎上司への助言は求められたとき以外は慎む。

　　☆食事や服装，品物選びなどについて，自分に意見があっても，上司に求められない限り，自分から話すようなことをしてはいけない。

　◎助言を求められたときも，教えるような物言いは厳禁。

　　☆「あくまでも私の意見ですが」と前置きして，「○○などはいかがでしょうか」などと伺いを立てるような言い方をする。

そうでございますね，これはあくまでも私の趣味でございますが，人形の個展でしたらお花がよろしいのではないかと思います。いかがでございましょうか？

知人が趣味の人形の個展を開くというのだけど，何を贈ったらよいかしら？

SELF STUDY

過去問題を研究し
理解を深めよう！

POINT 出題 CHECK

　ここでは，注意の仕方を問う問題が大半を占める。後輩などに仕事のミスを注意するケースがよく取り上げられるが，ミスに対する改善策だけでなく，「他の人と比較しない」など注意をするときの心得も問われるので，その基本と留意点はきちんと押さえておきたい。褒め方や助言の仕方に関する出題は少ないが，これらについてもそれぞれのポイントが書けるように学習しておく必要がある。

✳ 注意の仕方①

　秘書Aは，社内の中堅社員研修会に参加した。そこで講師から，後輩に仕事上のミスを注意するときに，してはいけないこととしてどのようなことがあるか，と尋ねられた。あなたがAならどのように答えるか。箇条書きで三つ答えなさい。

〔解答例〕
1．他の後輩を例に出して，比較しながら注意する。
2．一方的に注意するだけで，相手の言い分を聞かない。
3．感情的になったり，追い詰めるような言い方をしない。
　ミスなどを注意するとき，注意の仕方として一般的に配慮しなければいけないことがある。それが答えになる。解答例の他に，「気を付けるように，と言うだけで具体的な改善案を示さない」「他の人がいるところで注意する」「他のことにすり替えて注意する」などもよい。

✳ 注意の仕方②

　秘書Aの下に配属された新人Bは，積極性があるのはよいが，ミスが多い。そこで注意することにした。このような場合どのようなことを言えばよいか。箇条書きで三つ答えなさい。

〔解答例〕
1．仕事が終了したらミスがないかチェックする習慣を身に付けること。
2．ミスは他の人に迷惑がかかるということを自覚すること。
3．同じミスを繰り返さないように，ミスの原因を考えること。また，分からなければAに相談すること。
　解答例の他に，「先輩がどのような仕事の仕方をしているかを見て，見習うようにするとよい」などもよい。

✳ 褒め方

後輩を指導するには，褒めることも必要だが，その場合，どのように褒めるのがよいか。箇条書きで四つ答えなさい。

〔解答例〕
1．具体的な事実を褒める。
2．タイミングよく褒める。
3．同じことを何度も褒めない。
4．同じ人ばかり何度も褒めない。
　解答例の他に，「少しでもよいと思ったことは褒める」「オーバーな褒め方はしない」「なるべく人前で褒める」などもよい。

✳ 助言の仕方

秘書Aは後輩Bから相談を受けた。Bは，早めに出勤しないと秘書として十分な仕事はできないと思っている。そして，同僚にもそうしたらどうかと言ったところ，勤務時間外のことでその必要はないと言われ，その後，連絡をしたり手伝ってもらったりすることの仕事がやりにくくなってしまった。どのようにしたらよいかというものである。このような場合AがBに，お互いの仕事のやり方を尊重したアドバイスをするとしたら，どのようなことを言うのがよいか。箇条書きで三つ答えなさい。

〔解答例〕
1．よいと思ってやっていることに，意見の食い違いが出たとしたらそれは仕方がないことだ。
2．仕事上のことなのだから，それぞれ自分のやり方でやればよく，押し付けのようなことはしない方がよい。
3．意見の食い違いだけで感情的にならない方がよい。
　この場合の勤務時間外の出勤は，Bの仕事に対する考え方で，いわばBの好意でしていることであるから，考え方の違う人に強要することではない。従って，「感情的になるようなことではない」などが解答のキーフレーズになる。このような場合のアドバイスは，客観的な視点から，良識に照らし合わせて一般的に通用することを列挙すればよい。ということは，この問題では，あなたの良識が問われていることになる。解答例の他に，「意見の違いを気にせずに，今まで通りにしていたらどうか」などもよい。

CHALLENGE 実問題

1

　秘書Aの後輩Bは，明るく感じのよい応対ができるので来客からの評判はよいが，他の後輩たちに比べて仕事上のミスが多い。そこでAはBにそのことを注意することにした。この場合，どのような配慮をして注意したらよいか。箇条書きで四つ答えなさい。

2

　販売本部長秘書Aは課長から相談された。「G社の部長と課長を明日の夜接待することになっているが，同席予定の部長が出張先のトラブルで帰って来られない。接待は中止しようと思っているがどうか」というものである。このような場合，Aは課長にどのようなことを言うのがよいか。順を追って箇条書きで答えなさい。

【解答例・解説】1＝1．具体的な改善の方法を示しながら言う。
　　　　2．周りの人に分からないような所で注意する。
　　　　3．他の人と比較した言い方にならないようにする。
　　　　4．感じのよい応対で来客からの評判がよいことは褒める。
　注意を素直な気持ちで受け入れられるよう，感情的な部分に配慮することなどが答えになる。解答例の他に，「感情的にならないようにする」「受け入れられやすいタイミングを見計らう」などもよい。
2＝1．どうしてもできなければやむを得ないが，直前に接待を中止するなどはしない方がよいのではないか。
　　　　2．部長の代役を立てるとすると本部長になるので，本部長に何とか都合をつけてもらいたいと頼んだらどうか。
　　　　3．本部長の都合がつかなければ，G社に事情を話して部長は欠席ということにさせてもらったらどうか。
　接待は仕事上で世話になっていることへの礼などでするもの。この場合，こちらは礼をする側で，忙しい相手に時間の都合をつけてもらっているのである。従って，直前の中止はできる限り避けるということと，それにはどうするか，を答えればよい。

178

Lesson ③ 依頼・断り・苦情

CASE STUDY

あなたなら
どうする？

上司から頼み事を断るように指示されたとき，相手にはどのように断ればよいのでしょうか？

頼み事を断るときの注意点は？

▶ 秘書Aは他部署の秘書Bから相談を受けました。Bの上司は知人が多く，頼み事をしてくる人も多いのですが，引き受けられない依頼も少なくありません。断るのはBなので，断るときに注意しなければならないことを教えてもらいたいという相談です。このような場合，あなたがAだったらBにどのようなことを言いますか。箇条書きで三つ挙げてください。

対処例 ○△×?…

次のようなことを言えばよいでしょう。

1. 相手に期待を持たせないように，引き受けられないことをはっきり伝える。
2. 引き受けられない事情や理由を言う。
3. 相手の気持ちにも配慮し，言葉や態度などにも注意する。

スタディ 💡!!

相手は引き受けてくれると思って頼みに来るのですから，それを断るときには，期待を持たせないように，理由を言ってはっきり断る必要があります。ただし，それによって相手との関係を悪くすることがないように配慮しなければなりません。それらの点を考慮することがよい対処の仕方になります。

1. 曖昧な言い方をすると期待を持ってしまう。
2. 事情が分かれば相手は納得する。
3. 断られる方は，期待があっただけに失望し，少なからず精神的ダメージを受ける。希望をかなえられなかったことに対してわびたり，残念な気持ちを表せば相手の痛みも和らぐ。

対処例の他に，「相手の言い分は，親しみを込めて最後まで聞く」「事前に上司と打ち合わせをして，なるべく代案を示すようにする」などもよいでしょう。

序章　受験対策
基礎知識　第1章　必要とされる資質
第2章　職務知識
第3章　一般知識
第4章　マナー・接遇
第5章　技能
第6章　面接　終章　模擬試験

依頼の仕方

　何かをお願いすることを依頼といいますが，秘書は上司の意向を受けて取引先などに面会や会合への出席を依頼したり，見本品や資料の送付をお願いすることがよくあります。また，上司の急用などで約束していた相手に面会日時の変更をお願いしたり，後輩や同僚に仕事の手伝いを頼むなど，秘書が依頼をする場面は少なくありません。

　相手に話を聞いてもらい，快諾を得られるように，特に以下のようなポイントを押さえておくようにしましょう。

◆依頼をする際のポイント。

　◎依頼内容や条件などをきちんと把握してから話す。

　　☆相手から「代理の者が会うということでもよいか」「期日はいつまでならいいのか」などと質問されたときにきちんと答えられなければ，話はそこでストップしてしまう。

　◎相手に応じて話し方を工夫する。

　　☆依頼する相手は，せっかちな人や多忙な人，形式張ったことが嫌いな人などさまざまなので，手早く要点を話す，ストレートに話を切り出すなど相手に合わせて話し方を工夫する必要がある。

　◎熱意をもって誠実に依頼する。

　　☆軽い気持ちで頼んだりすると，それは相手にも伝わる。自分が軽く見られていると感じれば引き受けてもよい内容の依頼であっても，断りたくなるものである。

　◎話を聞いてもらえるような切り出し方をする。

　　☆目上の人や取引先などに何かを依頼する場合は，すぐに用件に入るのではなく，「いきなりで，申しかねますが……」「折り入ってお願いしたいことがございまして……」などのように恐縮した様子で話を切り出す。相手が「取りあえず話を聞いてみよう」という気持ちになるような言い方をすることがポイントである。

　◎相手の自尊心に訴える。

　　☆例えば，「どうしても○○様にお願いしたいと常務の○○が申しておりまして」など，「あなたでなければ」ということを強調して，相手の心を動かすようにする。

◆後輩や同僚に仕事を依頼する際のポイント。

　◎頼む前に仕事の難易度，必要時間などをきちんと把握しておく。

◎頼む相手に仕事の重要性を伝える。

　☆例えば，「この仕事の中核となる部分をお願いしたいのだけれど」と，任せる仕事に価値があることを話し，相手の自尊心を満足させるとともに，仕事のやりがいや魅力を感じさせる。

◎仕事を押し付けるような言い方はしない。

　☆例えば，「とにかくお願いしたいの」とか「何とか協力してほしい」などと最初から押し付けるような依頼の仕方は相手の反感を買ってうまくいかないことが多い。「お願いがあるのだけれど」，「相談に乗ってほしいのだけれど」などと持ちかけ，相手に自発的に動いてもらうようにしなければいけない。

◎仕事の仕方を示す。

　☆「自信がない」と尻込みする相手には，「このようなやり方をすればうまくいくと思うの」など，仕事の手順や進め方を具体的に示すと引き受けてもらいやすくなる。ただし，「もっといい方法があればお任せするけど」などと話し，仕事の仕方は強制しないことがポイント。

断り方

　依頼を受けて，それに応じられないときは，はっきり断らなければなりません。相手が落胆することが分かっていて断らなければならないのはつらいものです。しかし，曖昧な言い方をして相手に希望を持たせ，何度も足を運ばせた後に断るのはかえって失礼であり，相手も大きな精神的打撃を受けることになります。断り方一つで人間関係が変わってくることも考慮に入れて慎重に対応しなければなりません。依頼事を断るときには，以下のようなことに留意します。

◆断る際のポイント。

◎相手の希望に沿えないことに対してわびる。

　☆「誠に申し訳ございませんが，引き受けかねます」，「残念ではございますが，お引き受けできかねます。申し訳ございません」，「ご期待に沿えず，申し訳ございません」などと誠意をもって丁寧に対応する。

◎期待を持たせる言い方をしない。

　☆「一応考えておきますが……」，「検討はいたしますが……」など少しでも相手に期待を持たせるような言い方をしてはならない。

　☆断るときは先送りにしないで，その場で断る。

◎相手の話を最後まで誠実な態度で聞くようにする。

☆話の途中で，「その件でしたらお断りするようにと申し付かっております」
　　などと遮らず，最後まで相手の話を聞く。

◎断る理由を明らかにする。

☆断る理由や事情を話せば相手も納得し，感情的なしこりも残らない。

◎代案があれば提案する。

☆事前に上司と打ち合わせておくなどして，代案があればそれを提示する。
　　内容を変更したとしても結果的に相手の依頼を引き受けたことになるの
　　で，最終的に話がまとまらなくても相手は納得する。

◎相手の気持ちを考慮して親身になって聞く。

☆提示できる代案がなくても，上司からアドバイスがあればそれを伝える
　　など相手の依頼事に対して親身になって対応すれば，断られたことに対
　　する悪感情はなくなる。

 ## 苦情への対応の仕方

　秘書のところには立場上さまざまな苦情が持ち込まれてきます。これを嫌なこ
とだと考えず，むしろ新しい人間関係を築くよい機会だと考えるようにします。
以下のようなことに留意し，一人一人に対して誠実な対応を心がけましょう。

◎相手の話を最後まで聞く。

☆相手の話に十分耳を傾け最後まで聞くことが大切。こちらに言い分があ
　　っても途中で話に割り込んだりしない。苦情に対する不満や怒りは，話
　　をすることで解消することが多い。相手の言い分をきちんと聞くことで
　　相手も冷静な対応ができるようになる。

◎一つ一つの言い分を誠意を尽くして聞き，適切に対応する。

☆相手は不満で興奮しているので，順序立てて話すことができない場合が
　　多い。一つ一つの言い分を整理しながら誠実に受け止め，確認していく。
　　そして，それに対して適切に対応する。その場で即答できないときは何
　　をいつまでに返答するかを明確に伝え，必ず実行する。

◎こちらの言い分は後から穏やかに話す。

☆苦情が相手の思い違いによるもので，こちらにも言い分がある場合は，
　　相手が話し終えるのを待って穏やかに話し，理解を求めるようにする。

◎相手の苦情がもっともなときは，すぐにそのことを認める。

SELF STUDY

POINT 出題 CHECK

　「依頼」や「苦情」に関する出題は少ないが，依頼の仕方，苦情の対応の仕方で留意すべき点はしっかり押さえておく必要がある。また，しばしば出題される「断り」についても要点をチェックし，断る際のポイントは押さえておくこと。なお，それぞれのポイントを箇条書きでまとめる問題以外に，断る場合や依頼する場合「相手に何をどのように話すか」言葉そのものを書く問題も出されるので，状況設定をよく読み，求められる内容を適切な表現を用いて書けるようにしておきたい。幾つかのケースを想定して，実際に書く内容をまとめておくとよいだろう。

✳ 依頼の仕方

　秘書Aの上司（山田部長）は，「急な会議に出席するので，今日2時からの取引先F氏との面会は，別の日にしてもらいたい」と言って会議に入った。このような場合，AはF氏の秘書に電話をしてどのように言えばよいか。その言葉を答えなさい。

　〔解答例〕
　「お約束しておきながら誠に申し訳ございません。山田は急用のため，本日2時のF様とのお約束の時間にお目にかかれなくなってしまいました。山田は，日を改めさせていただきたいと申しております。大変ご迷惑をおかけいたしますが，ご都合のよろしい日時を二，三お教えくださいませんでしょうか」
　面会の予定を変更してもらうのだから，まず，謝りの言葉が必要。また，こちらの都合で変更してもらうのだから，この点も謝り，取引先の都合のよい日時を尋ねておかなければならない。

序章　受験対策・基礎知識

第1章　必要とされる資質

第2章　職務知識

第3章　一般知識

第4章　マナー・接遇

第5章　技　能

第6章　面　接

終章　模擬試験

✳ 断り方

頼まれ事があった。これを上手に断りたい。どのようにすればよいか。基本的なことを箇条書きで四つ答えなさい。

〔解答例〕
1. 聞いている途中で断らず，最後まで相手の言い分をよく聞く。
2. 相手に期待を持たれないように，断るということをはっきりと伝える。
3. 後から断ろうと思わずに，その場で断る。
4. 断る事情や理由を，納得してもらえるように説明する。
　引き受けてくれるであろうことを期待して頼んでくるのである。それを断るのであるから，いいかげんな断り方をしてはいけない。ということで，まず相手の言うことをきちんと聞く。そしてこちらも引き受けられない理由を明確に話して，曖昧な言い方をせずにきちんと断るということが上手な断り方である。解答例の他に，「できるなら，代案を示す」などもよい。

CHALLENGE 実問題

1

秘書Aの上司は支社への出張が急に決まり，取引先の部長から頼まれていた約束を果たすことができなくなった。上司は「時期をずらせば引き受けられるが，ひとまず断りの電話をしておいてもらいたい」と言って出かけた。このような場合，Aは取引先の部長へ電話をかけて上司からのわびの言葉を伝えることになるが，その他に言った方がよいことを箇条書きで三つ答えなさい。

2

部長秘書Aは，上司の使いで取引先のG氏を訪問した。その際，訪問した用事とは関係ないことでG氏から，「この前おたくに電話をかけたとき，用件がスムーズに伝わらなくて困ったよ」と苦情を言われた。このような場合，Aはどのように対応すればよいか。順を追って箇条書きで答えなさい。

【解答例・解説】1＝1. 急な出張が入ったため，約束が果たせなくなった。
　　　　2. 上司は時期をずらせば引き受けられると言っていた。
　　　　3. 時期をずらしても構わないということであれば，大体の期限を知らせてもらいたい。
2＝1. 自社のことを言われたのだから，まずはG氏にわびる。
　　　2. G氏にそのとき対応した者に伝えると言い，どのようなことだったのか具体的に聞く。
　　　3. 会社に戻ったら当人にこのことを話して事情を確かめ，上司にも報告しておく。
　取引先から苦情を言われたらまずはわびて，帰社したら処処しないといけない。これらについて答えればよい。

SECTION 3 電話応対

Lesson ① 電話応対の実際

CASE STUDY

あなたなら
どうする？

上司の親友の大沢様，取引先の落合部長，上司のご家族，それぞれのケースの電話応対例を教えてほしいのですが……。

落合部長　上司の奥さま　大沢氏

『電話するように伝える』と言うときは？

▶新人秘書Cの上司（中田常務）は外出していて4時ごろに戻る予定です。その上司が外出中，秘書Aが用事で訪ねてきたので，Cは不安に感じていた電話応対について尋ねることにしました。内容は今日の午後上司にかかってくる予定の次の電話に「4時ごろ戻るので，電話するように伝える」と応答する場合，どのように言えばよいかというもの。Aはどのように教えればよいのでしょうか。

①Cも顔見知りの上司の親友，大沢氏からの電話に対して。
②取引先の落合部長からの電話に対して。
③上司の家族（自宅）からの電話に対して。

対処例 ○△×?…

それぞれ次の応答例を教えればよいでしょう。
①「常務はただ今外出していますが，4時ごろ戻る予定でございます。戻りましたら，こちらから大沢様にお電話を差し上げるように申し伝えます」
②「中田はただ今外出しておりまして，4時ごろ戻る予定でございます。戻りましたら，こちらから落合部長様にお電話を差し上げるよう申し伝えます」
③「常務さんはただ今外出していらっしゃいます。4時ごろにはお戻りになるご予定ですので，戻られましたらご自宅にお電話をなさるようお伝えいたします」

スタディ 💡!!

上司のことをどのように言うか，上司の行動をどのように言うかは，上司と電話の相手との関係で違ってきます。上司のことは，①Cも顔見知りの上司の親友なので「常務」，②取引先の部長なので「中田」，③上司の家族なので「常務さん」となります。また，③の上司の行動は，尊敬表現の「外出していらっしゃいます」「戻られましたら」などのようになります。

186

上司が不在のときの対応

　上司が不在のときの電話には次のような要領で応対します。取引先のほか，上司の親友や家族からの電話にも適切な応対ができるようにしておきましょう。

◆上司の不在を告げる。
　　◎取引先などには，「申し訳ございません。ただ今あいにく山田は外出しておりますが……」「ただ今あいにく山田は離席しておりますが，いかがいたしましょうか」
　　◎上司の親友には，「部長はただ今外出していますが……戻りましたらお電話があったことを申し伝えます」
　　◎上司の家族には，「部長さんはただ今外出していらっしゃいますが……お戻りになりましたら，お電話があったことをお伝えいたします」
◆用件を聞く。
　　◎相手が初めての人であれば，「よろしければ，私がご用件をお伺いいたしますが……」などと言って，大まかな用件を聞いておく。
◆伝言を聞く。
　　◎相手から伝言を頼まれたときは，「かしこまりました」と言って，伝言内容をメモする。
　　◎相手が話し終えたら，「念のため復唱してよろしいでしょうか」と了承を得て伝言内容を復唱する。
　　◎復唱を終えたら，「……ということでございますね。かしこまりました。私は秘書の鈴木と申します。ご伝言は確かに山田に申し伝えます」と言う。
　　☆上司の親友には「部長に」，家族には「部長さんにお伝えいたします」とする。

状況に応じた電話応対

　電話は突然一方的にさまざまな人からかかってきます。こちらからかける場合だけでなく，どのような状況にも適切に対応できるようにしておかなければなりません。次のようなケースを参考に電話応対の基本をマスターしておきましょう。

◆上司の代わりに電話をかけて上司の伝言を伝える場合。
　　①まず，相手を電話口まで呼び出したことをわびる。
　　☆「お呼び立ていたしまして申し訳ございません」
　　②自分が上司の秘書であることを告げる。

☆「私，○○の秘書の○○と申します」

③上司から伝言を頼まれていることを伝え，今話してよいか伺いを立てる。

☆「実は，○○から○○様に，○○の件についてご伝言するように申し付かっておりましたので，お電話を差し上げたのでございますが，ただ今よろしいでしょうか」

◆上司の不在中にかかってきた電話の相手に，上司からの伝言を伝える場合。

①上司の不在を告げてわびる。

☆「申し訳ございません。○○は，急用で留守にしております」

②自分が上司の秘書であることを告げる。

☆「私は○○の秘書をしております○○と申します」

③上司から伝言を伝えるように言われたことを話す。

☆「○○の件につきましては～とお伝えするように申し付かっております」

☆その他にある場合は，「また，○○につきましては～とのことでございます」などと続ける。

④伝言を伝え終えたことを告げ，あいさつをする。

☆「以上でございます。どうぞよろしくお願い申し上げます」

◆それほど急がない用件で電話中に別の急ぎの電話が入り，いったん電話を切る場合。

①急な電話が入ったことを告げる。

☆「お話しの途中誠に申し訳ございませんが，急ぎの電話が入ったようでございます」

②いったん電話を切って，改めて電話するがよいかと伺いを立てる。

☆「いったん切らせていただき，改めてこちらからお電話を差し上げますが，よろしいでしょうか」

◆自分では分からないので担当者に代わる場合。

◎分からないことをわび，担当者に代わるがよいかと伺いを立てる。

☆「申し訳ございません。私では分かりかねますので，担当の者がお話をお伺いするということでよろしいでしょうか」

 ## 上司に代わって電話する

上司から，取引先の部長などに電話をかけるように指示されたときは，以下のように対応します。

◆相手を呼び出す場合。

◎まず電話に出た担当部署の人に，上司が話す相手を呼び出してもらい，本人が電話に出る前に上司に代わる。

◎上司に代わる前に相手が電話に出てしまった場合は，「お呼び立ていたしまして申し訳ございません」とわびてから上司に代わる。

◆相手が不在の場合。

◎外出中なら帰社予定時刻を尋ねる。先方から，後で電話させるがどうかと尋ねられたら，帰社予定時刻とともにそのことを上司に伝えてどうするか意向を聞く。指示を受けたら，電話の相手にこちらの意向を伝える。

◆伝言を頼む場合。

◎伝言は要点を整理して手短に話す。

◎最後に「私は秘書の○○と申します」とこちらの名前を告げ，伝言を受けた人の名前も聞いておく。

上司を電話で呼び出す

　秘書は，上司の出張先や外出先，あるいは自宅に電話をかけて上司を呼び出してもらうこともあります。呼び出すときは，以下のような手順で行います。

①自分のことを名乗る。

◎電話に出た相手に，「私は，○○社営業部長の山田の秘書で鈴木と申します。いつもお世話になっております」などと自分を名乗り，一言あいさつする。

◎上司の自宅にかける場合は，「私，○○社営業部で山田営業部長の秘書をしております鈴木と申します」と名乗る。

②相手を煩わせることに対して一言言葉を添える。

◎呼び出しを頼む人に，「お手数をおかけいたしますが」，「お忙しいところ恐縮ですが」などの言葉を添える。

◎上司が休暇中なら，「お休みのところ申し訳ございませんが」など。

③上司の呼び出しを頼む。

◎「そちら様へ伺っております私どもの山田を，電話口までお願いできますでしょうか」

◎家人（かじん）に対しては，「部長さんがいらっしゃいましたら，お願いできませんか」など。

SELF STUDY

過去問題を研究し
理解を深めよう！

POINT 出題 CHECK

　「電話応対の実際」では，同じ内容を取引先や上司の部下，上司の親友や家族
などに伝える場合の電話応対がよく出題されるが，上司と相手との関係によって
それぞれ応答の仕方が異なるので十分注意したい。また，上司に代わって電話を
したり，上司を電話で呼び出す際の対応もよく問われるので，これらの具体的な
手順を整理して覚えておくこと。この他の問題に関しては，ケースごとに学習し，
状況に応じた応対ができるようにしておくことが大切である。

✳ 伝言を伝えるときの応対

　　秘書A（中村）が買い物から戻ると上司（鈴木）は外出していて，机の上
　に次のようなメモが置いてあった。

> 　急用で出かけてくる，時間はさほどかからないと思う。
> 　私の知人から依頼のあった業界紙Rへの広告掲載の件は，宣伝部長
> と相談をしたが，予算がないので断ることになった。間もなく，その
> 知人から電話がかかってくるので，中村さんから断っておいてほしい。
> そのとき，私が申し訳ない，後ほど連絡をすると言っていたことも伝
> えてほしい。

　このような場合Aは，上司の知人からかかってきた電話にどのように言う
のがよいか。その言葉を答えなさい。

　　　〔解答例〕
　　「申し訳ございません。鈴木は急用で外出いたしました。私は秘書の中村
　　と申します。広告の件につきましては，鈴木が宣伝部長と相談をいたしま
　　したが，予算の都合でご意向に沿いかねるとのことでございます。鈴木か
　　らは，申し訳ない，後ほどこちらからご連絡を差し上げるとお伝えするよ
　　う申し付かっております」
　　　Aは上司の代わりに，メモに書いてあることを上司の知人に伝えるので
　　ある。従って，まず自分は上司の秘書の中村であると名乗ることになる。
　　また，知人の依頼を断るのだから，「断る」は「ご意向に沿いかねる」，
　　「伝えてほしい」は「申し付かっております」というような言い方をしな
　　ければいけない。

✲ 出先の上司を呼び出すときの応対

秘書A（鈴木）は，ABC商事本社山田営業本部長の秘書である。電話で次のような場合，Aはどのように言うのがよいか。

　①S支店に，支店長と面談している上司を電話口まで呼んでもらいたいと言うとき。

　②上司がそろそろ到着するであろう取引先に，上司が着いたら電話をくれるように伝えてもらえないかと言うとき。

　　〔解答例〕
　　①「本社営業部の鈴木でございます。恐れ入りますが，支店長と面談なさっている本部長を電話口までお呼びいただけますでしょうか」②「ABC商事の山田の秘書の鈴木と申します。恐れ入りますが，山田が伺いましたら，電話をくれるようにとお伝えくださいませんでしょうか」
　　①は社内なので，上司のことは「面談なさっている本部長」という尊敬表現で呼び出すことになる。②は，取引先なので，上司のことは「山田が伺いましたら」という謙譲表現で呼び出すことになる。

✲ 相手を呼び出すときの応対

上司（山田部長）の伝言を伝えるために取引先の常務を呼び出してもらい，電話口に出たら呼び出したことをわびて，自分（中村）を名乗るときどのように言えばよいか。

　　〔解答例〕
　　「お呼び立ていたしまして申し訳ございません。私は山田の秘書の中村と申します」
　　「お呼び立ていたしまして申し訳ございません」は，電話口まで呼び出したときのわびの言葉の決まり文句。前に「お忙しいところ」などを付けるとより丁寧になる。

✲ 担当者に代わるときの応対

客からの電話に，「自分では分からないので，担当者が代わりに話を聞く」と言うとき，どのように言えばよいか。

　　〔解答例〕
　　「私では分かりかねますので，担当の者が代わってお話を承りますが，よろしゅうございますか」
　　単に担当者と代わると一方的に言うのではなく，それでよいかと相手に伺いを立てる言葉を述べなければならない。

CHALLENGE 実問題

1

　T商事に勤務する秘書A（中村）は上司（山田部長）から、「G社の佐藤さんに頼みたいことがある。来週先方に行って直接話したいので、都合を聞いてもらいたい」と指示された。このような場合、Aは電話でどのように言えばよいか。G社に電話をかけて取り次いでもらい、佐藤氏が電話口に出た後に言う言葉を答えなさい。

2

　秘書Aは、上司主催の社外会議の通知状を出欠の返信はがきを同封して発送した。期限になっても返信してこない人がいるため、Aは電話で出欠を確認することにした。このような場合、どのように言って問い合わせたらよいか。丁寧な言葉で答えなさい（初めのあいさつは除く）。

【解答例・解説】1＝お呼び立てして申し訳ございません。T商事の山田の秘書の中村と申しますが、ただ今お時間はよろしいでしょうか。山田からですが、佐藤様にお願いしたいことがございますので、来週そちらさまに伺いたいと申しております。ご都合はいかがでしょうか。
　全体に相手を立てた、改まった言い方が求められる。従って、用件を伝える他に、「お呼び立て～」「お時間はよろしいでしょうか」などの言葉も必要である。
2＝会議の通知状をお送りいたしましたが、ご返事がまだのようですのでご連絡いたしました。ご出欠がお決まりでしたらこのお電話で伺いたいのですが、いかがでしょうか。
　解答例の他に、「会議の通知状をお送りいたしました（が届いておりますでしょうか）。行き違いかと存じますが、ご返信を頂いていないようでございます。ご出欠はお決まりでしょうか」などもよい。

4　接遇

Lesson ①　接遇用語

Cさんに接遇用語を教えてほしいのだが……

かしこまりました。

よろしくお願いいたします。

接遇用語を用いてどう話す？

▶秘書Aは，秘書課長から研修中のCに接遇用語を教えてほしいと頼まれました。例えば，来客や取引先，上司（山田部長）に次のようなことを言う場合，AはCにどのような言い方を教えればよいのでしょうか。

①来客に「上司は本日戻ってこないので，支障がなければ，用件を聞こうか」
②来客に「そう言うが，こちらとしては，要望に応じられない」
③取引先に「もし暇なら，上司が訪ねたいと言っているが……」
④取引先に「面倒かけるが，どうか助けてもらえないか」
⑤上司に「部長の知り合いという田中という人が来ているが，どうするか」

対処例 ○△×?…

それぞれ次の言い方を教えればよいでしょう。

① 「山田は本日は戻ってまいりません。お差し支えなければ，ご用件を承りましょうか」
② 「そのようにおっしゃいますが，私どもとしてはご要望に沿いかねます」
③ 「もしお時間がおありでしたら，山田がお邪魔したいと申しておりますが……」
④ 「ご面倒をおかけいたしますが，どうかお力添えをいただけませんか」
⑤ 「部長のお知り合いとおっしゃる田中様がおみえですが，いかがなさいますか」

スタディ ☝!!

次のような言い方も教えておくとよいでしょう。①「支障がなければ」→「よろしければ」，「聞こうか」→「お伺いいたしましょうか」。②「言うが」→「おっしゃいましても」，「応じられない」→「応じかねます」。③「暇なら」→「ご都合がよろしければ」，「訪ねたい」→「お伺いしたい」。④「面倒かけるが」→「お手数をおかけいたしますが」，「助けて」→「ご援助」。⑤「来ているが」→「おいでですが」。

193

よく使う接遇用語や言い回し

　以下のような表現は，接遇時やビジネスの場でよく使われます。しっかりマスターしておきましょう。

◆日常の接遇でよく使う表現。

◎「お会いできるかどうか分かりかねますが，ただ今取り次いでまいりますので，しばらくお待ちいただけますでしょうか」

☆忙しくて会えないと分かっているときには，「恐らくお目にかかれないと存じますが」などと，期待を持たせない言い方をする。

☆「しばらく」は，「少々」でもよい。

◎「申し訳ございませんが，そちらにおかけになってお待ちいただけませんでしょうか」

☆「申し訳ございませんが」は，「恐れ入りますが」でもよい。

◎「申し訳ございませんが，山田はただ今仕事が立て込んでおりまして，お目にかかることができません。よろしければ，代わりの者がご用件をお伺いいたしますが，いかがいたしましょうか」

☆「立て込んでおりまして」は「取り込んでおりまして」，「お伺いいたしますが」は「承りますが」でもよい。

◎「ご足労いただき恐縮ですが，山田は急用のため，お目にかかれなくなりました」

☆「ご足労いただき」は，「わざわざお越しいただき」「わざわざおいでいただき」などもよい。

◎「初めてお目にかかります。私が○○の秘書をしております○○でございます」

☆「私が～○○でございます」は，「私は～○○と申します」でもよい。

☆相手に対して，名前は以前から知っていたと話すときは，「お名前はかねがね承っておりました」と言う。

◎「お忙しいところ，お呼び立ていたしまして，申し訳ございませんでした」

☆電話口に相手を呼び出したときだけでなく，来社を要請したときなどにも使う。

◎「私どもにはそのような者はおりませんが」

☆「私ども」は，「当社」などでもよい。

◎「お差し支えなければ，ご用件をお聞かせいただけませんか」

☆「お差し支えなければ」は「よろしければ」，「ご用件」は「ご用向き」で

もよい。
◎「来週，山田がそちらにお邪魔したいと申しておりますが，ご都合のよろしい日時をお教え願えませんか」
　☆「お邪魔したい」は「伺いたい」「お訪ねしたい」，「願えませんか」は「くださいませんか」「いただけませんか」でもよい。
◎「山田から，こちらの資料をお渡しするようにと申し付かっております。ご確認くださいませんか」
　☆「○○から，〜するようにと申し付かっております」は，上司から指示を受けたことを相手に伝えるときに用いる決まり文句。
◎「お差し支えなければ，そちらの資料は私がお預かりいたしましょうか」
　☆「そちらの資料」は，「お持ちいただいた資料」などでもよい。
◎「どうぞ召し上がってください」
　☆「召し上がってください」は，「お上がりください」でもよい。
◎「何かご伝言がおありになれば，お伺いいたしますが」
　☆「お伺いいたしますが」は，「承りますが」でもよい。
◆儀礼的に使う表現。
◎「○○様にはいつもお世話になっておりまして，ありがとうございます」
　☆本人だけでなく，その人の関係者に世話になっているときのあいさつにも用いる。
◎「お心遣いありがとうございます。仕事でしていることでございますので，今後はこのようなお気遣いはなさらないでくださいませ」
　☆土産などをもらったときは，その心遣いに対して礼を言う。
◎「その後，お体の具合はよろしいのでしょうか」
　☆その人の関係者の病状などを気遣うときは，「○○様のご容体は，その後よろしいのでしょうか」などと言う。
　☆「ご容体」は，「お加減」などでもよい。
◎「このたびは，お嬢様のご結婚，おめでとうございます」
　☆息子の場合は「ご令息様」という。
◎「このたびは，ご愁傷さまでございます」
　☆「ご愁傷さまでございます」は遺族を見舞うときなどの決まり文句。「このたびは，思いもかけないことで……」などもよい。

SELF STUDY

過去問題を研究し
理解を深めよう！

POINT 出題 CHECK

　「接遇用語」では，さまざまなビジネスシーンで用いる表現が適切に言えるか
（書けるか）どうかが問われる。基本的には，指定された語を丁寧な言葉に直し
たり，示された文を接遇表現を用いて書き換える問題なので基本的な接遇用語や
言い回しをマスターしておけば対応できるはずである。

❋ 接遇用語 ①

　次の「　　」内の言葉遣いを，相手に対する適切な言葉遣いに直しなさい。

　　①不意に来訪した取引先の人に，

　　「会えるかどうか分からないが，今取り次いでくるので，すまないが，
　　　そこに腰かけて待ってもらえないか」

　　②上司（部長）の知り合いという人（斉藤氏）が不意に訪ねてきたとき，
　　　上司に，

　　「約束はないが，部長の知り合いという斉藤さんが来ているが，どうす
　　　るか」

　　③近くに来たので立ち寄ったという上司の知人に，

　　「すまないが，今日は忙しいので会えない。せっかく来てくれたのに，
　　　悪かった」

　　　　〔解答例〕
　　　　①「お会いできるかどうか分かりかねますが，ただ今取り次いでまいりま
　　　　　すので，恐れ入りますが，そちらにおかけになってお待ちいただけま
　　　　　せんでしょうか」
　　　　②「お約束はございませんが，部長のお知り合いとおっしゃる斉藤様がお
　　　　　みえです。いかがなさいますか」
　　　　③「申し訳ございません，本日は立て込んでおりましてお会いいたしかね
　　　　　ます。せっかくお越しくださいましたのに，大変失礼いたしました」
　　　　　次のような表現もよい。①「お会いできるかどうか」 → 「お目にかかれ
　　　　るかどうか」。②「おみえです」 → 「いらっしゃっています」。③「立て込
　　　　んでおりまして」 → 「取り込んでおりまして」。

❋ 接遇用語 ②

次の「　　」内のことを，丁寧な言葉遣いに直しなさい。

① 「よければ，上着は，こっちで預かろうか」

② 「あんたの方で，いいように，してくれないか」

③ 「本当に言いにくいが，そういう要望には応じられない」

④ 「名前は以前から知っていた」

⑤ 「長く待ってもらっていたが，用意ができた」

〔解答例〕
① 「よろしければ，お召し物は，こちらでお預かりいたしましょうか」
② 「あなたさまの方で，よろしいように，なさってくださいませ」
③ 「誠に申し上げにくいのですが，そのようなご要望には応じかねます」
④ 「お名前はかねがね承っていました」
⑤ 「長らくお待たせいたしましたが，ご用意ができました」
　　次のような表現もよい。① 「よろしければ」→「お差し支えなければ」。
② 「よろしいように」→「ご都合がよいように」。③ 「応じかねます」→
「沿いかねます」。④ 「かねがね承っていました」→「かねてから存じ上げ
ておりました」。⑤ 「お待たせいたしましたが」→「お待ち願いましたが」。

❋ 接遇用語 ③

次の言葉の下線部を来客に対する丁寧な言葉遣いに直しなさい。

① 「<u>すみませんが</u>　いつまでに　<u>すれば</u>　<u>よいのですか</u>」
　　　　a　　　　　　　　　　　b　　　　　c

② 「<u>うちには</u>　<u>そういう人は</u>　おりませんが」
　　　a　　　　b

③ 「もし　<u>暇なら</u>　高橋（上司）が　<u>訪ねたい</u>　と申しておりますが」
　　　　　a　　　　　　　　　　　　　b

〔解答例〕
① a ＝「恐れ入りますが」　b ＝「いたしましたら」　c ＝「よろしいの
　　でしょうか」
② a ＝「私どもには」　　b ＝「そのような者は」
③ a ＝「お時間がおありでしたら」　　b ＝「お邪魔したい」
　　次のような表現もよい。① a 「恐れ入りますが」→「恐縮ですが」。②
a 「私どもには」→「当社には」。③ a 「お時間がおありでしたら」→
「ご都合がよろしければ」，b 「お邪魔したい」→「お目にかかりたい」
「お訪ねしたい」。

CHALLENGE 実問題

1

　次は秘書Aが上司（部長）に言った丁寧な言葉である。下線部分を別の丁寧な言い方にして（　　　）内に答えなさい。

1）ご体調はいかがでしょうか。
　（　　　　　　　　　　　　　）
2）何なりとご指示くださいませ。
　（　　　　　　　　　　　　　）
3）こちらの書類をご覧くださいますか。　※「お読み」以外
　（　　　　　　　　　　　　　）
4）私がご用件をお尋ねしてまいりましょうか。　※「ご用事」以外
　（　　　　　　　　　　　　　）
5）課長がご一緒させていただきたいとおっしゃっています。
　（　　　　　　　　　　　　　）

2

　次の「　　」内の言葉を，秘書が言う丁寧な言い方に直して答えなさい。

1）上司の指示で取引先にお願い事をするとき，「手助けしてもらえないか」
　※『お助け』以外
2）会合に出席したとき，以前名刺交換をしたことがあった人に，「名前を忘れてしまった」
3）上司に，「あの人と会ったことがあるか」　※『お会い』以外
4）先輩（木村）に，「木村さんの考えは当然だ」
5）取引先に，「自分が未熟なために迷惑をかけた」

【解答例・解説】1）お加減・お体の具合　　2）お申し付け・お命じ
　　3）お目通し・ご一読　　4）ご用向き　　5）お供
2＝1）お力添え願えませんでしょうか。
　　2）お名前を失念してしまいました。
　　3）あちらの方とご面識はおありですか。
　　4）木村さんのお考えはごもっともでございます。
　　5）私が至らぬためにご迷惑をおかけいたしました。

Lesson ② 臨機応変な来客対応

え!!　今なら会えるのではないかと,
今そこで, Cさんから聞いたけど?

**招かれざる客が来た
ときの対応は?**

▶秘書Aの上司のところに, 知人のT氏が不意に訪れました。Aは上司（山田部長）から「T氏は長居をするので, 会うのはなるべく避けたい。用件は電話でも済むので, 今後面会は断るように」と言われています。そこで上司は今, 取り込んでいるので用件を伺いたいと言ったところ, T氏から「今そこでCさんが,『今なら会えるのではないか』と言っていたが」と言われました。このようなことにAは, どのように対処すればよいのでしょうか。①T氏, ②上司, ③Cそれぞれに対する対応の仕方を答えてください。

対処例 ○△×?…

　それぞれに対して, 次のように対応すればよいでしょう。
①T氏に,「申し訳ないが, 上司は急な仕事が入っていて会う時間は取れない」とわびて用件を聞き, 引き取ってもらう。
②上司に, T氏が訪ねてきたこととその用件, 急な仕事が入って会えないと話して引き取ってもらったことを伝える。
③Cに,「上司に会えそうだとT氏に話したので困った」と伝え, 今後は, 外部の人に上司の様子を不用意に話さないようにと注意をする。

スタディ 💡!!

　それぞれ以下のようなことに留意します。
①上司から「面会は断るように」と言われているのだから, T氏がどのように言おうと, 引き取ってもらうことになる。とはいえ相手は上司の知人なので, 当たり障りのない「急な仕事」ということにしてわび, 用件を聞いておかなければならない。
②上司が会うことを避けているT氏であっても, 訪れたこととその対応は伝えなければならない。
③Cが話したことで, Aが取り繕わなければならなくなったのだから, Cにはそのことを話し, 今後は不用意に外部の人に上司の動向を話さないようにと注意しておく必要がある。

序章　受験対策　基礎知識　第1章　必要とされる資質　第2章　職務知識　第3章　一般知識　第4章　マナー・接遇　第5章　技　能　第6章　面　接　終章　模擬試験

スタディガイド

領域：理論編

領域：実技編

面接編

テスト

 ## 上司が面会を拒絶している客への対応

仕事上の問題や感情的なトラブルなど，何らかの理由で上司が面会を拒否しているケースがあります。このような場合は，以下のような対応をします。

◆相手が不意に訪れた場合。

①上司は仕事が立て込んでいて会うことができないので，こちらから電話すると言う。

☆相手が，何とか会いたいので都合をつけてほしいと言ってきたら，「当分の間スケジュールが詰まっておりまして，お目にかかるのは無理かと存じますが」と前置きした上で，上司に相談して連絡すると話す。

②電話をしてよい日時，連絡先，用件を聞く。

☆「用件は直接上司に話す」という返事であれば，秘書は相手の意向を上司に話すだけで，それ以上聞くことはしない。

③用件の他に上司への伝言はないか尋ねる。

④上司に，面会の希望があったことと，②の件を伝え指示を仰ぐ。

⑤やはり「会えない」ということであれば，その旨相手に連絡する。

⑥その後，面会を求める電話連絡があった場合や，面会を求めてきた場合も，「当分の間仕事が立て込んでいて時間が取れないこと」を話す。

☆一定の期間が経過したら，上司の「面会拒否」がまだ続いているのか，それとなく確認する必要がある。

 ## 上司が面会を忘れていた場合の対応

上司が約束していた面会をうっかり忘れ，別の用事で外出してしまうこともあります。面会時間になっても上司が戻らないときはすぐに連絡を取りますが，状況によって，以下のような対応をします。

◆（A）上司が今からすぐに戻って会うという場合。

①上司に，どのくらいで戻れるか帰社時間を確認し，来客の対応について指示を受ける。

☆来客に伝えるために帰社予定時間を尋ねるとともに，上司と秘書の話に食い違いが出ないように「遅れる理由」について合意を得ておく必要がある。このような場合，基本的には「急用」を理由にするが，上司が来客と親しい場合には，戻ってきたときに「うっかり忘れてしまってすまない」などと話してしまうことがあるので，「○○様には，『出先での用事

が長引いて○分ほど遅れる』ということをお伝えしておきますが，よろしいでしょうか」などと事前に上司に「確認」しておくことが大切である。

②来客には，「お約束しておきながら大変申し訳ございません」と用事が長引き帰社が遅れていることを話してわび，○分ほどで戻るので待ってもらえないかと頼む。

③来客が「待つ」と言ったら，その間できる限りの接遇をする。

☆新聞や雑誌などを用意して勧め，最初に出したお茶を替えるときは何か希望の飲み物はないか尋ねる。

④来客が「出直す」と言った場合は，次のことを確認しておく。

☆次回希望する面会日時。相手の都合のよい日時を二，三聞いておく。

☆連絡先と，電話をしてよい時間帯。

☆上司への伝言の有無。

◆（B）上司に次の予定があって面会を断る場合。

①来客に，上司に急用ができて会えなくなったことを伝え，丁寧にわびる。

☆上司から，「相手が代行者でよいということなら，会ってもらうように」と伝言があった場合は，まず代行者に都合を聞き，会えるということなら，来客にそのことを提案する。

②来客が代行者と会うということなら，その手配をする。

③来客が出直すということなら，（A）の④と同様の確認をする。

 ## 緊急事態で面会を断る場合の対応

　火事や事故など緊急事態が発生して，予定していた面会を断るケースもあります。そのような場合は，以下のような対応をします。

◆連絡が間に合わずに予約客を迎えた場合。

①予約客に理由を話して，約束していた面会ができなくなったことをわびる。

☆工場などの大きな事故や火災など，一般公表されるものはきちんと理由を話す方がよい。ただし，秘書課長などからまだ公表しないようにと指示された場合は，「急用」ということにする。

②次の面会については，すぐには予定が立てられないので，こちらから連絡させてもらうと話す。

③連絡先と連絡してよい時間帯などを聞く。

④上司に何か伝言はないか尋ねる。

複数の関係者への対応

　接客の最中に予約客が来訪したり上司の上役から呼び出しを受けたりと，業務の中では次から次へと迅速に応対しなければならないことが出てきます。いちどきに複数の関係者に対応する場合は，基本的に取引先など外部の人を優先に考えますが，事の重要性・緊急性も考慮し，臨機応変な対応，処理ができるように心がけましょう。

　ここでは，下記のケースを例に対処の仕方を確認しておきます。

◆上司（部長）がW営業所に外出中，予約のある取引先のT氏が約束の15分前に来社した。念のためW営業所に電話して，上司が何時ごろ出たかを問い合わせたところ，1時間前に出たとのこと。約束の時間には何とか間に合いそうである。／その3分後，上司の上役N常務が「部長に相談したいことがある」とやって来た。／上司は，約束の時間5分前に帰社した。

　①T氏に，上司は外出しているが，すぐに戻るので少し待ってほしいと応接室に案内する。

　②N常務には，上司がW営業所に出かけていてそろそろ戻ることと，上司への面会予約客が来社して待っていることを話し，上司が帰社したらどのようにしたらよいか尋ねる。

　　☆来客を優先するのが原則だが，常務の用件は急用かもしれないし，あるいは，すぐ終わることかもしれない。従って，来客があることを話した後は常務の意向を聞き，どうするかを確認しなければならない。

　　☆常務の意向としては，「すぐ連絡がほしい」「すぐ来てほしい」「面談が終わったら来てほしい」などが考えられる。

　③上司が帰社したら，T氏が待っていることとN常務が来たことを話し，常務の意向を伝える。

　　☆常務の用件を優先し，T氏にしばらく待ってもらうのであれば，どれくらいかかりそうかおおよその時間を聞いておき，T氏には，少し取り込んでいるようなのでもう〇分ほど待ってほしいと頼む。

　　☆T氏にすぐ会うようなら，常務に何か伝えることはないか尋ね，あればそのことを常務に伝える。

SELF STUDY

過去問題を研究し
理解を深めよう！

✒ POINT 出題 CHECK

「臨機応変な来客対応」では，上司が面会を拒絶している来客への対応，火事や事故など緊急事態で面会を断る場合，また，上司が面会を忘れていた場合の対応など，ビジネスシーンで起こり得る状況が設定されている。提示された状況に応じて適切な対応を順序立てて述べていく必要があるので，あらかじめ幾つかのケースを想定し，何をどのような手順で処理すればよいか対応策をまとめておくとよい。

❋ 複数の関係者への対応

秘書Aの上司（部長）のところへ予約客W氏が時間通りに来訪した。上司は先ほど近くの行きつけのレストランに，取引先の部長と昼食に出かけたまままだ戻っていない。そこへ常務から，「部長に話したいことがあるので来てもらいたい」と連絡があった。このことにAはどのように対応すればよいか。順を追って箇条書きで答えなさい。

〔解答例〕
1. W氏に，外出から戻るのが遅れているとわび，間もなく戻るのでと言って待ってもらう。
2. 常務に外出が長引いていることと来客があることを言い，急ぐかどうかを尋ねる。
    ①急ぐなら，すぐ上司に伝えると言う。
    ②急がないなら，いつまでに行けばよいか尋ねておく。
3. 上司が行っているレストランに電話をして，上司がまだいたら電話口まで呼んでもらう。
4. 上司に対して，予約客が来訪したことと，2の①または②について伝える。
    W氏は予約客なので，この場合待ってもらうことになる。また常務には，上司はすぐには行けないのだからそれを伝え，急ぎかどうかを確認しておく。その上で，上司に連絡して，今の状況を伝えることになる。上司が店を出ていたのなら，帰ってきたときに4を伝えるが，店に電話するのではなく，上司の携帯電話に電話するのもよい。

序章　受験対策
基礎知識

第1章　必要とされる資質

第2章　職務知識

第3章　一般知識

第4章　マナー・接遇

第5章　技　能

第6章　面　接

終章　模擬試験

✐ **CHALLENGE 実問題**

1

秘書Aの上司（部長）のところへ，取引先のH氏が間もなく訪れることになっているが，上司は先ほど臨時会議に招集されて面会ができない。代わりに課長が応対することになったが，H氏には連絡が取れなかった。このような場合，Aは訪れたH氏にどのように対応するのがよいか。順を追って箇条書きで答えなさい。

2

秘書Aの上司（販売部長）は，急な用事で午後から忙しくしている。そこへ関連会社のU氏が不意に訪ねてきた。Aは上司から，U氏は話し好きで長居をすることが多いので，用事は電話で済ませられるようにしてもらいたいと言われている。そこでAはU氏に，「上司は今，手が離せない。用件を聞かせてもらえば後で伝えておく」と言ったところ，「今さっきNさん（新入社員）から聞いたが，そうは言ってなかった」と言われた。このような場合，Aはどのように対処すればよいか。順を追って箇条書きで答えなさい。

【解答例・解説】1＝1．上司は急用で面会できなくなったことと，連絡が取れなかったことを話してわびる。
　　　　2．代わりに課長が応対することになっているが，それでよいか尋ねる。
　　　　3．出直すという場合は，改めて来社できる日時を尋ね，上司に確認して返事をさせてもらうと言う。
　　　　4．上司に伝えておくことはないか尋ね，重ねてわびる。
　上司は臨時会議で面会できなくなり課長が応対することになった。H氏には連絡が取れなかったのだから，その辺りの事情を説明することになるが，臨時会議のことは口外してはいけない。その後は，一般的な対応について答えることになる。
2＝1．「午後から急な用事が入ったため手が離せなくなった」と事情を話してわび，再度用件を尋ねて帰ってもらう。
　　　　2．上司に次のことを伝える。
　　　a　U氏が訪ねてきたこととその用件。
　　　b　事情を話して帰ってもらったこと。
　　　　3．Nに，上司の様子を聞かれたら知っていても分からないこととして答えないといけないと教えておく。
　上司はU氏に会いたくないのだから，機転を利かせて帰ってもらうことになる。帰ってもらうために言ったこと，それの上司への報告が答えになる。Nに，このような場合の対応の仕方を教えておくことも忘れてはいけない。

序章 受験対策
基礎知識

第1章 必要とされる資質

第2章 職務知識

第3章 一般知識

第4章 マナー・接遇

第5章 技能

第6章 面接

終章 模擬試験

SECTION 5 交際

Lesson 1 慶事（祝賀会）

CASE STUDY

あなたなら
どうする？

なかなか
いい感じだな!!

本日はお忙しいところ
お越しいただき，あり
がとうございました。

**パーティーの受付で
することは？**

▶秘書Aの勤務する会社の会長が褒章を受けたので，祝賀パーティーが行われることになりました。受付はAとBが担当することになったのですが，Bは新人で何をしていいか分からないと言って，戸惑っています。そこで，接客の基本とともに受付でするべき仕事をBに教えることにしました。このような場合，AはBにどのようなことを話せばよいのでしょうか。①「開会前」と，②「開会されてから」に分けて，それぞれ二つずつ箇条書きで記述してください。

　①開会前。
　②開会されてから。

対処例 ◯△×?…

　それぞれ次のことを話せばよいでしょう。
①開会前。
　1. 来会者に，「来会者芳名録」に記帳してもらうこと。
　2. 出された祝儀は受け取り，礼を言うこと。
②開会されてから。
　1. 遅れてきた来会者を会場に案内すること。
　2. 帰る人に引き出物を渡すこと。

スタディ ☝!!

　①では，来会者を受け付けるときに，具体的に行うことを話すことになります。対処例の他に，「受け取った祝電を，開会直前に司会者に渡す」「出された名刺を受け取ってまとめておく」などもよいでしょう。
　②では，遅れてきた人，途中で帰る人への対応を話すことになります。このようなパーティーの場合，時間内であればいつ来てもいつ帰っても構わないことになっています。対処例の他に，「祝儀を責任者に渡す」などもよいでしょう。

上司が主催する会の準備

　上司が主催するパーティーなどで準備を手伝う場合は，上司の指示を受けながら漏れがないように進めていくことになりますが，取引先など外部の人を多く招待する場合と身内の関係者を中心に集める場合とでは準備の仕方も違ってきます。ここでは，内部の関係者を中心とした会の準備の進め方を確認しておきましょう。

　準備の手順と，秘書として心がけておきたいことは以下の通りです。

　　◆準備の手順。

　　　①日時，会場（店）を決める。

　　　　☆上司の意向を聞いて参加者リストを作成し，おおよその出席者数を把握する。

　　　　☆日時を決める：上司の都合のよい日を基本に，主な出席者が参加しやすいような日時を選ぶ。

　　　　☆会場（店）を決める：上司に料理の種類や座席の形式に希望があるか確認する。あればそれに沿って，参加人数とも照らし合わせて候補を絞り，その中から三，四点ピックアップして上司に決定してもらう。

　　　②会場の予約をする。

　　　③参加予定者に決定事項を連絡し，出欠を確認する。

　　　④席の配置などを会場側の担当者と打ち合わせる。

　　　⑤必要があれば，車の手配をしておく。

　　◆当日，秘書が心がけること。

　　　◎会場では末席に座り，参加者全員に気配りができるように動く。

　　　◎会が明るい雰囲気で行われるように，誰にでも笑顔で明るく接する。

 # 会社が主催する祝賀会での受付業務

　会社が主催する祝賀会には，「創立○周年記念祝賀会」や「○○店開店パーティー」，「○○工場落成祝賀パーティー」などがあります。秘書はこれらの会やパーティーで準備を手伝ったり，当日の受付を担当したりしますが，受付を任された場合には，特に以下の点に留意します。

　　◆当日受付で必要になるものを準備しておく。

　　　◎来会者に記帳してもらうためのもの。

　　　　☆来会者芳名録，筆やペン，名刺受けなど。

◎出欠をチェックするためのもの。

　　☆来会予定者名簿（招待者名簿）。

◎来会者に着けてもらうもの。

　　☆名札，リボンなど。

◎来会者に渡すもの。

　　☆資料，預かり札，引き出物など。

◆受付での応対を心得ておく。

◎一般受付と来賓受付がある場合はそれぞれの対応の仕方を確認しておく。

◎来会者を迎えたら丁寧にあいさつをする。

　　例）「本日は遠いところお越しいただき，ありがとうございます」と言って，
　　お辞儀（敬礼）をする。

◎記帳してもらうように頼むときには，言葉だけでなく動作にも気を配りな
　がら話す。

　　例）「恐縮でございますが，こちらにご記帳いただけませんでしょうか」
　　「恐れ入りますが，ご記名をお願いできませんでしょうか」などと言っ
　　て，手で芳名録か筆記用具を示す。このとき手の指は閉じて，手のひ
　　らを上にすること。

◎来会者から祝儀袋を渡されたら両手で受け取る。

　　例）「恐れ入ります。お預かりいたします」と言って必ず両手で受け取る。

◎来会者にリボンや名札を着けるときは言葉をかける。

　　例）「失礼いたします」と来会者の方に近寄り，左胸付近に着ける。

 ## 祝賀会に招待されたときのマナー

　上司のところには取引先などからよく祝賀パーティーの招待状が届きます。上
司が多忙なときは秘書が代理としてあいさつに出向いたり，上司が高齢の場合は
付き添いとしてパーティーに随伴することもあります。自分が出席する場合も考
えて，以下のようなマナーを心得ておくとよいでしょう。

◆招待状への対応。

◎招待状に出欠を連絡する返信はがきが同封されていたら，それを使ってで
　きるだけ早く返事を出す。

　　☆上司の都合で出欠が決まらない場合は，ぎりぎりまで待ってもらうよう
　　に先方にお願いする。

◎返信はがきには，出欠どちらの場合にもお祝いの言葉を書くようにする。

序章　受験対策基礎知識

第1章　必要とされる資質

第2章　職務知識

第3章　一般知識

第4章　マナー・接遇

第5章　技能

第6章　面接

終章　模擬試験

☆出席の場合は,「このたびは,誠におめでとうございます。喜んで出席いたします」など。

☆欠席の場合はその理由を書くことになるが,例えば,社内会議のために出席できないとしても,それを理由に出席を断るのは,相手に対して失礼になる。そのような場合は,「このたびは,誠におめでとうございます。残念ながらどうしても外せない先約がありますので失礼いたします」などとする。

◎会場に生花などを贈る場合は,あらかじめ主催者側に了解を取っておく必要がある。

☆先方にも会場設営の都合がある。

◆出席するときのマナー。

◎招待状に服装の指定がないときは,会場の格や開始時刻などによって決めるか,主催者に聞くようにする。

☆「平服でおいでください」と書いてあるからといって普段着で行ってはいけない。この場合の平服とは基本的には略礼装のことである。

◎祝儀袋を渡すときは,「本日はおめでとうございます」などと言葉を添えて差し出す。

◎コートや荷物はクロークに預け,ハンドバッグ以外は会場に持ち込まない。

◎胸章を渡されたら,会場を出るまで左胸の位置に着けておく。

◎会場の入り口で渡される飲み物は,すぐその場で口をつけて構わない。

☆これは「ウエルカムドリンク」といって,歓迎の意味で出される飲み物。乾杯用の飲み物ではない。

◎遅れてきた場合,来賓があいさつしているときは,会場内に入るのを遠慮する。

☆これは招待された側のマナーだが,逆に自分が主催者側の人間であった場合は,来会者の自主性に委ね,行動を規制するようなことをしてはいけない。マナーは自主的に守るものであって,接待側が強要するものではないからである。

◎パーティーが終わる前に帰るときは,その場の雰囲気を壊さないように気遣って帰るようにする。

☆盛り上がっているときに帰ることを告げると場の雰囲気が気まずいものになることがあるので,主催者にも特にあいさつする必要はない。同様の意味で,遅刻したときも,遅れたことをわびるためだけにわざわざ主催者に話しに行く必要はない。

SELF STUDY

過去問題を研究し
理解を深めよう！

POINT 出題 CHECK

　「慶事（祝賀会）」では，会社・上司が主催する祝賀会やパーティー等，祝い事の会を準備する際の手順や留意点などが問われる。会社が主催する会については受付業務に関する出題が中心になるので，受付担当者としてやるべき仕事をきちんと把握しておく。例えば，事前に用意しておくべきもの，開会前，開会してからするべきことなど基本的なことは押さえておかなければならない。また，受付で来会者に応対する際の立ち居振る舞いや言葉遣いについても留意しておくこと。このほか，パーティーに招待されたときのマナー，祝電を打つための手順など，これまで学習したことも出題されるので，慶事やパーティーに関することは一通り復習しておくとよいだろう。

祝賀会での受付

　秘書Aは，新社屋落成祝賀パーティーの受付を担当する後輩に，失礼や落ち度のない受付をするように，丁寧な言葉遣いや振る舞いの指導をすることになった。この場合，次のことはどのような指導をすればよいか答えなさい。

　①来会者芳名録に記帳してもらうときのその言葉と動作。
　②祝儀袋を出され，受け取るときのその言葉と動作。
　③来賓に胸章を着けさせてもらうときのその言葉と動作。
　④急用ができた，と言って遅れてきた来会者に対してのその言葉と動作。
　⑤所用で途中だがこれで失礼する，と言われたときのその言葉。

〔解答例〕
①「恐れ入りますが，ご記名をお願いできませんでしょうか」と言って，手で筆記具を示す。
②「恐れ入ります。お預かりいたします」と言って，両手で受け取る。
③「失礼いたします」と言ってそばへ寄り，左胸の辺りに着ける。
④「お忙しいところおいでくださいまして，恐縮でございます」と言って会場まで一緒に行き，ドアを開けて中に入ってもらう。
⑤「さようでございますか。お忙しいところをありがとうございました。お気を付けになってお帰りくださいませ」と言って見送る。
　①は芳名録を示してもよい。②は，物を受け取ったり渡すときの基本。必ず両手を使う。③は，左胸に着けるのが一般的。

序章　受験対策
基礎知識

第1章　必要とされる資質

第2章　職務知識

第3章　一般知識

第4章　マナー・接遇

第5章　技能

第6章　面接

終章　模擬試験

CHALLENGE 実問題

1

　秘書Aは後輩Bから，「立食パーティーに初めて出席するので一般的なマナーを教えてもらいたい」と言われた。このような場合に教えることを，①飲食について，②それ以外のことについて，箇条書きで二つずつ答えなさい。

　①　飲食について
　②　それ以外のことについて

2

　秘書Aは，新社屋落成式の式典で受付を担当することになった。当日は，一般客の受付とは別に，特別に招く来賓の受付を設けることになっている。このような場合の来賓の受け付けの仕方について，一般的なことを箇条書きで三つ答えなさい。

【解答例・解説】1＝①　1．料理は一度にたくさん取らないようにし，食べ残さないこと。
　　　　　　　　2．食べ終わった皿は料理台以外のテーブルに置くか係の人に渡し，料理を取るときは新しい皿を使うこと。
　②　1．関係者との交流の場なので，できるだけ多くの人と歓談すること。
　　　2．会場に持って入るのは小さなバッグ程度にし，他の物はクロークに預けること。
　解答例の他に，①は「飲食は料理台の近くや壁際の椅子に座ってしないこと」「会場の入り口で渡されるウエルカムドリンクは，開会の前に口を付けてよい」，②は「入退場は基本的に自由だが，来賓が祝辞を述べている最中は避けた方がよい」などもよい。
2＝1．一般客とは別に来賓の出席者名簿を作っておき，それにより確認する。
　　2．来賓用の胸章は，受付の担当者が着けさせてもらう。
　　3．受け付けが済んだら来賓の介添え役に引き継ぎ，控室に案内してもらう。
　来賓は特別に招いた客であるから，一般客とは別格の扱いをすることになり，その扱いに関することが答えになる。

Lesson 2 弔事

CASE STUDY

あなたなら
どうする？

その日は外せない
用があるのよ……

明後日が葬儀とのことです
が，いかがなさいますか？

取引先の関係者が急逝したときの対応は？

▶ 秘書Aは，上司（営業部長）が懇意にしている取引先F社の部長が急逝し，葬儀が明後日行われるという連絡をF社から受けました。本来なら上司が葬儀に参列するところですが，その日は外せない用事が入っていて参列できそうもないとのことです。このような場合Aは，どのようなことをしなければならないのでしょうか。箇条書きで四つ挙げてください。

対処例 〇△×？

次のようなことをすればよいでしょう。

1. F社に，喪主の氏名，続柄，通夜や葬儀・告別式の時間や場所，葬儀の形式などを確認する。
2. F社に確認したことを上司に報告し，弔電，供花，香典などについてどのようにするのか指示を受けて必要な手配をする。
3. 上司に，通夜に弔問できるか確認し，できるということならスケジュールの調整をする。
4. 葬儀・告別式への代理参列を誰に頼むかについて上司の指示を受け，当人に連絡する。

スタディ

上司が葬儀に参列できない場合は，会社を代表していくのにふさわしい人を代理にしてもらうことになります。また，上司が通夜に参列できるのなら，それに対するスケジュール調整が必要になります。

以下は補足説明です。

1. 喪主について聞くのは弔電を打つため，葬儀の形式を確認するのはそれによって不祝儀袋に書く上書きが異なるからである。
2. 供花や供物を届ける場合は，先方に問い合わせて確認を取る。そうしたことを一切断るケースも少なくない。
3. 故人と親しかった場合には，通夜にも参列するのが慣習。

対応例の他に，「社内の関係部署に連絡する」もよいでしょう。

序章 受験対策 基礎知識 第1章 必要とされる資質 第2章 職務知識 第3章 一般知識 第4章 マナー・接遇 第5章 技能 第6章 面接 終章 模擬試験

訃報を受けた場合の対応

　関係者の訃報を知ったら，秘書は上司が適切に対応できるように，必要な情報を収集しなければなりません。また，得た情報は速やかに上司に報告し，どのようにするか指示を受けます。収集すべき情報は以下のようなことです。

◆逝去の日時，逝去の経緯と死因。

　◎「いつ，何時ごろ亡くなったのか」，「どんな病気（事故）だったのか，直接的な死因は何だったのか」を確認する。これらのことは，関係者に連絡する場合の基本事項として知っておく必要がある。

　☆上司が弔辞を頼まれた場合は，立ち入らない範囲で経過などを詳しく聞くこともある。

◆通夜，葬儀・告別式の日時と場所。

　◎「いつ」「どこで」執り行われるのかを確認し，交通手段や所要時間などを調べておく。

　☆通夜は，現在では夜を徹してするのではなく，夜の6時，7時ごろから始まり2時間程度で終了する半通夜と呼ばれる形式が一般的。

◆葬儀の形式（宗教）。

　◎宗教によって儀式の執行の仕方や拝礼の作法，香典の上書きも異なってくるので必ず確認しておく。また，無宗教の場合は，どのような形式で執り行われるのか，概略を聞いておく。

　☆仏式の場合：香典の上書きは「御霊前」，「御香料」，「御香典」など。告別式では「焼香」を行う。

　☆神式の場合：香典の上書きは「御霊前」，「御玉串料」，「御榊料」など。告別式では「玉串奉奠」を行う。

　☆キリスト教式の場合：香典の上書きは「御霊前」，「御花料」など。告別式では「献花」を行う。

◆喪主に関する情報。

　◎弔電は喪主宛てに打つので，故人と喪主との関係，氏名，住所，電話番号などを確認しておく。

　☆先方の父親が亡くなった場合の一般的な電文例。

　　例）「ご尊父様のご逝去を悼み，謹んでお悔やみ申し上げます」

◆慶弔規定など，社内資料の収集。

　◎慶弔に関する決め事や前例などを調べて，上司の判断材料にしてもらう。

上司の代理で参列するときの心得

　上司が告別式などに参列できないときには，秘書が代理で参列する場合もあります。以下のようなことは心得ておきましょう。

◆弔事の服装。

　◎喪服を着用し，アクセサリーなどは控える。

　　☆女性の場合，真珠は涙を表すとして，一連の真珠などは着けてもよいとされている。

◆受付でのあいさつ。

　◎受付では，「このたびはご愁傷さまでございます」などとあいさつする。

　　☆「このたびはおいたわしいことでございます」，「お悔やみ申し上げます」などでもよい。

◆香典を渡すときのマナーと手順。

　◎不祝儀袋は汚れないようにふくさに包んで持っていくようにする。ふくさがない場合は小さな風呂敷でもよい。

　①ふくさから不祝儀袋を取り出し，ふくさを畳む。

　②不祝儀袋が相手側に正しく向くようにして両手で差し出し，「御霊前にお供えください」と言葉を添える。その際，畳んだふくさの上に載せて差し出してもよい。

◆会葬者芳名録の記入の仕方。

　◎上司の名前を書き，その下にやや小さく，代理という意味で（代）と書く。

　　☆香典を渡してから記帳するのがマナー。

◆式場で顔見知りの人に会ったときの対応。

　◎目礼をするか，軽く会釈をする程度にとどめる。

　　☆取引先の人に「いつもお世話になっております」などとあいさつしたり，個人的な会話をしてはいけない。

　　☆故人を見送る厳粛な場であることを心得て，それにふさわしい立ち居振る舞いをする。

◆拝礼の作法。

　◎葬儀の形式に従った拝礼の作法を身に付けておく。

　　☆仏式の場合は宗派によって抹香を香炉にくべる回数などが違うことがあるが，焼香する際の基本的な手順を押さえておけばよい。

受付を担当するときの心得

　上司の家族・関係者の葬儀や会社で執り行う社葬など会社関係の弔事では，葬儀委員長や家族の責任者の指示に従って受付・会計・会場案内・接待・進行などの仕事を担当しますが，秘書は主に受付を任されることが多いので，受付での対応の仕方を心得ておく必要があります。

　ここでは，上司の家族の葬儀で受付を手伝う場合の心得・対応の仕方を押さえておきましょう。特に次のようなことに留意します。

◆喪服または黒のスーツを着用する。女性の場合，黒のワンピースなどもよい。

　　◎アクセサリーは，結婚指輪と真珠以外は控える。

◆自分も香典を出す。

　　◎手伝いであっても，香典を包み記帳する。

◆会葬者には喪家側の立場で応対する。

　　◎会葬者には，上司の家族側の立場であいさつすること。

　　　☆喪家側の者と分かるように，胸に喪章のリボンを着けることもある。

◆受付での基本対応を心得ておく。

　①「このたびはご愁傷さまです」などと言葉をかけられたら，「お忙しいところをわざわざお越しいただきまして，ありがとうございます」などとあいさつする。

　　☆会葬者が多い場合は，「わざわざありがとうございます」などと簡略なあいさつでも構わない。

　②あいさつが終わったら，「恐縮ですが，ご記帳をお願いします」と会葬者芳名録あるいは筆記具を手で示す。

　　☆その際，手の指は閉じ，手のひらを上にして指し示す。

　　☆名刺を渡されたら名刺受けに置いておき，会葬者芳名録と一緒に後で責任者に渡す。

　　☆香典の用意がある人は，香典を出してから記帳することになる。

　③会葬者から不祝儀袋を差し出されたら，「ご丁寧にありがとうございます」と応じ，両手で丁重に受け取る。

　　☆受け取った香典は責任を持って管理し，会計の担当者にまとめて渡す。

◆会葬者の荷物を預かる。

　　◎コートや荷物を預かる場合は，預かり札を渡すなどして管理し，帰りには確実に本人に返すようにする。

◆弔電が届いたら担当者に渡す。

◎弔電は，式が始まる前に進行担当者か責任者に渡す。

◆会葬者との個人的な会話は控える。

　◎知人や顔見知りの人と会っても個人的な会話はしない。

 ## 弔事の記録を取る

上司が関わった弔事に関しては，後々の参考にするために記録を残しておくようにします。記入する事項は以下のようなことです。

◆記録しておく事項。

　◎逝去者に関すること。

　　☆逝去者名と逝去日時。

　　☆逝去者の会社名，役職名，住所，電話番号。

　　☆逝去者と上司との関係。

　◎喪主に関すること。

　　☆逝去者との続柄。

　　☆喪主の会社名，役職名，住所，電話番号。

　◎通夜・葬儀・告別式に関すること。

　　☆通夜，葬儀・告別式の日程・場所。

　　☆葬儀の形式。

　◎対応に関すること。

　　☆通夜，葬儀・告別式への上司参列の有無（代理参列を含む）。

　　☆香典の金額と渡し方。

　　☆供花・供物の内容。

　　☆弔電の有無。弔電文，弔電の台紙の種類。

　　☆弔辞の有無。

序章　受験対策　基礎知識

第1章　必要とされる資質

第2章　職務知識

第3章　一般知識

第4章　マナー・接遇

第5章　技　能

第6章　面　接

終章　模擬試験

SELF STUDY 過去問題を研究し理解を深めよう！

✒ POINT 出題 CHECK

「弔事」では，上司の家族の葬儀で受付を手伝う場合の心得についての出題が多いが，心構えだけでなく，受付での具体的な対応の仕方を心得ておくことが大切。また同様に，上司の代理で葬儀・告別式に参列する場合の心得についても受付で何を言うか，会葬者芳名録に誰の名前を記入するかなど，するべきことを具体的に押さえておくことが重要である。このほか，取引先などの関係者が逝去した場合の対応，上司が関わった弔事の記録の仕方などに関しても出題されているが，これらは弔事についての基本的な知識があれば解ける問題である。

❋ 上司の代理で参列する際の心得

秘書Aは後輩Bから，「上司の代理で，取引先の告別式に参列することになった。初めてのことなので教えてほしい」と言われた。次の事について，AはBにどのように教えればよいか。簡単に答えなさい。

① 服装についての注意。
② 受付で言う言葉。
③ 不祝儀袋の渡し方。
④ 会葬者芳名録の記入の仕方。
⑤ 顔見知りの人と会ったときの対応。

〔解答例〕
①黒色のスーツにして，アクセサリーは控える。
②「このたびはご愁傷さまでございます」
③不祝儀袋が係の人の方に正しく向くようにして，両手で差し出す。
④上司の名前を書き，その下に小さく（代）と記入する。
⑤個人的な会話は慎み，目礼程度のお辞儀をするだけでよい。
　告別式などに参列する場合，服装や求められる振る舞い，態度，言葉などは慣習として決まっている場合が多い。この場合，初めて代理参列をするというBに教えることになるので，基本的なこととして解答例のようなことを言うことになる。

CHALLENGE 実問題

序章　受験対策基礎知識

第1章　必要とされる資質

第2章　職務知識

第3章　一般知識

第4章　マナー・接遇

第5章　技　能

第6章　面　接

終章　模擬試験

1

　秘書Aは，取引先の社長が亡くなったという知らせを聞いた。上司は出張中で戻るのは三日後である。このような場合のAの対応について，順を追って箇条書きで答えなさい。

2

　秘書Aが出社すると上司（部長）から，父親が亡くなったという電話があった。このような場合，Aは悔やみの言葉を言った後，上司にどのようなことを確認しておくのがよいか。葬儀以外のことについて箇条書きで三つ答えなさい。

【解答例・解説】1＝1. 取引先に次のことを確認する。
　　　　a　葬儀の日時と場所，形式。
　　　　b　喪主の氏名と続柄。
　　　2. 社内の関係者に知らせる。
　　　3. 香典，弔電，供花等について前例を調べる。
　　　4. 上司に連絡して，1〜3を報告し対応の指示を得る。
　　　　a　参列する場合は上司のスケジュールを調整し，それに伴う連絡等をする。
　　　　b　代理を立てるならその人へ依頼する。
　　　　c　香典等を手配する。
2＝1. 不在の間の業務やスケジュール変更などは，代行者（課長）と相談して決めてよいか。
　　　2. 訃報は社内外とも通例の範囲でよいか。特に知らせる必要のある人はいるか。
　　　3. 不在の間にしておくことはあるか。
　上司が急に不在になるのだから，その間の業務関係についてのこと，訃報についてのこと，その他の関連することなどに触れたことが答えになる。解答例の他に，「この電話を代行者（課長）に代わらなくてよいか」「出社はいつからか」などもよい。

Lesson ③ 贈答

CASE STUDY

あなたなら
どうする？

そうめんなども涼しげでよさそうですね。

そうね，でもお酒が好きということだから，ビールの方が喜ばれるかしら……

中元の品物選びを任されたが……

▶秘書Aは後輩Bから次のような相談を受けました。上司から，関係先のリストを見て中元の品物を贈るようにと言われ，自分が選ぶことになったが，初めてのことなのでどのような品を選べばよいか分からない，どうしたらいいかというものです。この場合AはBに，どのようなことをアドバイスすればよいのでしょうか。箇条書きで三つ挙げてください。

 対処例 ○△×?…

次のようなことをアドバイスすればよいでしょう。
1. 品物は一般的なものにし，特殊なものは避ける。
2. 先例があればそれを調べ，参考にする。
3. 相手の地位や年齢，上司や自社との関係なども考慮する。

スタディ 💡‼

中元のように，多くの人に儀礼として贈る品物は，無難なものを選ぶというのが一般的です。また，先例のあることが普通なので，記録があればそれを参考にするのもよい方法です。とはいえ，先例の中から無難なものだけを選ぶというのも気配りが足りません。品物を受け取る側のことを考えるのは当然のことながら，贈るには贈るだけの理由があるのですから，会社や上司の品格など贈る側のことも考慮に入れて，できるだけ喜ばれそうな品物を選ぶという配慮も必要です。

また，中元は日ごろ世話になった人に贈るものですが，相手によってその程度が違うので，予算も一律ではありません。対処例の他に，「上司に，予算や相手の好みなどを聞いて選ぶ」というのもよいでしょう。

中元や歳暮を贈るときの心得

　中元や歳暮は毎年決まった時期に贈る，いわば恒例の贈答品ですが，毎回同じ人に同じ品物を贈るとは限りません。贈答品の手配を指示されたときは以下のことに留意します。

◆品物選びのポイント。

　　◎以前に贈った中元や歳暮の記録を調べて参考にする。

　　　☆先例があれば予算などもおおよそ見当が付く。

　　◎上司に予算を確認しておく。

　　　☆相手により予算が異なることもある。また，毎年同じ金額とは限らない。

　　　☆参考のために前年の例を提示しておく。

　　◎上司に，贈る相手の好みや事情などを聞いておく。

　　　☆上司が特に世話になった人に対しては上司の意向も聞いて品物を選ぶようにする。

　　　☆病気をしたなど，品物を選ぶに当たって注意しなければならないことがないか確認しておく。

　　◎特殊なものは避け，一般的なものを選ぶようにする。

　　　☆特殊なものは，相手の好みに合わなかった場合は，かえって迷惑になるが，一般的なものなら家族や知人などにおすそ分けすることもできる。

　　◎相手の地位や年齢，上司との関係などを考慮する。

　　　☆上司よりも地位の高い人や仕事上上司と重要なつながりを持つ関係者には，それにふさわしい品物を贈らなければならない。

　　　☆高齢者などには，そのことを考慮した品選びが求められる。

◆品物を贈る時期。

　　◎中元は7月初旬から7月15日の間に届ける。

　　　☆7月15日を過ぎたら，立秋（8月8日ごろ）までは「暑中御見舞」として，それを過ぎたら「残暑御見舞」として贈る。

　　◎歳暮は12月初旬から12月20日ごろまでに届ける。20日を過ぎても年内であればよいとされるが，年末の慌ただしい時期は避ける。

　　　☆その時期を逃したら「御年賀」，あるいは「寒中御見舞」として贈る。

◆その他の留意点。

　　◎中元より歳暮の方が重視されるので，中元を贈ったら，歳暮はそれよりよい品を贈るようにする。

　　◎品物を贈るときは添え状を付けるか，別に送り状を出すようにする。

序章　受験対策・基礎知識

第1章　必要とされる資質

第2章　職務知識

第3章　一般知識

第4章　マナー・接遇

第5章　技能

第6章　面接

終章　模擬試験

上書きの使い分け

上書きは，用途によって，以下のように使い分けます。

	上書き	用　途
慶事	●御祝	新築，開店，栄転，就任など一般慶事。
	●寿	結婚，賀寿などの祝い。
	●内祝	家内の慶事。慶事，病気見舞いのお返し。
	●御祝儀	祝い事での心付け。
	●落成御祝，竣工御祝	新社屋などの完成を祝うとき。
	●栄転御祝，御栄転祝	栄転を祝うとき。
弔事	●御霊前，御仏前，御香典，御香料	仏式の葬儀，告別式，法要。ただし，一般的に御霊前は四十九日の法要まで，御仏前はその後。
	●御霊前，御玉串料，御榊料，御神前	神式の葬儀，告別式，御霊祭。
	●御霊前，御花料	キリスト教式の葬儀，追悼式，記念式。
	●志	香典返し。
	●御布施	葬儀や法要で，お寺や僧侶へのお礼。
他	●謝礼，薄謝，御礼，寸志	一般の御礼。寸志は目下の人への謝礼。
	●御見舞，祈御全快	病気，けが，入院の見舞い。お返しは，「内祝」のほか「全快祝」「快気祝」。
	●○○御見舞	災害見舞い。○○に「震災」，「火災」などと書く。
	●記念品，御餞別	転勤や送別会のとき。
	●粗品	訪問のときの手土産。景品。
	●御奉納	祭礼などへの寄付。
	●御酒肴料	酒肴の代わりに現金を贈るとき。
	●陣中御見舞	催し物や選挙の事務所，合宿所などに贈るとき。
	●暑中御見舞	中元が遅くなったとき。立秋（8月8日ごろ）まで。
	●残暑御見舞	立秋以降に贈るとき。
	●寒中御見舞	1月6日ごろから立春（2月4日ごろ）までに贈るとき。

SELF STUDY 　過去問題を研究し
理解を深めよう！

POINT 出題 CHECK

　「贈答」では上書きに関する出題が多いが，中元や歳暮など恒例の贈答品を選ぶときの留意点を問う問題もよく出題される。このほか，返礼に関する知識や水引の知識なども問われるので，これまで学習してきたことも合わせてチェックしておくとよい。

❋ 上書き ①

　次の場合の上書きは何と書けばよいか。「御祝」以外の用語を，それぞれ二つずつ答えなさい。

①結婚することになった人へのお祝いの場合。

②独立して事務所を開いた人へのお祝いの場合。

③取引先の部長が海外支社長として転勤する場合。

④取引先の新社屋完成で披露パーティーに招かれた場合。

⑤上司の自宅の引っ越しを手伝った部下へお礼をする場合。

　　〔解答例〕
　　①「寿」，「御結婚祝」
　　②「開業御祝」，「創業御祝」
　　③「御餞別」，「御栄転祝」
　　④「落成祝」，「竣工祝」
　　⑤「寸志」，「御礼」
　　　解答例の他に次のようなものでもよい。①「結婚御祝」，②「開所御祝」，
　　③「栄転御祝」，④「落成御祝」「竣工御祝」，⑤「心付」など。

❋ 上書き ②

　次の場合の上書きは何と書けばよいか。「御寄付」以外に答えなさい。

①地域の祭礼で神社に現金を寄付するとき。

②会社創立者の法要を行う寺へ現金を寄付するとき。

　　〔解答例〕
　　①「御奉納」
　　②「志納金」

✳ 返礼

次の場合の一般的な返礼について，簡単に答えなさい。

①病気で入院中に，見舞いの品をもらったとき。

②上司の個人的なことを手伝ったことに対して，礼の品をもらったとき。

③葬儀（仏式）後に，参列できなかったという人から香典が送られてきたとき。

〔解答例〕
①退院か全快のときに，「快気祝」などとして品を贈る。
②返礼の必要はない。
③葬儀参列者への香典返しのときと一緒にする。
　①は「全快祝」でもよい。②礼としてもらったものに対して返礼をする必要はない。このほか，中元や歳暮，災害見舞いや餞別などに対する返礼は不要。③香典に対しての礼だから，香典をもらった他の人と同じにする。参列の有無とは関係ない。

✳ 贈答業務

秘書Aは他部署の秘書Cから，「お歳暮などの贈答業務を任されることになったので，どのように進めればよいか教えてほしい」と言われた。この場合，AがCに教えるとよいことを，箇条書きで三つ答えなさい。

〔解答例〕
1．予算や相手との関係，相手の条件を考慮して品物を選ぶ。
2．歳暮など恒例の贈答品は，相手先別に台帳を作成して管理する。
3．品物を贈るときは添え状を付ける。
　歳暮はその年に世話になったことへのお礼である。しかし，会社などではそれは建前の場合が多く，贈る理由が他にもあるので，それも考慮しなければならない。また，そのような事情があるので台帳を作成して管理しておく必要がある。解答例の他に，「品物は決まっている期間内に届くように手配する」などもよい。

CHALLENGE 実問題

1

秘書Aは上司から，Aが初めて見る名前と自宅住所が書かれたメモを渡されて，「これから仕事で世話になるので，ここへ中元を贈りたい。品物の選定も頼む」と言われた。このような場合，中元の手配までにすることを順を追って箇条書きで答えなさい。

2

次の上書きはどのような場合に用いるか。簡単に説明しなさい。

1) 御餞別
2) 御布施
3) 御酒肴料
4) 寒中御見舞

【解答・解説】1＝1．上司に次のことを尋ねる。
　　a　予算。
　　b　相手の社会的地位。
　　c　相手の嗜好や家族構成など。
　2．1．を考慮した品を二，三挙げて，上司に選んでもらう。
　3．あいさつ状について上司に確認する。
　相手に対してどのような物を贈るのが適切かという観点から，相手を知ることは必須。また，あいさつ状についての確認を忘れてはならない。
2＝1) 転勤や退職をする人などに，はなむけの金品を贈るとき。
　　2) 仏事の際，僧侶に読経などの謝礼として現金を渡すとき。
　　3) 酒を振る舞う代わりに現金を贈るとき。
　　4) 寒の入り（1月6日ごろ）から立春（2月4日ごろ）までに贈答品を送るとき。

Lesson ④ 見舞い

CASE STUDY

あなたなら
どうする？

はい、ありがとうございます。だいぶ元気になりましたので……

金曜日に、お見舞いに伺いたいのですが、お加減はいかがでしょうか……

**代表で課長を見舞う
ことになったが……**

▶販売部長秘書Aは，けがで入院した課長の見舞いに部を代表して行くことになりました。病院名と面会時間は既に分かっています。このような場合Aが，①「見舞いに行く前にすること」，②「見舞いに行ったときに心がけること」としてはどのようなことがあるのでしょうか。箇条書きでそれぞれ三つずつ挙げてください。

対処例 ○△×?…

それぞれ次①のようなことをし，②のようなことを心がければよいでしょう。
①見舞いに行く前にすること。
1. 上司や部員からの見舞金などを取りまとめて準備する。
2. 上司や部員に，課長への言付けなどがないかを確かめる。
3. 見舞いに行くことは，課長の家族に知らせておくようにする。
②見舞いに行ったときに心がけること。
1. 短時間で切り上げる。
2. 上司や部員からの言付けは伝えても，仕事に関する話はできるだけしないようにする。
3. 同室の患者への配慮を忘れない。

スタディ 💡!!

①では，部を代表して行くのですから，課内の見舞金や見舞品を取りまとめたり，課長に伝えることはないか確認しておかなければなりません。また，病状によっては面会できない場合もあり，突然来られても付き添いの家族も困ることがあるので，まず見舞いに行ってよいかどうか，事前に家族の了承を得ておく必要があります。

②は病気見舞いのときの一般的な心がけです。

対応例の他に，①では，「服装やアクセサリーは華美にならないように気を付ける」，②では，「課長を力づけるように明るく振る舞う」などもよいでしょう。

病気見舞い

　知人や職場の関係者が入院して病気見舞いに行くときは，以下のようなことに留意します。

◆見舞いに行くタイミング。
　◎入院した直後は行かない。
　◎手術の前後は行かない。
　◎家族に連絡して，頃合いを見計らう。
　　☆行く場合には，見舞いが可能かどうかを確認し，希望の日時を知らせて了解を得るようにする。
　◎病院で指定された面会時間内でも，食事時間は避ける。

◆見舞う際のマナー。
　◎病状について詳しく聞かない。
　◎職場の人を見舞う場合は，必要以上に仕事の話をしない。
　◎病人を元気づけるように明るく振る舞う。
　　☆他の病人の話や不幸な話はしない。
　◎長居はしない。
　　☆相手が希望すれば別だが，そうでない場合はせいぜい10分程度，長くても30分以内にとどめるのがよい。
　◎大勢で押しかけない。
　　☆職場の同僚などと誘い合って大勢で見舞うのは避ける。
　◎同室の患者にも配慮する。
　　☆同室の患者や付き添いの家族などにもあいさつをする。

◆上司の指示で上司の部下を見舞いに行く場合の心得。
　◎上司からの見舞いを届けるときは，自分も見舞いの品を用意する。
　◎上司から伝えるよう指示されたこと以外は，仕事の話に触れない。
　◎上司への伝言はないか必ず確認する。
　◎上司には見舞ったことを報告し，部下からの伝言があれば伝える。

◆職場の代表として同僚などを見舞いに行く場合の留意点。
　◎上司や他の同僚などからの見舞金や見舞品を取りまとめる。
　◎皆に，何か伝言はないか確認する。
　◎病人に，預かってきた伝言を伝えて皆に言付けることはないか尋ねる。
　◎上司をはじめ職場の人たちに見舞ったときの状況を報告し，伝言があれば伝える。

◆上司の指示で入院した取引先の人に見舞品を贈る場合の手順。

① 上司に以下のことを尋ねる。

☆予算はいくらか。

☆希望の品はあるか。

☆自宅に送るか，入院先に自分が届けるか。

② 先方の秘書に連絡し，上司が見舞いの品を贈りたいと言っていることを伝えて，住所などを尋ねる。

☆自宅に送るのなら自宅の住所を聞く。病院に秘書が届けるのなら，病院名と病院の住所，および見舞いに行くことの了解を取るために自宅の電話番号を尋ねる。

③ 見舞品を手配する。

☆上司の希望の品があればそれを購入する。そうでない場合は，幾つか候補の品をリストアップして上司に決定してもらい，購入する。

④ 見舞品を届ける。

☆自宅に送る場合は，見舞状について上司の指示を受ける。

☆病院に届ける場合は，面会時間を病院で確認した上で先方の家族に電話し，希望の日時を伝えて見舞いに行ってもいいかどうか了解を得る。

 ## その他の見舞い

見舞いには，病気見舞いのほか以下のようなものがあります。

◆災害見舞い。

◎関係者が地震，風水害，火災などで被害を受けたことが分かったら，災害見舞いをする。見舞いは早ければ早いほどよい。上書きは「御見舞」のほか，「震災御見舞」「火災御見舞」「近火御見舞」「類焼御見舞」など。

◆陣中見舞い。

◎競技大会へ向けて合宿したり，イベントを開催している場合，合宿所や事務所などに陣中見舞いを贈る。上書きは「陣中御見舞」「祈御健闘」など。

◆楽屋見舞い。

◎関係者がリサイタルや発表会などを催す場合は，楽屋見舞いを贈る。上書きは「楽屋御見舞」「御祝」「祝○○様」など。

◆寒中見舞い・暑中見舞い。

◎年賀として贈るものが時機を逸した場合は「寒中御見舞」として，中元の時機を逸した場合は「暑中御見舞」として贈る。

SELF STUDY

過去問題を研究し
理解を深めよう！

✍ POINT 出題 CHECK

　「見舞い」では，病気見舞いに関する問題が大部分を占める。例えば入院中の
会社関係者を見舞うという設定で，病院に行く前にすること，行ったときの心が
けなどを問う問題がよく出題されるのでそれぞれのポイントをまとめておくこと
と病気見舞いについて一通りの知識を得ておくことが必要である。その他の見舞
いについては上書きの書き方がポイントになるので，用途別にまとめてチェック
しておくとよいだろう。

✱ 見舞いに行くときの留意点

　秘書Aと同じ課の先輩Cが入院した。面会は可能ということなので，Aは見舞
いに行くことにした。Aが①見舞いに行く前にすることと，②見舞いに行っ
たときに心がけることを，箇条書きでそれぞれ三つ答えなさい。

　　①　1．病状や面会時間を確かめる。
　　　　2．見舞いに行くことは，事前にCの家族に分かるようにしておく。
　　　　3．課内の人や上司に，Cへの伝言などがないかを確かめる。
　　②　1．短時間で切り上げる。
　　　　2．仕事に関する話はなるべくしない。
　　　　3．同室の患者への配慮を忘れない。
　　　解答例の他に，①では，「病状にふさわしい見舞品を用意する」，②では，
「Cを力づけるように明るく振る舞う」などもよい。

✱ 見舞いの上書き

　次の見舞いの場合の上書きは，「御見舞」以外に何と書けばよいか。

　　①けいこ事の発表会へ，見舞いを差し入れるとき。

　　②試合前の合宿中のチームに，見舞いを差し入れるとき。

　　③近所の火事で迷惑がかかった人に，見舞いを渡すとき。

　　　〔解答例〕
　　　①祝○○様
　　　②陣中御見舞
　　　③近火御見舞
　　　解答例の他に，①では「楽屋御見舞」，②では「祈必勝」などもよい。
また，③の「近火」は，「きんか」と読む。

序章　受験対策
基礎知識

第1章　必要とさ
れる資質

第2章　職務知識

第3章　一般知識

第4章　マナー・接遇

第5章　技　能

第6章　面　接

終章　模擬試験

CHALLENGE 実問題

1

　秘書Aは上司から，「取引先の佐藤部長が入院していると聞いたので確認を頼む」と言われた。そこで佐藤部長の秘書に確認したところ，ここ一両日中に退院し，しばらく自宅療養する予定とのことである。Aがこのことを上司に報告すると，見舞いの品を贈るようにと指示された。この後Aが見舞いの品を手配するまでに行うべきことを，順を追って箇条書きで答えなさい。

2

　次の場合の上書きは何と書けばよいか。後に「御見舞」と続ける場合の言葉を，漢字2文字で□□内に答えなさい。

1）1月中旬に，日ごろの礼として菓子などを贈るとき。
　　　　　　　　　　　　　　　　　　　　　　　　　　□□御見舞

2）8月中旬に，日ごろの礼として菓子などを贈るとき。
　　　　　　　　　　　　　　　　　　　　　　　　　　□□御見舞

3）上司の友人が趣味でしている小唄の発表会に，酒を差し入れるとき。
　　　　　　　　　　　　　　　　　　　　　　　　　　□□御見舞

4）よその火事に巻き込まれて火事の被害を受けた人に，見舞金を贈るとき。
　　　　　　　　　　　　　　　　　　　　　　　　　　□□御見舞

5）会社のイベントを準備中のスタッフをねぎらって，飲み物を差し入れるとき。
　　　　　　　　　　　　　　　　　　　　　　　　　　□□御見舞

【解答例・解説】1＝1．上司に次のことを確認する。
　　　　a　予算，希望の品（希望の品がない場合は，リストアップして上司に選んでもらう）。
　　　　b　自宅に送るか，Aが届けるか。
　　　2．送る場合の見舞状について指示を受ける。
　　　3．佐藤部長秘書に，上司が見舞いを贈りたいと言っていることを話し，自宅住所など
　　　　を確認する。
2＝1）寒中御見舞　　2）残暑御見舞　　3）楽屋御見舞　　4）類焼御見舞
　　5）陣中御見舞

Lesson ⑤ 交際に関する用語

CASE STUDY

あなたなら
どうする？

年忌法要とはどのような
なものでしょうか？

年忌法要とは？　法要と法事の違いは？

▶秘書Aは会社関係者の告別式に参列した帰り，新人秘書Cから「法事と法要はどのように違うのですか，また年忌法要とはどのようなものですか」と尋ねられました。どのように説明すればよいのでしょうか。

対処例 ○△×?…

次のように説明すればよいでしょう。

1. 法事とは，死者の冥福を祈るために行う仏教の行事・儀式のことで，「法要」「法会」などともいう。従って同じ意味と捉えてよい。
2. 年忌法要とは，毎年祥月命日に行う法要のこと。祥月命日とは，故人が死去した月日と同じ月日のこと。特に，満1年目の一回忌（一周忌），満2年目の三回忌，満6年目の七回忌などは，故人と近しい人を招いたり僧侶に読経してもらうなどして法要を執り行う慣習がある。

スタディ 💡‼

法要は，人の死後まず七日目ごとに行われます。死後七日目に「初七日」（「七日」は「なぬか」とも読む。以下同様），その後「二七日」「三七日」……「七七日（しちしちにち）」と続きますが，特に七七日（四十九日）は忌明けということで，近親者が集まって盛大に行われます。七七日の後は「百か日」（死後百日目）の法要が行われ，その後は年忌法要をすることになります。

年忌法要は左記のほか，一般的に「十三回忌」「十七回忌」「二十三回忌」「二十七回忌」「三十三回忌」「五十回忌」「百回忌」などに行われます。

法要に招かれたらお供えを持っていきますが，供物が重なることが多いので，現金を包む方がよいでしょう。その際の上書きは「御供物料」「御花料」「御仏前（四十九日の法要の後)」などとします。

慶事に関する用語

- [ ] 祝儀…………祝いの儀式のこと（狭義では結婚式のこと）。祝いのときに贈る金品。
- [ ] のし紙…………のしや水引が印刷された紙のこと。
- [ ] 祝言（しゅうげん）…………結婚式などの祝いの儀式。祝いの言葉。
- [ ] 祝詞（のりと）…………神事のとき神官が神前で唱える言葉。
- [ ] 年始回り………新年のあいさつのために，取引先などを回ること。
- [ ] 賀詞交換会……同業者や業界関係者で行う新年祝賀会のこと。
- [ ] 吉日（きちじつ）…………祝い事など，何かをするのによいとされる日。「きちにち」とも読む。反語は凶日（きょうじつ）。
- [ ] 大安（たいあん）…………吉凶占いの六曜（ろくよう）の一つで，何をするにも縁起（えんぎ）がよいとされている日。
- [ ] 金婚式…………結婚50周年の結婚記念日の祝いのこと。25周年を「銀婚式」，60周年または75周年を「ダイヤモンド婚式」という。
- [ ] 賀寿…………長寿の祝いのこと。還暦（満60歳），以下はかぞえ歳で，古希（70歳），喜寿（77歳），傘寿（80歳），米寿（88歳），卒寿（90歳），白寿（99歳）などがある。
- [ ] 受章・受賞……受章は，国から勲章や褒章を受けること。勲章には「文化勲章」「瑞宝章（ずいほうしょう）」「宝冠章（ほうかんしょう）」「旭日章（きょくじつしょう）」「菊花章（きっかしょう）」などがあり，褒章には「紅綬褒章（こうじゅほうしょう）」「緑綬褒章（りょくじゅほうしょう）」「黄綬褒章（おうじゅほうしょう）」「紫綬褒章（しじゅほうしょう）」などがある。受賞は，文学賞や美術賞など各種団体などから賞を受けること。
- [ ] 叙勲（じょくん）…………勲等（勲章の等級）を授け勲章を与えること。
- [ ] 餞別…………遠くへ旅立つ人や転任・移転する人に別れの印として贈る金品。
- [ ] 歓送迎会………歓送会と歓迎会のこと。
- [ ] 発起人…………（祝賀会など）何かを始めようと思い立って計画する人。
- [ ] 祝辞…………式などで述べる祝いの言葉。
- [ ] 謝辞…………お礼やおわびの言葉。
- [ ] 地鎮祭（じちん）…………基礎工事の前に，その土地の神を祭って工事の無事を祈る儀式のこと。起工式として行うこともある。
- [ ] 起工式…………大規模な工事を始める際に執り行う儀式のこと。
- [ ] 鍬入れ（くわ）…………地鎮祭または起工式のときに，そこの場所に砂を盛り，その砂に木製の鍬を入れる儀式。

□ 玉串奉奠………榊の枝で作った玉串を神前に供える儀式。神式の儀式で，慶
　　　　　　　　事だけでなく弔事でも行う。

□ 上棟式…………建物の骨組みが完成し，その上に棟木を上げる際に神を祭っ
　　　　　　　　てこれまでの無事を感謝するとともに，完成までの無事を祈
　　　　　　　　る儀式。棟上式ともいう。

□ 落成式…………社屋など建築物が完成したことを祝う式典。竣工式ともいう。
　　　　　　　　竣工は「竣功」とも書く。

弔事に関する用語

□ 黒枠…………死亡通知や死亡広告のことで，黒い枠で囲まれていることからこ
　　　　　　　の名が付いた。

□ 友引…………六曜の一つ。「友を引く」といわれ，葬式などはしない方がよい
　　　　　　　とされる日。

□ 逝去…………人が亡くなること。

□ 享年…………死亡したときの年齢。

□ 会葬者………葬儀に参列する人のこと。

□ 通夜…………死者を葬る前に，家族や親戚など親しい人が一晩過ごして死者を
　　　　　　　見守ること。

□ 告別式………死者が葬られる前に，故人と関係があった人たちが集まって最後
　　　　　　　の別れをする儀式。

□ 密葬…………遺族や親戚など身内の者だけで内々に行う葬儀のこと。

□ 香典…………死者の霊前に香を供える代わりの金銭のこと。本来は仏式で使う
　　　　　　　用語だが，現在では宗教に関係なく，霊前にささげる金銭のこと
　　　　　　　を一般的に香典という。葬儀のときの香典の上書きは，仏式で
　　　　　　　は「御香典，御香料」，神式では「御榊料，御玉串料」，キリス
　　　　　　　ト教式では「御花料」など。「御霊前」は宗教に関係なく使える。

□ 供物…………神仏に供えるもの。仏式では生花，菓子，果物，線香，抹香，茶
　　　　　　　など。神式では生花，果物，酒，魚，榊など。

□ 忌み言葉……不吉とされ使用を避ける言葉。弔事では「返す返す」，「重ね重ね」，
　　　　　　　「重ねて」など，不幸が続くことを連想させる言葉を指す。

□ 喪章…………人の死を悲しむ気持ちを表現するために着ける黒いリボンや布。

□ 弔問…………遺族を訪問して悔やみを言うこと。

□ 弔辞…………故人を惜しんで葬儀のときに述べる悔やみの言葉。

231

□ 服喪…………喪に服すること（死者の親族がある一定期間，公的な交際を避けたり派手な振る舞いを慎むこと）。

□ 喪中…………喪に服している期間のこと。忌中ともいう。通常は死後49日間だが，次の年の正月は欠礼する習慣がある。

□ 喪主…………葬儀を執り行う名義人。

□ 忌引…………近親者の死去により学校や勤務先を休むこと。また，そのために認められた休暇のこと。

□ 初七日………死後7日目のこと。またはそのときに執り行う法事のこと。「しょなぬか」ともいう。

□ 回忌…………年ごとの命日のこと。満1年目を一回忌（一周忌），満2年目を三回忌（三周忌）といい，故人を供養するための法要が営まれる。以下，七回忌（満6年目），十三回忌（満12年目），十七回忌（満16年目）などがある。

□ 一周忌………死去した人の翌年の命日やそのときに執り行う法事のこと。

□ 法要…………故人の冥福を祈るための法事。

□ 冥福…………死後の幸福。

□ （御）布施……葬儀や法事などで僧侶に渡す金品のこと。またその上書きの言葉。

□ 香典返し……もらった香典に対して，返礼の品物を贈ること。

□ 忌明け………服喪の期間が終了すること。

📁 パーティー・宴会に関する用語

□ ディナー・パーティー…晩餐会と訳される格式の高いパーティーで，服装の指定があり座席も決められている。一般的には，午後7〜11時の間に開催され，食事はフルコースが出される。

□ ランチョン・パーティー…午餐会と訳される正式な昼食会で，結婚披露宴や祝賀会がこの形式で行われる。午後に開催され，開催時間は二，三時間程度が一般的。

□ カクテル・パーティー…カクテルを主とした形式のパーティー。カクテルと軽いつまみを楽しみながら自由に歓談する気軽なパーティーである。夕方に開催されるが定刻に来る必要はなく，開催時間内なら何時に来てもよいし，途中で帰ってもよい。

□ ビュッフェ・パーティー…ビュッフェは駅や列車内の軽食堂のこと。ビュッフェ・パーティーは軽食が出される立食式のパーティーとなる。

☐ ウエルカム・ドリンク…パーティー会場の入り口で歓迎の意味で振る舞われる飲み物。

☐ アペリティフ…食前酒。食欲を出すため，出席者の会話を弾ませるための酒で，
　　　　　　　　白ワイン，スパークリングワイン，シェリー酒などが一般的。軽
　　　　　　　　めに1～2杯程度にする。

☐ 納会…………その年の最後の締めくくりとして催す会。

☐ 本膳料理……日本料理の正式な膳立てで，主な献立としては，汁物，刺身，焼
　　　　　　　　物，煮物，飯，香の物，果物などがあり，これらが組み合わされ
　　　　　　　　て，本膳（一の膳），二の膳，三の膳などとして出される。

☐ 会席料理……本膳を略式化したもので，酒をおいしく飲むための料理。

☐ 懐石料理……もともとは茶事の前に出される軽い食事のことだが，酒よりも料
　　　　　　　　理そのものを味わう料理。料理は作った順に一品ずつ客に出して
　　　　　　　　いく。

☐ 精進料理……肉や魚介類を用いない野菜中心の料理のこと。

☐ 普茶料理……中国式の精進料理のこと。

☐ 小料理………簡単な一品料理で，酒のさかなとして食するための料理。

☐ 皿鉢料理……高知県の郷土料理のこと。大皿に刺身やたたき，煮物，焼き物な
　　　　　　　　どが盛って出される，宴会用の料理。

☐ 卓袱料理……中国料理を日本風にした長崎の名物料理。

☐ 乾杯…………杯に注いだ酒を飲み干すこと。祝賀会などでは，祝福の気持ちを
　　　　　　　　表すため「乾杯」と唱和し，杯を上げたり近くの人と互いの杯を
　　　　　　　　触れ合わせて酒や飲み物を飲む。

☐ 中締め………宴会などで，閉会近くに手締めなどをして，一区切り入れること。

☐ 手締め………物事の決着を祝って，皆でそろって打つ手拍子のこと。

☐ お開き………閉会のこと。

序章　受験対策　基礎知識

第1章　必要とされる資質

第2章　職務知識

第3章　一般知識

第4章　マナー・接遇

第5章　技　能

第6章　面　接　終章　模擬試験

SELF STUDY

過去問題を研究し
理解を深めよう！

POINT 出題 CHECK

「交際に関する用語」では，慶事，弔事，パーティー・宴会に関する用語がそれぞれ均等に出題されている。常識として知っておくべき範囲からの出題がほとんどだが，選択問題や○×問題だけでなく用語の説明を求める記述問題も出されるので，各用語の意味をきちんと理解し，簡潔にまとめることができるようにしておく必要がある。

✳ 慶事に関する用語

秘書Aの会社の社屋が建て替えられることになった。そこで先輩から，これから行われることになる建築に関する儀式について，次のように教えられた。

- ○ ①玉串奉奠 ＝ 地鎮祭などの儀式で工事の平安を祈るとき，神前に榊を供えること。
- ○ ②地鎮祭 ＝ 建物を建てる土地に，その土地の神を祭って，工事の平安を祈る儀式。
- ○ ③上棟式 ＝ 建物の骨組みができて，その上に棟木を上げることを祝う儀式。
- × ④鍬入れ ＝ 建物の基礎杭を打つ場所に鍬を入れて，その建物の無事完成を祈る儀式。
- ○ ⑤落成式 ＝ 建物が完成したとき，多くの人に披露する意味を含めて行う，祝いの式典。

　④この場合の「鍬入れ」とは，地鎮祭（起工式）のとき，盛られている砂に木製の鍬を入れる儀式のことである。

✳ 弔事に関する用語

次は，弔事に関係する用語の説明である。

○ ①「黒枠」とは，死亡通知や死亡広告のことで，黒い枠で囲まれていることからこの名がある。

○ ②「友引」とは，友を引くといわれ葬式などはしない方がよいとされる日。吉凶判断の六曜の一つ。

○ ③「回忌」とは，年ごとの命日のことで，満1年目を一回忌，満2年目を三回忌といい，以下七，十三などがある。

× ④「忌引」とは，近親者の死去の連絡を受けて学校や勤務先を早引きすることで，欠席や欠勤の扱いにはならない。

○ ⑤「親等」とは，親族関係の遠近を示す区分のことで，親や子は一親等，兄弟姉妹は二親等，おじ・おばは三親等である。

　④「忌引」とは近親者が死去したことにより学校や勤務先を休んで，葬儀などに参列すること。また，そのために認められた休暇のこと。

✳ パーティー・宴会に関する用語

次の下線部分に，パーティーなどのとき使われる慣用語を答えなさい。行末の（　）内は意味である。

①それでは乾杯です。＿＿＿＿＿＿＿ください。（一緒に言ってもらいたいということ）

②いったんここで，＿＿＿＿＿＿＿とさせていただきます。（閉会近くの一区切りのこと）

③時間になりましたので，＿＿＿＿＿＿＿とさせていただきます。（閉会のこと）

①ご唱和
②中締め
③お開き

CHALLENGE 実問題

1

次のそれぞれの用語を，（　　　）内に答えなさい。

1)「二十四節気」で該当する用語。
　　①　　6月21日ごろ　　（　　　　　　　　　　　　）
　　②　　9月23日ごろ　　（　　　　　　　　　　　　）
　　③　　12月22日ごろ　　（　　　　　　　　　　　　）
2)吉凶判断の基となる「六曜」で，「先勝」「友引」「仏滅」以外の三つ。
　　（　　　　　　　　　）（　　　　　　　　　）（　　　　　　　　　）

2

次は秘書Aが新人Fに，宴会の形式や料理について教えたことである。中から
不適当と思われるものを選び，その番号を（　　　）内に答えなさい。

1.「懐石料理」とは，特産の食材を使った酒宴向けに出す料理のことである。
2.「精進料理」とは，肉や魚類を使わず野菜や果物，海草などを用いた料理の
　ことである。
3.「会席料理」とは，会合の席で提供する酒のつまみになる一品料理の総称の
　ことである。
4.「ビュッフェスタイルパーティー」とは，昼に開かれるドレスコードのない
　宴会のことである。
5.「ディナーパーティー」とは，夕食の時間に合わせて開かれるコース料理が
　出る宴会のことである。
6.「カクテルパーティー」とは，カクテルなどの飲み物と軽食を中心とした立
　食形式の宴会のことである。
　　　　　　　　　（　　　　　　　　　　　）

【解答例】1＝1)　①　夏至　　②　秋分　　③　冬至
2)（　先負　）（　大安　）（　赤口　）
2＝1，3，4
　「懐石料理」は，元は茶席で出される食事のことで，今は客に一品ずつ出す高級な日
本料理のこと。「会席料理」は，宴会用にセットされた料理のこと。「ビュッフェスタイ
ルパーティー」は，立食形式で好きな料理を取って食べる宴会のことで，昼とは限らず
ドレスコードが指定される場合もある。

第5章

技　能

Lesson ① 会議への対応

CASE STUDY

あなたなら
どうする？

はい，かしこまりました。

会議を1時間延長することになったので，よろしく頼む。

急きょ会議時間の延長が決まったら……

▶上司主催の部長会議が終了する時刻になったので，秘書Aが会議室近くで待機していると，会議室から出てきた上司から「会議を1時間延長することになった。少し休憩時間を取るがよろしく頼む」と言われました。このような場合，Aはどのような対処をすればよいのでしょうか，順を追って箇条書きで述べてください。

対処例 ○△×?…

次のように対処すればよいでしょう。

1. 上司に次のことを確認する。
   a 休憩時間はいつまでか。
   b お茶は入れ替えるか。
     希望の飲み物はあるか。
2. 会議室の使用時間を変更する。予約が入っている場合は，予約している人に継続して使わせてもらえるように頼む。
3. すぐにお茶の準備をする。必要に応じて，他の人にも手伝ってもらう。
4. 関係部署に会議時間延長の連絡をし，急ぎで連絡することはないか尋ねる。
5. 会議が長引くことで，上司の予定に影響するものがあれば調整する。

スタディ 💡!!

会議が1時間長引くということですから，それによって必要になることは何かを考えて対応していきます。

まず休憩時間がいつまでかを聞き，その間にお茶の用意のほか必要な対応をすることになりますが，最初にすべきことは，会議室の確保です。既に予約が入っている場合は，予約した人に多少無理を言っても，何とか同じ部屋が継続して使えるように手配します。また，上司がすぐに会議を再開するようなら，飲み物も急いで準備しなければなりません。その後は，会議時間が延びることで影響を受ける人やスケジュールに対して対処することになります。

会議の準備を指示された場合の対応

上司から会議の準備をするように指示されたら，以下のようなことを確認して準備を進めていきます。

◆会議開催に必要な基本事項。

　①参加者の確認。

　　◎参加人数は何人くらいになるか。

　　　☆人数が多い場合，特に社外からの参加が多い場合は参加予定者名簿を作成する。

　　◎参加者への連絡をどうするか。

　　　☆社内関係者には電話かメールで済ませる場合が多いが，社外関係者へは一般的に通知状を出す。

　　　☆参加者への主な連絡事項は，「会議の名称」「開催日時」「会場」「議題」「出欠の連絡方法と締切日」など。

　②会場の確認。

　　◎社内の会議室を利用するか，あるいは新たに会場を探すか。

　　　☆会議を社外で行う場合は，参加人数や交通・宿泊の便なども考慮して会場を選択。候補をリストアップし，上司の意向を聞いて選定する。

　　　☆リストアップする際，会場側に確認しておくことは，「部屋の広さ」「備品類」「料金」「飲食物のサービスの内容と料金」「交通の便」「駐車場の有無と収容台数」「正式予約の期限」「担当者氏名と連絡先」などである。

　③使用する資料や機器についての確認。

　　◎用意しておく資料があるかどうかを尋ねて準備し，必要があれば作成する。また，会場のレイアウトを確認する際に準備しておく機器はないか尋ね，PCやプロジェクター，ビデオなどを使用するのであれば前もって会場にセッティングしておく。

◆その他の確認事項。

　　◎宿泊や車の手配をする必要があるかどうか。

　　◎会議中や休憩時に出す飲食物について希望はあるか。

　　◎会議中の電話の取り次ぎや携帯電話の扱いをどのようにするか。

　　◎参加者の胸に着ける名札や机上に置く名札が必要かどうか。

　　◎議事録は必要かどうか。

　　◎研修会などの場合，後で懇親会を開くかどうか。

会議に関する臨機応変な対応

　会議は基本的には予定に従って開催されるものですが，上司が急に会議を開くことになったり，予定されていた会議が突然中止になったりすることもあります。そのような場合も，適切な対応ができるように心得ておかなければなりません。

◆上司が緊急会議を開くことになった場合の対応。

　①関係者に会議の開催を連絡する。

　②会議室を予約し，設営する。

　　☆会議の目的に応じてレイアウトし，必要な機器類を準備する。

　③用意する資料はあるか確認し，あれば準備する。

　④昼食の必要があれば手配する。

　⑤お茶など飲み物を出す準備をする。

　⑥必要があれば上司のスケジュール調整をする。

　⑦会議中の来客や電話の取り次ぎをどのようにするか，急用の場合の取り扱いを上司に確認しておく。

◆上司主催の会議が突然中止になった場合の対応。

　①会議室の使用をキャンセルする。

　　☆外部会場を予約していた場合は，会場側の担当者にキャンセルの電話を入れる。

　②参加者に，会議が中止になったことを至急連絡する。

　　☆大雪による交通機関の運休で多くの参加者が出席できなくなったなど，納得を得られる事情がある場合はそれを話して了解を得る。

　　☆内部事情で中止になった場合は，参加者にどのように説明するか上司に指示を仰ぐ。先方にはその理由を話して丁重にわび，了承を得る。

　③別な日時に会議を開くことが決まったら，それに対する準備をする。

◆上司主催の会議で時間が延長されることになった場合の対応。

　①上司に延長時間や休憩時間などを確認する。

　②休憩時間や会議再開後に出す，お茶など飲み物の追加サービスについて希望を聞く。すぐに出す必要がある場合は手伝いの応援を求める。

　③会議室の延長使用を担当者に申し出る。

　④関係部署に会議時間の延長を知らせ，上司に何か連絡することはないか尋ねる。

　　☆連絡することがあれば，休憩中は口頭で，会議中はメモで上司に伝える。

　⑤会議の延長によって影響が出るスケジュールがあれば，調整する。

SELF STUDY

過去問題を研究し
理解を深めよう！

POINT 出題 CHECK

　「会議への対応」では，準備を指示されたときに上司に何を確認するかがよく問われる。一口に会議と言っても，一般的なビジネス会議だけでなく研修会や勉強会あるいは懇親会といった社交的な会合なども含まれるので，ケースに応じた準備の仕方を心得ておく必要がある。また，急に会議を開くことになった場合や時間が延長されることになった場合など予定外のことに対してもどう対処するかを考え，ポイントを押さえておかなければならない。このほか，上司の付き添いで会議に出席する場合の心得や会議関連の用語の意味を問う問題も出題されている。用語については，これまで学習したことを一通りチェックし，簡単な説明ができるようにしておきたい。

✳ 会議の準備で確認すること

　秘書Aは上司（販売本部長）から，「営業所長（30名）に集まってもらって販売会議を行うので準備を頼む，日時は11月7日（水）の10時から16時，場所はPホテルで会場は確保してある」と言われた。このような場合Aが，予算と準備する資料の他に上司に確認しなければならないことを，箇条書きで四つ答えなさい。

　〔解答例〕
1. 会場のレイアウトをどのようにするのか。
2. 会議で使う機器類はあるのか。
3. 会議中や休憩時間の飲み物のサービスや昼食についての希望はあるか。
4. 本部長以外に，販売本部からの出席者はあるのか。
　　Pホテルと会場は決まっているのだから，Pホテルの担当者に会場設営をしてもらうことになる。従って，まずどのようなレイアウトにするのか，必要な機器類は何かを指示しなければならないので，それを確認する必要がある。また，昼食や飲み物などのサービスをどのようにするか希望を聞くことも会議の準備の基本的なこと。上司は，営業所長の人数は話しているが，本部からの出席者については何も話していないので，上司以外に課長や係長など出席する人がいるかどうかを確認することも必要である。解答例の他に「会議終了後に懇親会をするのか」「議事録を取るのか」「電話の取り次ぎや携帯電話の扱いはどのようにするのか」などもよい。

序章　受験対策・基礎知識　第1章　必要とされる資質　第2章　職務知識　第3章　一般知識　第4章　マナー・接遇　第5章　技能　第6章　面接　終章　模擬試験

✳ 付き添いで出席する際の心得

秘書Aは，体調を崩している上司に同行して業界団体の理事会に出席した。次はそのときAが行ったことである。

○ ①顔見知りの事務局員に事情を話し，上司のすぐ後ろに椅子を用意してもらえるか尋ねて頼んだ。

○ ②会議の資料が自分にも配布されたとき，別刷りの「秘」扱い文書も渡されたが，それは返した。

× ③発言者より自分の方が分かっていることが話題になったとき，上司に補足の説明をした。

○ ④次回の開催日時を決めるとき，上司の予定表が手元になかったので，自分の手帳から推測した二，三の日を上司に告げた。

○ ⑤終了後上司は直帰するというので，「秘」扱い文書も他の資料の中に挟んで自分が持ち帰ることにした。

> ③体調を崩している上司の理事会出席へ同行ということだから，Aの同行は上司の体調看護である。話題の補足にしても，理事会の席上で，上司の求めもないのに部外者が説明することは控えなければならないということである。

✳ 会議に関する用語

次は会議に関する用語である。それぞれを簡単に説明しなさい。

①答申
②継続審議
③白紙委任状
④オブザーバー
⑤議決権行使書

〔解答例〕
①上位の人や組織からの問いに対して意見を述べること。
②議案の審議を次回以降の会議に持ち越すこと。
③委任先や委任事項などが書かれていない委任状のこと。
④会議に出席できるが，正式の参加者ではないため採決権などがない人のこと。
⑤会議を欠席する場合，それぞれの議案について賛否を表明する書面のこと。

CHALLENGE 実問題

序章

受験対策
基礎知識

第1章 必要とされる資質

第2章 職務知識

第3章 一般知識

第4章 マナー・接遇

第5章 技　能

第6章 面　接

終章 模擬試験

1

　秘書Aは上司（企画部長）から，「企画課の努力によってヒット商品が生まれた。慰労会をしてあげたいので，幹事として準備をするように」と指示された。このような場合の次の①～③について，どのようにするのがよいか。理由とともに答えなさい。

①　慰労会の形式や場所の決め方。
②　日時の決め方。
③　課員から二次会に誘われたら，Aはどうするのがよいか。

2

　次の会議に関する用語を簡単に説明しなさい。

1）諮問
2）採択
3）定足数
4）キャスチングボート

【解答例・解説】1=①　主催者は部長だから，部長の意向を酌んで提案し決めてもらうのがよい。部長が任せると言えば，課長に部長の意向を伝えて決めてもらう。
②　課内行事であり慰労のためだから，仕事に支障がなく課員全員と部長，課長が出られる日を選ぶ。
③　二次会は気の合う者同士が気軽に行うものだから，遠慮するのがよい。強く誘われたら，参加するが早めに帰るようにする。
2= 1）決定権を持つ人が，有識者や専門機関などに意見を求めること。
2）議案や意見などを正式に採り上げること。
3）会議の成立や議事の議決に必要な最小限の人数のこと。
4）議案の採決で可否同数のとき，議長が行使する決定投票のこと。

SECTION
2

スタディガイド
領域∷理論編
領域∷実技編
面接編
テスト

文書作成

Lesson 1 文書作成上の留意点

CASE STUDY

あなたなら
どうする？

前略や敬具はよく聞きますが、「冠省」とか「頓首」というのはどのような意味なのですか？

「冠省」や「頓首」の意味は？

▶秘書Aは新人秘書Cから、「上司宛ての手紙に『冠省（かんしょう）』とか『頓首（とんしゅ）』などという言葉が書いてあるのを見かけるが、どのような意味なのか」という質問を受けました。AはCにどのように説明すればよいのでしょうか。

 対処例 ○△×？⋯

　以下のように説明すればよいでしょう。
1. 「冠省」や「頓首」は、頭語や結語の種類。
2. 冠省は、時候のあいさつなどの前文を省略するという意味の頭語で、結語は「不一（ふいつ）」などとする。不一は、十分に思いを尽くしていないという意。
3. 頓首は、「頭を地面に付けて敬意を表する」という意味の結語で、このときに用いる頭語は「謹啓」などとする。謹啓とは、「謹んで申し上げます」という意味。

スタディ 💡‼

　頭語とは、手紙文の最初に書く言葉、結語とは、最後に書く言葉です。手紙の頭語と結語は、ケースによって次のように使い分けます。
◎一般的な頭語は「拝啓」「拝白」などで、結語は「敬具」「拝具」などを用いる。
◎丁寧にする場合は、頭語を「謹啓」「粛啓（しゅくけい）」などとし、結語は「敬白」「謹言（きんげん）」などで結ぶ。
◎前文を省略する場合は、頭語を「前略」「冠省」などとし、結語には「草々」「不備」「不一」などを用いる。
◎急ぎの場合は、頭語を「急啓」「急白」などとし、結語は「草々」「不備」「不一」などとする。
◎返信の場合は、頭語を「拝復」「復啓」などとし、結語は「敬具」を用いるのが一般的。

時候のあいさつ・慣用表現

　ビジネス上のものでも社交上のものでも社外に出す文書を作成するときは，「時候のあいさつ」を間違えないように注意し，慣用表現をうまく使いこなせるようにしておくことが大切です。

●時候のあいさつ

　時候のあいさつには，以下のようなものがあります。

	時候のあいさつの例
1月	お健やかに新春をお迎えのことと存じます／寒さ厳しき折 初春の候／大寒の候／厳寒の候／厳冬の候／酷寒の候
2月	余寒なお厳しい折／立春とは名ばかりの寒さですが 晩冬の候／残冬の候／余寒の候／向春の候
3月	日増しに暖かになりますが／春寒日増しに緩む季節 早春の候／浅春の候／春情の候／春分の候
4月	よい季節になりましたが／春たけなわの季節 陽春の候／春暖の候／仲春の候／晩春の候
5月	若葉の季節となりましたが／青葉薫るころとなりましたが 新緑の候／薫風の候／立夏の候／惜春の候／残春の候
6月	梅雨の長雨が続いていますが／衣替えの季節となりましたが 初夏の候／薄暑の候／入梅の候／梅雨の候／向暑の候
7月	急にお暑くなりましたが／厳しい暑さが続きますが 盛夏の候／猛暑の候／炎暑の候／酷暑の候／大暑の候
8月	立秋とは名ばかりの暑さですが／残暑厳しき折 残暑の候／残夏の候／晩夏の候／立秋の候
9月	朝夕はしのぎやすくなり／日ごとに秋めく昨今ですが 新秋の候／初秋の候／秋涼の候／新涼の候
10月	秋色いよいよ深まりましたが／灯火親しむ季節になりましたが 秋冷の候／秋涼の候／秋晴の候／紅葉の候
11月	菊花香る折／寒さが日ごとに増してきましたが 霜降の候／晩秋の候／暮秋の候／向寒の候
12月	暮れも押し迫ってまいりましたが／慌ただしい年の瀬を迎え 歳晩の候／師走の候／初冬の候／寒冷の候

「花の便りに心ときめくころとなりました」など，時候のあいさつもすぐに言葉が出てくるといいですね。でも「冷夏」や「暖冬」の年などはどうなんでしょう。その季節の気候にピッタリ合わない場合もありますよね。

そのような場合は，「このごろ」という意味の「時下」を用いるといいわ。「拝啓　時下ますますご発展のこととお喜び申し上げます」などと書けばよく，季節に関係なく使えて便利よ。また，間違いがないということもあるのでしょう，「時下」を用いる人は多いようだわ。

●前文に用いる慣用表現

前文では，頭語を書いた後1字空けて時候のあいさつを書き，会社・団体宛てには繁栄や発展を，個人宛てには健康や無事を祝う言葉を述べます。続いて，日ごろ世話になっていることや引き立ててもらっていることへの感謝の言葉を述べてまとめます。

以下は一例です。

◆**会社に宛てる場合。**

　　「拝啓　盛夏の候，貴社ますますご発展のこととお喜び申し上げます。また，平素は格別なご愛顧をいただき，深く感謝申し上げます」

◆**個人に宛てる場合。**

　　「拝啓　早春の候，ますますご健勝のこととお喜び申し上げます。また，いつも格別なご厚情を賜り，誠にありがたく感謝申し上げます」

●末文に用いる慣用表現

末文とは，前文，主文を述べた後，最後にあいさつして締めくくる文のことです。

以下は一例です。

◆**用件をまとめる場合。**

　　「取り急ぎ用件のみ申し上げました」

◆**本来は出向いてあいさつすべきところを取りあえず書面で済ませる場合。**

　　「まずは，略儀ながら書中をもってごあいさつ申し上げます」

●その他の慣用表現

以下のような慣用表現もよく用いられるので，意味や使い方を心得ておきましょう。

◆日ごろの感謝を述べるとき。

◎「格別のご配慮をいただき，厚く御礼申し上げます」

◎「格別のご愛顧をいただき，ありがとうございます」

◎「平素は格別のお引き立てにあずかり，厚く御礼申し上げます」

◆「今まで以上に引き立ててほしい」とお願いするとき。

◎「より一層のご指導を賜りますようお願い申し上げます」

◎「倍旧のご愛顧を賜りますようお願い申し上げます」

◆転勤の際，これまでよくしてもらった相手に礼を言うとき。

◎「在任中は格別のご厚情を賜りありがとうございました」

◆新任のあいさつで，新しい任務に取り組む決意を語るとき。

◎「微力ながら，新任務に専念する所存でございます」

◆相手の親切な気持ちに礼を言うとき。

◎「いつもご厚意（厚志・厚情）をいただき，誠にありがとうございます」

◆相手の礼儀正しい手紙に対して礼を言うとき。

◎「ご丁重なるお手紙をいただき，ありがとうございました」

◆（書類などを）「確かめて受け取ってもらいたい」と伝えるとき。

◎「ご査収*1) ください」

◆（資料などを）「受け取った」と伝えるとき。

◎「拝受いたしました」

◆（資料や手紙などを）「読んだ（見た）」と伝えるとき。

◎「同封の資料，拝読いたしました」

◎「お手紙拝見いたしました」

◆相手の健康を気遣うとき。

◎「時節柄，ご自愛のほどお祈り申し上げます」

◎「時節柄，御身大切になさいますようお願い申し上げます」

◎「暑さ厳しき折，くれぐれもお身体大切になさってください」

◆「元気に過ごしているので安心してほしい」と言うとき。

◎「元気に過ごしておりますので，他事ながらご休心ください」

---

*1) 査収＝金品や書類などをよく調べてから受け取ること。

右側縦タブ：
序章　受験対策　基礎知識／第1章　必要とされる資質／第2章　職務知識／第3章　一般知識／第4章　マナー・接遇／第5章　技能／第6章　面接／終章　模擬試験

◆「営業所長を命じられた」と報告するとき。

　◎「さて，私儀，このたび○○営業所長を命じられ……」

◆「一生懸命にしている」と説明するとき。

　◎「鋭意努力いたしておりますので……」

◆「希望に応じられずすまないが，事情を察してほしい」と言うとき。

　◎「ご希望に沿えず誠に申し訳ございませんが，何とぞ事情をご賢察ください
　ますようお願い申し上げます」

◆「忙しいところ手間をかけるが」と前置きするとき。

　◎「ご多忙中（ご繁忙中）のところお手数ですが……」

◆「詳細は会ってから話したい」と伝えるとき。

　◎「委細は拝顔の上申し上げたく存じます」

◆「詳しくは次の手紙で書く」と言うとき。

　◎「詳細（委細）は次便にてお知らせ申し上げます」

◆「資料を同封したので，見て検討してほしい」と頼むとき。

　◎「資料を同封いたしましたので，ご高覧の上ご検討くださいますようお願
　い申し上げます」

◆「どうしても出席してほしい」とお願いするとき。

　◎「万障お繰り合わせの上＊1），ご来臨＊2）いただきたくお願い申し上げます」

◆「改めてあいさつに来たいと思っている」と伝えるとき。

　◎「いずれ改めて，ごあいさつに参上いたしたいと存じております」

◆「また手紙を出すつもりだ」と言うとき。

　◎「再度お手紙差し上げる所存でございます」

◆「返事をもらえればありがたい」と言うとき。

　◎「ご返信いただければ幸甚＊3）に存じます」

◆「忙しいところすまないが，折り返し返事をもらいたい」と頼むとき。

　◎「ご多用中のところ誠に恐れ入りますが，折り返しご返信を賜りたくお願
　い申し上げます」

◆「忙しいところすまないが，調べて連絡してほしい」と頼むとき。

　◎「ご多忙のところ誠に恐縮ですが，ご調査の上ご連絡いただきたくお願い
　申し上げます」

＊1）万障お繰り合わせの上＝いろいろ差し障りがあっても都合をつけての意味。
＊2）来臨＝相手が出席することやある場所へ来ることをいう尊敬語。
＊3）幸甚＝非常に幸せであるという意味。

SELF STUDY

過去問題を研究し
理解を深めよう！

POINT 出題 CHECK

　「文書作成上の留意点」では，社外文書でよく使われる慣用表現についての出題が多い。問題の形式としては，空欄に適切な語句を入れたり，指定された言葉を手紙の慣用語に改めるといったものなので，社外文書で用いる決まり文句を一通り押さえておけばそれほど難しくはない。また，文書作成の関連問題として，文書に押す印鑑の知識を問う問題も出題されているので，第3章で学んだ「印鑑に関する用語」（SECTION1／Lesson2）も併せてチェックしておきたい。

✽ 慣用表現

　次のそれぞれは，社交文書の一部分である。下線部分に適切な慣用語を漢字で答えなさい。

　①転勤のあいさつに

　　　＿＿＿＿＿＿中は格別のご厚情を賜りありがとうございました。

　②着任のあいさつに

　　　＿＿＿＿＿＿ながら新任務に専念する所存でございます。

　③歳暮の礼に

　　　ご＿＿＿＿＿＿のほどありがたく厚く御礼申し上げます。

　　〔解答例〕
　　①在任　　　②微力　　　③芳志

✽ 文書に押す印鑑の知識

　次のそれぞれの印について，簡単に説明しなさい。

　①実印　　　②割印　　　③捨て印　　　④消印

　　〔解答例〕
　　①印鑑登録がしてあって，重要書類などに押して責任を負う印。
　　②契約書の正本と副本などのように，二つの文書の関連性を証明するために，二つの文書にまたがって押す印。
　　③後日の訂正などの場合を考えて，あらかじめ欄外に押しておく印。
　　④収入印紙や切手などに使用済みのしるしとして押す印。

CHALLENGE 実問題

1

　人事部長秘書Ａ（小林　内線番号123）は上司から，明日（6月20日）全課長宛てにマナー研修会の通知をしてもらいたい，と次のメモ渡され，この研修会の担当になるよう指示された。この場合の通知状を作成しなさい。

メモ

> 対象は今年度の社員。
> 7月12日（金）10時から16時まで第2会議室。
> 研修会終了後，社長と懇談会を行う。

2

　次は秘書Ａが，上司から指示されて書いた社交文書の一部である。下の（　　）内の意味から考えて，下線部分に入る適切な慣用表現を書き入れなさい。

1)　_____に存じます。
　（大変喜ばしく思う）

2)　_____いたす所存でございます。
　（一生懸命に力を尽くすつもりだ）※「尽力」以外

3)　_____を賜りたく，お願い申し上げます。
　（お目にかかりたい）

4)　_____くださるようお願い申し上げます。
　（何とか許してください）※「お許し」以外

5)　今後とも_____を賜りますようお願い申し上げます。
　（これからも今まで以上にごひいきにしてもらいたい）※「一層」以外

【解答例】1＝右解答例参照。
　「3　対象　今年度入社の社員」と記書きに入れて，本文を「下記の通り〜」から始めるのもよい。
2＝ 1）大慶至極・慶賀の至り
　　 2）鋭意努力
　　 3）拝眉の栄
　　 4）何とぞご容赦
　　 5）倍旧のご愛顧

（解答例）

```
　　　　　　　　　　　　令和○○年6月20日
課長各位
　　　　　　　　　　　　　　　人事部長
　　　マナー研修会の実施について（通知）

　今年入社の社員を対象に，下記の通りマナー研
修会を実施するので，出席させてください。

　　　　　　　　記

1　日時　7月12日（金）　10時から16時まで
2　場所　第2会議室

なお，研修会終了後，社長と懇談会を行います。
　　　　　　　　　　　　　　　　　以上

　　　　　　　　　　　担当　総務部　小林
　　　　　　　　　　　　　　（内線　123）
```

序章　受験対策　基礎知識

第1章　必要とされる資質

第2章　職務知識

第3章　一般知識

第4章　マナー・接遇

第5章　技　能

第6章　面　接

終章　模擬試験

Lesson ②　社交文書の作成

CASE STUDY

あなたなら
どうする？

悔やみ状を同封した香典をB社宛てに送ってほしいのよ……

かしこまりました。

急に悔やみ状を書くよう頼まれたが……

▶ 秘書Aは上司から，「取引先のF専務が急に亡くなった。遠方ですぐに行くことができないので，悔やみ状を同封した香典をB社宛てに送ってほしい」と指示されました。この場合の悔やみ状の草案はどのように書けばよいのでしょうか。手紙の本文を書いてください。

対処例 ○△×?…

以下のように書けばよいでしょう。

このたびは貴社専務取締役F様の突然の訃報に接し，一同驚き入っております。ご遺族様をはじめ，社内ご一同様のご愁傷はいかばかりかと，お察しいたしております。ここに謹んでご逝去を悼み，ご冥福をお祈り申し上げます。

遠方のため，すぐに伺えませんので，取り急ぎ書中をもってお悔やみを申し上げます。

同封いたしましたもの，誠にささやかではございますが，ご霊前にお供えくださいますようお願い申し上げます。

スタディ 💡‼

対処例は，一般的な悔やみ状の形式にのっとったものです。悔やみ状なので，頭語や結語，時候のあいさつは省き，最初から主文に入ります。まず，訃報に接して驚いているという意味のことを書き，遺族や社員の心情を思いやる言葉を述べてから逝去を悼み，故人の冥福を祈る言葉へと続けます。最後に，すぐには行けない事情を伝え，悔やみを述べて締めくくります。

また，この事例では香典の送り状も兼ねているので，それにふさわしい言い方で，最後にそのことを付け加えることになります。

目的に応じた社交文書の書き方

　秘書は，上司が出す社交文書の草案を作成することもあるため，基本的な書き方のパターンを覚えておく必要があります。また，毎年届く中元や歳暮などへの礼状は，上司の指示を待つまでもなく，品物を受け取ったらすぐに書いて出すようにします。

●あいさつ状の書き方

　新店舗開店の際や新たな任務に就いたときなどに出す「あいさつ状」は以下のような要領で書きます。

◆作成の手順と留意点。

①頭語（「拝啓」「謹啓」など），時候のあいさつなど前文を述べる。

　　☆相手が団体の場合。

　　　例）「謹啓　陽春の候，貴社ますますご隆盛のこととお喜び申し上げます」

　　☆個人の場合。

　　　例）「拝啓　秋冷の候，ますますご清祥のこととお喜び申し上げます」

②主文を述べる書き出しは，「さて」で始める。

　　　例）「さて，かねてより○○に建築中の弊社新店舗がこのたび落成し……」

　　　例）「さて，私こと，このたび福岡支店長を命じられ……」

③相手に，これまでの支援に対する感謝の気持ちを表明する。着任のあいさつなどでは，感謝の気持ちとともに今後の仕事に対する決意を表明する。

　　　例）「これもひとえに皆様方のご支援によるものと心から感謝申し上げます」

　　　例）「非力ながら職務に精励する所存でございます」

④今後も引き続き支援を得られるようお願いして主文をまとめる。

　　　例）「従来にも増してご愛顧ご支援を賜りますよう，心からお願い申し上げます」

　　　例）「前任者同様，ご指導とご厚誼を賜りますよう，お願い申し上げます」

⑤末文は，次のような言葉で締めくくる（結語は「敬具」「謹言」など）。

　　　例）「まずは，略儀ながら書中をもってごあいさつ申し上げます」

●礼状の書き方

中元や歳暮を受け取ったときの礼状は，以下のような要領で書きます。

◆作成の手順と留意点。

①頭語（「拝復」「復啓」など），時候のあいさつなど前文を述べる。

　　　例）「拝復　盛夏の候，貴社ますますご発展の段，お喜び申し上げます」

②主文は「さて」で書き出し，品物をもらったことと，その配慮に対して礼を述べる。

> 例）「さて，このたびは結構なお品をご恵贈くださいまして誠にありがとうございます。ご芳志のほどありがたく，厚く御礼申し上げます」

③末文は，次のような言葉で締めくくる（結語は「敬具」を用いるのが一般的）。

> 例）「まずは，取り急ぎ書中をもって御礼申し上げます」

●祝い状の書き方

賀寿や栄転などを祝って出す「祝い状」は，以下のような要領で書きます。

◆作成の手順と留意点。

①頭語（「拝啓」「謹啓」など），時候のあいさつなど前文を述べる。また，個人に宛てる手紙なので，「健勝」や「清祥」，「壮健」（いずれも相手の健康を祝って言うときの言葉）などを用いる。

> 例）「謹啓　向寒の候，ますますご健勝のこととお喜び申し上げます」

②主文は「さて」で書き出し，賀寿や栄転を喜び祝うことを述べる。

> 例）「さて，このたびは喜寿をお迎えとのこと，誠におめでたく，心よりお祝い申し上げます」

> 例）「さて，このたびは大阪支店長にご栄転の由，誠におめでとうございます」

③賀寿の場合は，今後の長寿を祈る言葉を述べる。栄転の場合は，これまでの厚誼に対する感謝と今後の活躍を祈る言葉を述べる。

> 例）「どうぞこれからも御身を大切になさって，ますますご長寿を重ねられますようお祈り申し上げます」

> 例）「○○部ご在任中は格別なご高配を賜り，誠にありがとうございます。今後のますますのご活躍をお祈りいたしております」

☆今後も相手と取引上の付き合いが続く場合は，引き続きの支援をお願いする。

> 例）「今後とも，一層のご指導とご厚誼を賜りますよう，お願い申し上げます」

④祝いの品を送った場合は，「なお」で書き出し，そのことについて一言触れておく。

> 例）「なお，お祝いの印として，心ばかりのお品をお送りいたしました。何とぞご笑納くださいますようお願い申し上げます」

⑤末文は，次のような言葉で締めくくる（結語は「敬具」「謹言」など）。

> 例）「まずは，略儀ながら書中をもってお祝い申し上げます」

序章　受験対策
基礎知識

第1章　必要とされる資質

第2章　職務知識

第3章　一般知識

第4章　マナー・接遇

第5章　技能

第6章　面接

終章　模擬試験

●悔やみ状の書き方

　取引先の要職者が亡くなった場合，事情があって通夜や告別式に出られないときは，以下のような要領で「悔やみ状」を書くことになります。またこのような場合悔やみ状は，香典とともに送るのが一般的です。

◆作成の手順と留意点。

①頭語や時候のあいさつなど前文は省略し，「このたびは」「突然」「承れば」などの言葉を用いていきなり主文に入る。主文では，まず訃報を知って驚いたことを述べる。

　　例）「このたびは，貴社常務取締役○○○○様の突然の訃報に接し，一同大変驚き入っております」

②遺族や社内の関係者に対する配慮の言葉を述べる。

　　例）「ご遺族をはじめ，社内の皆様のご愁嘆(しゅうたん)は，いかばかりかとお察しいたしております」

③故人の冥福を祈る言葉を述べる。「（ご逝去を）悼(いた)み〜」「（○○様の）ご冥福をお祈りいたします」などの慣用表現を用いる。

　　例）「謹んでご逝去を悼み，ご冥福をお祈り申し上げます」

④葬儀・告別式に行けない理由と悔やみの言葉を述べる。

　　例）「遠方のためすぐに伺えないので，取り急ぎ書中をもってお悔やみ申し上げます」

⑤香典を同封する場合は，最後にそのことに触れる。結語は書かない。

　　例）「同封いたしましたのは心ばかりのものでございますが，ご霊前にお供えくださいますようお願い申し上げます」

◎忌み言葉を使わない。

　☆以下のような言葉は不幸が重なることを連想させるので使わないように注意する。

　　例）「重ねて」「また」「追って」「重ね重ね」「たびたび」「またまた」「再び」「いま一度」など。

●社交文書を作成する上での留意点

　招待状などの文書を作成するときは，以下のことに留意します。

◆用紙は，角丸のカード用紙を使用する。

◆文章は縦書きにして，句読点は付けない。

◆印刷の書体は楷書体を用いるのが一般的。

◆封筒は洋形を用い，宛名は毛筆体にする。

SELF STUDY

過去問題を研究し
理解を深めよう！

POINT 出題 CHECK

　「社交文書の作成」では実際に文書を作成する問題が出されるので，ビジネスでよく用いられる社交文書（あいさつ状・礼状・祝い状・招待状・悔やみ状・紹介状・断り状など）の基本的な作成の手順とポイントを整理しておくこと。また，そこで用いられる慣用表現なども押さえておくとよい。

✳ 祝い状

　秘書Aは上司（部長）から，取引先の部長が営業本部長に昇進したので，簡単でよいから祝い状の草案を作ってほしいと指示された。この場合の文面を下の枠内に書きなさい。（本文だけを縦書き）

〔解答例〕

拝啓　向寒の候、ますますご清祥のこととお喜び申し上げます。
　さて、このたびは、営業本部長にご昇進の由、心からお祝い申し上げます。日ごろのご精励が認められてのご昇進と敬服いたしております。今後は、実力をさらに発揮されましてご活躍なさいますよう、お祈り申し上げます。
　まずは、取りあえずご昇進のお祝いまで。
　　　　　　　　　　　　　　　　　　敬具

　簡略でよいということは，特に凝った内容でなくてよいということである。解答例は，最小必要なお祝いの言葉で構成された一般的な文例である。なお，時候のあいさつは，その時の季節にあったものを書く。

序章　受験対策
基礎知識

第1章　必要とされる資質

第2章　職務知識

第3章　一般知識

第4章　マナー・接遇

第5章　技　能

第6章　面　接

終章　模擬試験

訃報の通知

Aは業界団体M協会の事務局長秘書である。Aが今朝（6月23日〔金〕）出社すると，S社から電話があった。S社会長の山中一郎氏が昨夜亡くなったということである。山中氏はM協会の理事でもある。Aが上司にこのことを伝えたところ，理事10人に知らせるようにと指示された。次はS社から聞いた内容である。これをファクスで送る場合の，体裁の整った文書にして書きなさい。（記書きは，通夜から喪主までとすること）

- ・享年　　　　　　80歳
- ・死因　　　　　　急性心不全
- ・葬儀の形式　　　仏式
- ・通夜　　　　　　6/24　18:00〜
- ・告別式　　　　　6/25　13:00〜14:00
- ・場所　　　　　　平和斎場（通夜，告別式とも）（略図の通り）
- ・喪主　　　　　　山中和夫氏（長男）
- ・供花，供物は辞退

〔解答例〕

令和○年6月23日

理事各位

M協会事務局長

訃　　報

当会理事，S社会長山中一郎氏が6月22日（木），急性心不全のため80歳で逝去されましたので，お知らせいたします。
通夜，告別式は，仏式にて下記の通り執り行われます。

記

通　夜　　6月24日（土）18時から
告別式　　6月25日（日）13時から
場　所　　平和斎場　（別添略図の通り）
喪　主　　山中和夫様（ご長男）

なお，供花，供物はご辞退されるとのことです。

以上

体裁の整った文書ということなので，ファクスで送信する場合も社外文書の形式で書く必要がある。最後の「以上」を忘れないようにする。

CHALLENGE 実問題

1

　総務部長秘書Aは，会社創立30周年記念祝賀会の招待状を作成し，それを発送することになった。このような場合の招待状の作成や発送について，一般的に注意すべきことを箇条書きで四つ答えなさい。

2

　次は社長交代のあいさつ状の一部である。（　　　）内に入る適切な用語，文を下の解答欄に答えなさい。

　（　a　）　向寒のみぎり，ますますご清祥のこととお喜び申し上げます。
　さて，（　　b　　），このたび株式会社ＡＢＣ商事代表取締役社長を退任いたしました。社長在任中は多年にわたりひとかたならぬ（　　c　　），誠にありがたく厚く御礼申し上げます。今後は，顧問として社業の一端を（　　d　　）ので，何とぞ引き続きご支援くださいますようお願い申し上げます。
　なお，後任の代表取締役社長には，吉田和夫が就任いたしました。（　　e　　），ご指導ごべんたつのほどお願い申し上げます。
　まずは，略儀ながら書中をもって御礼（　　f　　）申し上げます。　　敬白

a　（　　　　　　　　　　）
b　（　　　　　　　　　　）
c　（　　　　　　　　　　）
d　（　　　　　　　　　　）
e　（　　　　　　　　　　）
f　（　　　　　　　　　　）

【解答例・解説】1=1.　用紙は角丸のカード用紙を使い，封筒は洋形にする。
　　　2.　文章は縦書きにし，句読点は打たなくてもよい。
　　　3.　宛名は縦書きで，毛筆にする（毛筆の書体で印刷する）。
　　　4.　送付数が多い場合でも，慶事用の切手を貼る。
2=　a　謹啓
　　b　私儀・私こと
　　c　ご厚情を賜り
　　d　担う所存でございます
　　e　私同様
　　f　かたがたごあいさつ

序章　受験対策　基礎知識

第1章　必要とされる資質

第2章　職務知識

第3章　一般知識

第4章　マナー・接遇

第5章　技能

第6章　面接

終章　模擬試験

Lesson ③ グラフの作成

どのようなグラフにすればよいのでしょうか？

うーん。ちょっと難しいわねぇ……

「割合」を比較するのに最適なグラフは？

▶ 秘書Aは，後輩秘書Cから「このデータをグラフにするように指示されたが，どのようなグラフにすればよいか」と相談を受けました。見ると，「N新聞が令和○年3月実施した『○○業界における管理職の異動経験』の調査結果」で，次のようなデータでした。どのようにアドバイスすればよいのでしょうか。

クラス ＼ 回数	4回	5回	6回	7回	8回以上
部長クラス	6.8%	7.1%	16.4%	18.6%	51.1%
課長クラス	8.5%	18.6%	27.1%	28.6%	17.2%
係長クラス	45.3%	34.3%	14.7%	5.7%	0%

対処例 ○△×？…

次のようにアドバイスすればよいでしょう。

1. 4回から8回以上まで，全体で100％となる異動経験の回数の「割合」を表すグラフなので円グラフか帯グラフということになる。
2. 部長，課長，係長のそれぞれのグラフを回数ごとに比較すると分かりやすいので，帯グラフにするとよい。

スタディ !!

タイトルや調査した新聞社名・調査月日のほか，「4回」「部長クラス」などの項目も忘れずに書きます。また，比較がしやすいようにグラフ間の各項目の端を破線で結んでおきましょう。

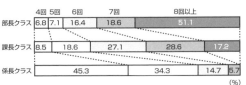

○○業界における管理職の異動経験
（令和○年3月N新聞調査結果）

258

円グラフ作成のポイント

円グラフを作成する際には以下のことに留意します。

◆全体を100%として各項目が占める割合を示すときには円グラフを用いる。

◆構成項目の百分率（パーセンテージ）を求め，それぞれを角度に変換する。

◆円グラフでは比率の大きい順に基線から時計回りに並べる。

◆アンケート調査などで使用する「よい」，「ややよい」，「やや悪い」，「悪い」，「どちらともいえない」などの項目は，比率に関係なくその順序で並べる（図①）が，「どちらともいえない」は「ややよい」と「やや悪い」の間でもよい。

◆「その他」の項目がある場合は，比率に関係なく最後にもってくる。

◆大項目中に小項目のデータがある場合は，円を二重にする（図②）。

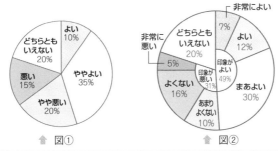

⬆ 図①　　　　　　　⬆ 図②

帯グラフ作成のポイント

帯グラフを作成する際には以下のことに留意します。

◆帯グラフは帯の長さを100%として各項目の比率を示したもので，年度ごとに各項目の比率の変化を見る場合などに適したグラフである。

◆帯グラフでは比率の大きい項目順に左から並べる。

◆「その他」の項目がある場合は円グラフと同様に最後にもってくる。

◆上期と下期，あるいは年度別に比較するために複数の帯グラフを並べて書く場合は，比較しやすいように最初の順序を変えず，グラフ間の各項目の端を破線で結ぶようにする（図③）。

	製品W	製品X	製品Y	製品Z
上期	36%	27%	24%	13%
下期	31%	37%	15%	17%

組み合わせグラフ作成のポイント

　「新入社員の採用数」と「売上高の推移」，あるいは「売上高」と「占有率の推移」など関連するデータを一つのグラフにまとめて作成することがあります。その場合は，人数や売上高など数量の大小は棒グラフで表し，売上高の推移など数量の時間的変化は折れ線グラフで表して一つのグラフにまとめます。例えば，次の表は「S社製品Aの年度別売上高」と「S社全製品中のAの占有率年度別推移」を示したものですが，これを一つのグラフにする場合は以下のような手順で作成します。

年度	令和W年	令和X年	令和Y年	令和Z年
売上高	18,000万円	24,000万円	20,000万円	22,000万円
占有率	40%	50%	40%	45%

①グラフの左側に売上高を示す目盛を記入する。

　☆下の数値を略したいので中断記号を利用する。

②グラフの右側に占有率を示す目盛りを入れる。

③左側の目盛りに合わせて，売上高の数値を示す棒グラフを作成していく。

④右側の目盛りに合わせ，占有率の推移を示す折れ線グラフを作成していく。

⑤基点の「0」や単位・記号の「万円」「％」，元(年)号の「令和」，「年度」を忘れないように記入する。

⑥タイトルをグラフの上部の適切な位置に記入する。

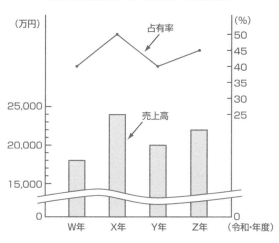

S社製品Aの年度別売上高，
およびS社全製品中のAの占有率年度別推移

SELF STUDY

過去問題を研究し
理解を深めよう！

POINT 出題 CHECK

「グラフの作成」では，棒グラフと折れ線グラフを一つのグラフにまとめる組み合わせグラフやアンケート結果を表すのによく用いられる二重円グラフを作成する問題が出される。組み合わせグラフの問題では，「数量の大小は棒グラフ」「推移は折れ線グラフ」と覚えておけば迷わない。また，円グラフでアンケート項目を並べる順序は「質問の順」が原則ということも忘れないこと。このほか，帯グラフを作成する問題も出されるので，基本的なグラフの書き方をマスターしておくとよい。

 二重円グラフの作成

秘書Ａの会社では令和○年9月，販売店への来店客200名を対象に，店への印象についての調査を行った。その結果，「印象がよい」と答えた人が35％（うち「よい」が10％，「まあまあよい」が25％），「印象がよくない」と答えた人が20％（うち「よくない」が10％，「あまりよくない」が10％），「どちらとも言えない」と答えた人が45％，という結果が出た。これを分かりやすい円グラフにせよ。（注）定規を使わないで書いてもよい。分割の大きさは目分量でよい。

〔解答例〕
外側の円と中の円が逆であってもよい。「タイトル」と「対象」「調査時点」（令和○年9月調べ）を書き落とさないようにする。

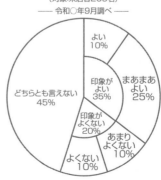

販売店への印象に関する調査
（対象:来店客200名）
—— 令和○年9月調べ ——

CHALLENGE 実問題

1

　Aの会社では昨年末，学生300名を対象に，試作品Yを使ってもらってその使用満足度を調査した。その結果，「どちらかといえば満足43%」「どちらかといえば不満18%」「満足17%」「不満12%」「無回答10%」と60%の人が満足，30%の人が不満としている。これを分かりやすい円グラフにしなさい（定規を使わずに書いてよい。分割の大きさは目分量でよい。今年は令和6年である）。

2

　次の表は，N社の「代理店数」と「売上高伸び率の推移」を表したものである。これを見やすいように一般的なグラフの書き方に従って，一つのグラフにしなさい（定規を使わないで書いてよい）。

	令和W年	令和X年	令和Y年	令和Z年
代理店数	20店	15店	25店	30店
売上高伸び率	2%	2%	1%	3%

【解答例・解説】

1＝右図①参照。
　このような満足度のグラフは，数値の大きい順ではなく満足度の高いものから低いものの順になり，「無回答」は最後に。外側の円と中の円が逆でもよい。タイトルと時期，対象も書き落としてはいけない。

2＝右図②参照。
　「代理店数」は数が多いか少ないかなのだから棒グラフ，「売上高伸び率の推移」は，どのように移り変わっているかなのだから折れ線グラフになる。また，タイトル，目盛，単位は，グラフには必須事項である。

①

②
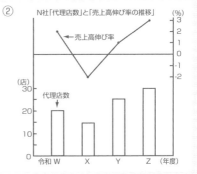

262

3 文書の取り扱い

Lesson 1 「秘」扱い文書

「秘」扱い文書を郵送するときに，「親展」にするのはどうしてですか？

CASE STUDY

あなたなら
どうする？

「秘」扱い文書の封筒になぜ「親展」と書く？

▶ 秘書Aは新人秘書Cから，「『秘』扱い文書を郵送するときに，表に『親展』と書くのはなぜか，また，社内の関係者に配布するときにも同じように二重の封筒にして渡すのか」と聞かれました。この場合，Aはどのように答えるのがよいのでしょうか。

対処例 ○△×？…

Cに，以下のように答えればよいでしょう。

1. 封筒の中に機密文書が入っていることが第三者には分からないようにするために「秘」扱い文書であることを示す印などは押さない。しかし，他人が勝手に開けたり，他の一般文書と同じように扱ってもらっては困るので，「本人が直接開封すること」を求めて「親展」にするのである。
2. 社内の者に配布する場合は，秘書など関係者が直接本人に手渡すので，二重に封筒を用いる必要はない。それでも，封筒には「秘」の印などは押さず，必ず相手先名の左に「親展」のスタンプを押す。

スタディ 💡!!

「秘」扱い文書を取り扱うときは，慎重に行う必要があります。後輩などに「秘」扱い文書の郵送を任せる場合は，以下のような手順を教えておくようにします。

① 「秘」扱い文書に「秘」の印を押し，封筒に入れる。
② 文書を入れた封筒（a）にも同じように「秘」の印を押し，封をする。
③ （a）より大きく透けない封筒（b）に，（a）を入れて封をする。
④ （b）の表に宛先を書き，宛名の左側に「親展」のスタンプを押す。
⑤ 確実に届けるため簡易書留で送る。
⑥ 「秘」扱い文書を郵送したことを相手に電話で知らせておく。

「秘」扱い文書を取り扱う際の留意点

秘書は，「秘」扱い文書を取り扱うときには次のようなことに留意します。

◆郵送するときの留意点。

◎封筒は二重にする。まず内側になる封筒に「秘」扱い文書を入れて「秘」の表示をし，さらにそれを透けない別の封筒に入れる。

◎外側の封筒に宛先を書き，宛名の左側に「親展」と表示する。

◎文書を確実に届けるために簡易書留で送る。

◎送った後は相手にそのことを電話で知らせておく。

◆配布するときの留意点。

◎配布する前にコピーした文書に連番を付け，誰に何番を渡したか分かるように記録しておく。

◎「秘」扱い文書は透けない封筒に入れ，配布先名の左側に「親展」と表示する。

◎文書は本人かその秘書に手渡し，必ず文書受け渡し簿に受領印をもらう。

◎本人も秘書もいないときは他の人に預けたりしないで持ち帰る。

◆コピーするときの留意点。

◎人のいないときを見計らってコピーする。

◎必要な分だけコピーする。

◎ミスコピーはシュレッダーにかけて廃棄する。

◎文書をコピー機に置き忘れないようにする。

◆保管・廃棄するときの留意点。

◎一般の文書とは別に保管し，鍵のかかる引き出しなどに入れて管理する。

◎不要になった文書は，シュレッダーにかけて廃棄する。

◆その他の留意点。

◎「秘」扱い文書を取り扱っているときに，関係者以外の人が来たら，さりげなく裏返しにするなど，見られない処置をする。

◎「秘」扱い文書を机の上に広げたまま席を外さない。離席するときは鍵のかかる机の引き出しにしまうなど，扱いには細心の注意を払う。

◎持ち歩くときは外から見えないように透けない封筒に入れ，封筒には「秘」などと書かない。

◎貸し出す場合は，名前や貸出月日，返却予定月日を控えておく。

◎閲覧させる場合は，名前や閲覧月日・時間を控えるほか，上司が指示する場所など，閲覧以外のことができない場所で見てもらうようにする。

SELF STUDY

過去問題を研究し
理解を深めよう！

POINT 出題 CHECK

　「『秘』扱い文書」では，文書を取り扱うときの留意点を押さえておく。特にコピーを取る際，郵送・配布する際，保管する際にどのようなことに留意すべきかを問う問題がよく出されるので，それぞれについて記述できるようにポイントを整理しておくとよい。また，文書を郵送したり社内配布する際の手順なども頭に入れておくとよいだろう。

❊「秘」文書の取り扱い

　「秘」扱い文書を取り扱うときの留意点を箇条書きで三つ答えなさい。

〔解答例〕
1. 郵送するときは封筒を二重にし，表に「親展」と書いて簡易書留にするなどの確実な方法にする。
2. 持ち歩くときは，「秘」扱い文書であることが分からないように封筒に入れる。
3. 手渡しするときは，「文書受け渡し簿」に受領印をもらっておく。
　解答例の他に，「取り扱い中に席を立つときは，鍵のかかる引き出しにしまうなどして人の目に触れないようにする」「廃棄するときはシュレッダーにかける」などもよい。

序章　受験対策
基礎知識
第1章　必要とされる資質
第2章　職務知識
第3章　一般知識
第4章　マナー・接遇
第5章　技能
第6章　面接
終章　模擬試験

CHALLENGE 実問題

1

秘書Aは新人Bに，秘文書の取り扱いについて一般的に注意すべきことを教えることになった。このような場合，Aはどのようなことを言えばよいか。次のそれぞれについて具体的に答えなさい。

1）コピーするとき
2）郵送するとき
3）社内で配布するとき
4）保管するとき

2

秘書Aは上司から，「秘」の印の押された書類を渡され，「M社のF専務に至急郵送してもらいたい」と指示された。このような場合の，適切な送り方から送った後にすることまでを，順を追って箇条書きで答えなさい

【解答例・解説】1＝1）コピーは人に見られないように取り，必要枚数だけにする。ミスコピーはシュレッダーで処分する。
　　　　2）封筒を二重にし，表に「親展」と書き，簡易書留など確実な送付方法にする。
　　　　3）配布は手渡しとし，文書受渡簿に受領印をもらう。持ち歩くときは秘文書と分からないように封筒に入れる。
　　　　4）一般の文書とは別に鍵のかかるキャビネットなどに保管する。
2＝1．封筒は二重にし，中の封筒に「秘」の印を押して書類を入れる。
　　　2．外の封筒の表面に「親展」の表示をし，簡易書留の速達扱いで送る。
　　　3．発信簿に，送付日，送付物，送付先，送付方法などを記録する。
　　　4．M社のF専務秘書に電話し，F専務宛てに書類を送ったことを知らせる。
　　　5．上司に，F専務に書類を送ったことを報告する。
　　　6．簡易書留の受領証の引受番号を用いて，インターネットで配達状況を確認する。
　秘扱いの書類の封入の仕方，郵送の仕方，確実に相手に届くような手配が答えとなる。また至急ということだから，速達扱い。確実さが求められる業務だから，上司への報告も必要となる。

Lesson ② 郵送方法

かしこまりました。

個人用の発信簿を作成
してもらいたいの……

CASE STUDY

あなたなら
どうする？

発信簿作成に必要な項目は？

▶秘書Aは，新しく付いた上司から「私用の郵便物を出すことが多いので，個人用の発信簿を作成してもらいたい。作成したら，サンプルを見せてほしい」と指示されました。これまでに出した上司の私用の郵便物は，「6月18日にW出版宛てに返送した本（送料360円）」と「6月20日に上司の恩師（山田一郎氏）に送った1万円の香典（送料564円）」です。このような場合，Aはどのように対処すればよいのでしょうか。

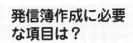

対処例 ◯△×？…

　以下のような発信簿を作成し，これまで発送した郵便物の内容を記録して，上司にこの形式でいいかどうかを確認すればよいでしょう。

月日	宛先	種　別	送料	備考
6／18	W出版	ゆうメール	360円	本の返却
6／20	山田一郎氏	現金書留	564円	香典（1万円）

（郵送料は令和6年2月現在）

スタディ 💡‼

　発信簿とは，郵便物を送ったことを後々のために記録として残しておくためのものです。従って「いつ」「誰に」「どのような方法で（種別）」「何を送ったか」など，記録しておかなければならない項目を考え，それに沿って作成すればよいことになります。また，上司からはサンプルを見せるようにと指示されているので，これまで出した私用の郵送物に関するデータも記入してから見せるようにします。

郵送方法の選択と留意点

郵便物を送る場合は，その内容と目的に応じて適切な方法を選択するだけでなく，郵送に際して以下のようなことを押さえておく必要があります。

◆社史や一般書籍，総合カタログなどを送る場合。

　◎通常郵便やゆうパック（一般小包）にするより料金が安いゆうメールを利用する。

　　☆中身が冊子であることが分かるように，封筒の一部を開封しておくことが必要。

　　☆小包の中には通信文を入れることはできない（ただし無封の添え状・送り状は同封可能）ので，手紙を同時に送りたいときは，「同時配達」を利用するとよい。

◆「秘」扱いの書類を送る場合。

　◎「簡易書留」を利用する。

　　☆封筒の表に「親展」（外脇付け*1）の表示をする。

◆香典や見舞金，あるいは現金を送る場合。

　◎確実に届けるために，また万一届かなかった場合も損害賠償を受けることができるので「現金書留」を利用する。

　　☆香典を送る場合は，現金を不祝儀袋の中に入れ，それを現金書留専用の袋の中に入れる。

　　☆見舞金を送る場合は，白封筒か市販の見舞い用の袋の中に現金を入れ，香典を送るときと同じようにする。

　　☆香典や見舞金を送るときは，必ず悔やみ状（弔慰状）や見舞状を書いて同封する。

◆有価証券（商品券，手形，小切手など）を送る場合。

　◎「一般書留」か額面が5万円までなら「簡易書留」を利用する。

　　☆万一の場合，「一般書留」は実損額が，「簡易書留」は5万円まで賠償される。

◆社交文書を送る場合。

　◎1通ずつ切手を貼って通常郵便で発送する。大量に出す場合でも，料金別納郵便や料金後納郵便などは利用しない。それらは略式の郵送方法なので，礼儀や格式を重んじる社交文書にはふさわしくないからである。

　　☆招待状や祝い状などは慶事用の切手を貼る。

---

*1）外脇付け＝「至急」，「親展」，「公用」など文書に関する注意や内容を示したもので，封筒の宛て名の左側にスタンプなどで表示する。

SELF STUDY

過去問題を研究し
理解を深めよう！

POINT 出題 CHECK

　「郵送方法」では，招待状や社史，見舞金や香典，「秘」扱い文書などの郵送方法やそれらを送る際に配慮すべきことなどが問われる。郵送方法を選択するときは送る物だけでなく，それを誰に送るかまた何のために送るかということを考えて最適な方法を選ぶようにすること。またその観点から考えれば香典を送るときには悔やみ状を同封する，招待状などの発送には大量郵便物の郵送方法を利用しないなど，郵送時に配慮することも理解できるはずである。なお，社交文書作成上の留意点と併せて発送方法を問う複合問題も出題されているので，秘書業務の中で「郵送」に結び付く要素があるものは関連して覚えておく必要がある。

❋ 郵送方法

　次の物を送る場合，1）最も適した郵送方法と，2）そのとき配慮するとよいことを答えなさい。

①社史
②見舞金
③「秘」扱い文書
④創立記念式典の招待状200通

　〔解答例〕
① 1）ゆうメール。
　 2）「謹呈」のしおりを入れる。
② 1）現金書留。
　 2）現金は白封筒か見舞い用の市販の袋に入れる。見舞状を同封する。
③ 1）簡易書留。
　 2）封筒の名前の左側に「親展」と表示する。
④ 1）通常郵便。
　 2）数が多くても料金別納郵便などにしないで，1通ずつ慶事用切手を貼って送る。

序章　受験対策
基礎知識
第1章　必要とされる資質
第2章　職務知識
第3章　一般知識
第4章　マナー・接遇
第5章　技能
第6章　面接
終章　模擬試験

CHALLENGE 実問題

1

次の物を送る場合，①最も適した郵送方法と，②そのとき配慮すべきことを答えなさい。

1) 香典
　　①
　　②
2) 秘扱い文書
　　①
　　②
3) 締切日を過ぎた原稿
　　①
　　②
4) 創立記念式典の招待状 300 通
　　①
　　②

2

秘書Aが次のそれぞれに郵送するとき，封筒の表書きはどのようにすればよいか。適切な宛名と必要なことを枠内に横書きで書きなさい。

1) ○○ホテルの 801 号室に滞在している
　 上司（山田一郎部長）に，資料を送る
　 とき。

2) 里帰り出産のため実家（木村宅）に帰
　 省している部員の河井友子に，折り曲
　 げられては困る書類を送るとき。

3) ○○物産（株）の清水洋一企画部長に，
　 中身が見積書だと分かるように送ると
　 き。

【解答例】 1＝1) ① 現金書留
　　　　　　 ②・現金を香典袋に入れる。
　　　　　　 ・悔やみ状を同封する。
　　　 2) ① 簡易書留
　　　　　　 ②・封筒は中が透けて見えないように
　　　　　　 　二重にする。
　　　　　　 ・封筒の表面に「親展」と書く。
　　　 3) ① 簡易書留で速達
　　　　　　 ② わびの手紙を同封する。
　　　 4) ① 通常郵便
　　　　　　 ② 慶事用切手を貼って送る。

2＝1)
　　　○○ホテル気付　801号室
　　　山田一郎様

2＝2)
　　　木村様方
　　　河井友子様
　　　　　　　　　二つ折り厳禁

2＝3)
　　　○○物産株式会社
　　　企画部長　清水洋一様
　　　　　　　　　見積書在中

序章 受験対策 基礎知識

第1章 必要とされる資質

第2章 職務知識

第3章 一般知識

第4章 マナー・接遇

第5章 技能

第6章 面接 終章 模擬試験

情報管理

Lesson ① 情報収集と資料の整理法

CASE STUDY

あなたなら
どうする？

**外国人に渡す日本の
土産を探すには？**

外国人に喜んでもらえそうな日本の土産を渡したいのだが……

かしこまりました。

▶ 秘書Aは，上司から「海外から取引先の人が来日するので，外国人に喜んでもらえそうな日本の土産物を渡したい。どのようなものがよいか，調べておいてもらいたい」と指示を受けました。このような場合，Aはどのように対処すればよいのでしょうか。箇条書きで三つ挙げてください。

対処例 ◯△×？…

以下のような方法で情報収集すればよいでしょう。
1. 外国人の接待経験者に相談する。
2. デパートや，このようなことに詳しそうな店に行って相談する。
3. 外国人向けの土産物の店をインターネットなどで探し，直接出向いて調べる。

スタディ 💡‼

このような場合は，自分の想像でいろいろと考えるのではなく，外国人の接待・接客経験のある人や外国人向けの土産物を扱う店の人に相談してアドバイスを受けるのがよい方法です。また，外国人といっても，よく来日する人と初めて日本にやって来る人とでは興味を持つ品も違ってくるでしょうし，フランス人と中国人など出身国によっても好みは分かれるでしょうから，まず相手に関する情報を上司から聞き出しておくことが大切です。

対応例の他に，「外国人が多く泊まるホテルや空港の土産物店に行って，外国人にはどのようなものが売れているか聞いてみる」などもよいでしょう。

社内外の情報収集

　秘書は，上司に必要な書類やデータを求められたら，素早く的確な情報を収集し，上司に提供しなければなりません。そのためには，どのようにすれば必要な情報が得られるかも把握しておく必要があります。

●社内の情報収集

　会社の各部署には，一般的には以下のような情報があります。

◆総務部門には，「株主総会」，「取締役会」，会社全体の「各種行事・式典」，「社屋等の増改築」，「備品購入・管理」，「車両管理」などの情報がある。

◆人事部門には，「人事採用」，「人事配属」，「福利厚生」，「教育研修」，「給与体系」などの情報がある。

◆経理部門には，「在庫」，「仕入」，「生産」，「資材購入」などの数値情報のほか，財務諸表に関する情報がある。

◆営業部門には，「営業所別売上」，「商品別売上」，「販売計画」，「製品別取引先名簿」，「顧客名簿」などのほか，営業統計など営業・販売に関する情報がある。

◆企画部門には，市場調査を含む「各種調査」，店舗展開企画などの「各種企画」，「経営企画」などの情報がある。

◆広報・宣伝部門には，「社内報」，「広報誌」などのほか，視聴率調査資料など宣伝活動に関する資料や情報がある。

●社外の情報収集

　業務上必要な資料は最新のものをそろえておくようにします。例えば「列車時刻表」，「会社年鑑」，「会社四季報」，官公庁の「職員録」，「職業別電話帳」，政府発行の各種白書＊1），現代用語を解説した事典など，常に最新版を入手しておかねばなりません。

●インターネットを活用した情報収集

　インターネットを活用すれば，郵便局やNTT，各交通機関，各省庁，都道府県庁や市町村役場・役所，あるいは企業のホームページなどにアクセスして多くの情報を入手することができます。また，個人でも専門的な知識を持つ人が豊富な知識をサイト上に公開しているので，目的に応じてアクセスしてみるとよいでしょう。ただし，インターネットの情報には間違いも多いので注意が必要です。

　インターネットを利用する際には，以下のようなことに留意します。

◆一つの情報に頼らずに幾つかの情報を照合して信頼性を高める。情報源が不確

＊1）白書＝政府が発行する各界の年次報告書。「経済財政白書」，「環境白書」，「国民生活白書」，「情報通信白書」などがある。

かな場合は，その情報をうのみにしないで，参考資料や手掛かりの一つとして利用すること。

◆企業のサイト内のデータは，基本的に信頼できると考えてよいが，内容を更新していない場合もあるので，更新日時を必ず確認すること。不安がある場合は電話や電子メールなどで直接問い合わせるとよい。

● 人脈を活用した情報収集

　書籍やインターネットで調べて情報を得るよりも，具体的な関連情報を持っている人から情報を得た方が早い場合もあります。多くの情報を得るためには，日ごろから交際範囲を広げる努力をして人的ネットワークである人脈を構築しておく必要があります。以下のことに留意しておきましょう。

◆社内外を問わず業務上の人間関係を常に良好にしておく。

◆積極的に趣味のサークルや勉強会などに参加する。

◆数多くの話題を持つようにし，知的な交友関係を広げていく。

 # 資料・書類の整理法

　収集した資料や書類を整理する場合は，以下のバーチカル・ファイリング方式あるいはバインダー・ファイリング方式を利用して整理します。

◆バーチカル・ファイリング方式による整理法と特性。

　◎厚紙を二つ折りにしたフォルダーに文書を挟み，キャビネットの引き出しの中に垂直に立てるか，つるして収納する方法。

　◎つるして収納する方法を「ハンギング式」という。これは，フォルダー本体に付いているツメを，引き出しに設置されたハンギング・フレームという枠に引っかけてつり下げる方式。

　◎文書の集中管理や大量管理に向いている。

　◎フォルダーに入れる文書は，フォルダーにとじたりしないのが原則。

　◎フォルダーを開いたら最も新しい文書が一番上にくるようにしておく。

　◎フォルダー内の文書で大きさが違うものは，左肩をそろえて収納する。

　◎文書を折る場合は，書類を取り出さなくても何の書類か一目で分かるように，文字が書いてある表面を外側に折って入れる。

　◎折ってある文書は折り目を上にしてフォルダーに入れる。折り目を下にすると，文書が開いて一緒に入っている他の文書が取り出しにくく，他の文書を入れるときにも不便である。

序章　受験対策
基礎知識

第1章　必要とされる資質

第2章　職務知識

第3章　一般知識

第4章　マナー・接遇

第5章　技能

第6章　面接

終章　模擬試験

◎とじる手間が省け，書類の取り扱いが便利。

◆バインダー・ファイリング方式による整理法と特性。

◎分類したバインダーごとに文書をとじ，書棚などに並べて整理する方法。

◎書棚などに並べると一覧性があって，バインダーごとすぐ取り出せる。

◎バインダーの背幅がスペースをとるため，収納量はバーチカル・ファイリング方式より少ない。

◎書類をとじる手間が必要で，個別の書類の取り扱いが不便。

◆文書を電子化して保存する企業，役所も増えています。

 # 資料の整理と管理

雑誌や名刺などは以下のように整理して管理するようにします。

● 雑誌の整理と管理

雑誌は保存期間を確認して整理します。

◆購入した雑誌は，購入簿などに購入年月日を記入し，会社の蔵書印を押す。上司が個人的に購入した場合は，上司の個人印を押しておく。

◆上司の部屋や応接室には常に最新号を置いておく。

◆保存期間は，一般誌は前年分だけ，専門誌は長くて5年分とする。

● 名刺の整理と管理

以下は名刺整理箱を利用して管理する整理法です。

◆名刺は，業種別・会社名・個人名の五十音順などに分類し，整理しやすいようにガイドを立てる。

◆ガイドは名刺20枚に1枚くらいの目安で立てると探しやすい。

◆受け取った名刺にはそのときの日付と用件，その人の特徴などを記入しておく。

◆新しい名刺を受け取ったら古い名刺は廃棄する。また，年に1回は整理して不要な名刺は処分するが，廃棄するときは細かく破って捨てるようにする。

◆通知状などで肩書や住所の変更を知ったら，すぐに訂正しておく。

◆新しい名刺を名刺整理箱に入れる場合は，その名刺を当該ガイドのすぐ後ろに差すようにする。必要があって名刺整理箱から抜き取った名刺を戻すときも，元の場所ではなくガイドのすぐ後ろに差す。このようにしていくと，よく使う名刺がガイドの近くに集まるようになり，使い勝手がよくなる。

◆上司の友人など私的な関係の名刺や飲食店の名刺は業務関係とは別に管理する。

◆名刺管理アプリなどを使う方法も増えています。

出版物に関する用語

- ☐ 日刊・週刊・月刊…日刊は毎日，週刊は毎週，月刊は毎月発行される刊行物。
- ☐ 旬刊・隔月刊 ……旬刊は10日に1回,隔月刊は2カ月に1回発行される刊行物。
- ☐ 季刊 ………………年に4回発行される刊行物。
- ☐ 増刊 ………………定期刊行物が定期以外に，臨時に発行される刊行物。
- ☐ バックナンバー …定期刊行物の発行済みの号のこと。
- ☐ 索引 ………………本の中の重要な語句などを，一定の基準で配列してその語句があるページを探し出せるようにしたもの。
- ☐ 奥付 ………………本の著者名や発行所名，発行年月日などを記した部分。
- ☐ 絶版 ………………売り切れた後，印刷・販売をしていない刊行物。
- ☐ 再版 ………………既に発行されている本を同じ形式で重ねて発行すること。
- ☐ 改訂版 ……………出版後，内容を改めて出版された書物。
- ☐ 創刊 ………………新しく発行される刊行物のこと。
- ☐ 海賊版 ……………著作権を侵害して違法に複製された書籍やCD（コンパクトディスク）などのこと。
- ☐ 縮刷版 ……………以前出版されたものより縮小して作成した印刷物。
- ☐ 復刻版 ……………一度出版されたものを元の体裁に近づけて再度出版した書物のこと。復刻本ともいう。
- ☐ 紀要 ………………大学や学会，研究所などが出す定期刊行物のことで，研究論文や調査報告書などが掲載されている。
- ☐ 公報 ………………官庁が施策などを一般に知らせるために出す報告や告知のこと。新聞や小冊子などの形式で告知される。
- ☐ 官報 ………………告示・予算・人事など政府が国民に知らせるために毎日発行する文書のこと。
- ☐ 白書 ………………各界の現状や展望などを国民に知らせるために，政府が発行する報告書。
- ☐ 機関紙（誌）………団体などが会員との情報交換をしたり，活動内容をPRするために発行する新聞や雑誌のこと。
- ☐ 業界紙 ……………その業界に関する情報を報道する新聞のこと。
- ☐ タブロイド判 ……普通の新聞の半分のサイズのこと。新聞のサイズはブランケット判という。

序章　受験対策　基礎知識

第1章　必要とされる資質

第2章　職務知識

第3章　一般知識

第4章　マナー・接遇

第5章　技　能

第6章　面　接

終章　模擬試験

SELF STUDY

過去問題を研究し
理解を深めよう！

POINT 出題 CHECK

　「情報収集」では，情報を得るための収集方法が問われるが，求められる情報はさまざまである。例えば，これまでの出題の中に外国人客に「土産を選ぶため」の情報収集があるが，「観光案内をするため」「日本文化を楽しんでもらうため」など，設定が変われば収集する情報も異なってくるので，何に関しての情報を探すかは設問次第ということになる。しかし，情報源の基本は，人脈，書籍，関係機関，インターネット，テレビ・ラジオ，新聞などに限られているので，これらをどう活用するかを考えて解答を導くようにすればよい。このほか情報収集に関連する問題として，出版に関する用語やコンピューターに関する用語が出題されている。

　「資料の整理法」については，ファイリングに関する出題が多いので，ファイリングシステムで管理する意義やバーチカル・ファイリングをする際の留意点など基本的なことはしっかり押さえておきたい。また，これまで学習してきたこと，例えば名刺整理箱など用具を利用した整理法についても記述できるように要点をまとめておく必要がある。このほか資料の整理法に関連する問題として，用紙に関する用語も出題されている。

✴ ファイリング

　秘書Aは新人秘書Bから，「文書をファイリングシステムに従って管理するのは何のためか」と尋ねられた。このような場合，Aはどのようなことを答えればよいか。箇条書きで三つ答えなさい。

　　〔解答例〕
　　1．文書の保管と，その保管文書の出し入れを容易にするため。
　　2．文書を保管するスペースの効率化のため。
　　3．文書の私物化を防ぐため。
　　　「システム」「管理」という言葉に着目するとよい。あるシステムを構築するのは，便利に利用するためや効率的に使うためである。これを文書管理に当てはめて考えれば答えが導かれる。また，何かを管理するというのは，誰かの管理下に置くということなので，そこから「私物化を防ぐ」という答えが出てくる。解答例以外に，「不要な文書を捨てやすくするため」「必要な書類をすぐ見つけ出せるようにするため」などもよい。

✻ 名刺整理用具と整理法

秘書Aの上司は営業本部長で，受け取る名刺が多い。このような場合の，①多量の名刺を整理するのに適した整理用具の名称を答えよ。②その整理用具を使用した整理方法の基本として，注意しておくべきことを箇条書きで五つ答えなさい。

〔解答例〕
①名刺整理箱。
②1．業種別・会社名・個人名の五十音順などに分類し，ガイドを立てる。
　2．受け取った名刺には，日付・用件などの必要事項を記入しておく。
　3．新しく受け取った名刺や使用した名刺は，ガイドのすぐ後ろに入れる。
　4．役職・部署・住所等の変更は，すぐ訂正する。
　5．上司の友人関係など，業務に直接関係ないものは別にまとめて整理する。
　②は，解答例の他に「少なくとも年に1回は全体を整理し直し，古い名刺や使わない名刺は廃棄する」などもよい。

✻ コンピューター用語

次のコンピューターに関する用語をごく簡単に説明しなさい。

①メモリー
②データベース
③ソフトウエア

〔解答例〕
①データの記憶装置。
②必要なときに取り出せるようにデータを蓄積したもの。
③コンピューターを動かすための利用技術。

✻ インターネットに関する用語

次の用語を簡単に説明しなさい。

①SNS
②プロバイダー
③バナー広告

〔解答例〕
①ソーシャルネットワーキングサービスの略称。登録会員向けの情報交換，交流サービス全般のこと。
②インターネットへの接続サービスを提供する事業者のこと。
③ウェブ上にあるインターネット広告のこと。

CHALLENGE 実問題

1

次の出版物に関する用語を簡単に説明しなさい。

1) 官報
2) 白書
3) 奥付
4) 落丁

2

次のインターネットに関する用語を簡単に説明しなさい。

1) バナー広告
2) E コマース
3) クラウドサービス
4) ドメインネーム

【解答例】1＝1）政府が発行する，国民に知らせる事項を載せた日刊の刊行物のこと。
　　　　2）政府が各界の実情と展望を述べるために発行する年次報告書のこと。
　　　　3）本の終わりにある，著者名，発行所名，発行日などが載っている部分のこと。
　　　　4）書籍や雑誌などのページが一部抜け落ちていること。
　　　2＝1）ウェブページ上にある広告のこと。クリックすると広告主のホームページが開き，詳しい情報を見ることができる。
　　　　2）インターネット上で物やサービスを売買すること。
　　　　3）ユーザーが自前のサーバー，ネットワークやソフトウエアを持たなくても，インターネット上で必要に応じて同様の機能をサービスとして利用できる仕組みのこと。
　　　　4）インターネット上に存在するコンピューターやネットワークを識別するために付けられている名前の一種。インターネット上の住所のようなもの。

序章 受験対策 基礎知識

第1章 必要とされる資質

第2章 職務知識

第3章 一般知識

第4章 マナー・接遇

第5章 技能

第6章 面接

終章 模擬試験

日程管理・オフィス管理

Lesson 1 日程管理の要領

CASE STUDY

あなたならどうする？

そうね，午後1時から出かけて，6時には戻りたいと思っているの……

何時からお出かけで，何時に帰社のご予定でしょうか……

急に支店回りの予定が入った!!

▶ 秘書Aは上司から，「急なことだが，都内の支店数カ所を回ろうと思うので準備をしてもらいたい」と訪問する支店名を書いたメモを渡されました。このような場合，Aはどのように対処すればよいのでしょうか。①上司に確認すること，②これに伴って行わなければならないことを四つずつ挙げてください。

対処例 〇△×? …

①のようなことを確認し，②のようなことを行えばよいでしょう。
①上司に確認すること。
　1．全体の予定時間。
　2．各支店におけるおおよその所要時間。
　3．回る順序。
　4．用意する資料があるかどうか。
②これに伴って行わなければならないこと。
　1．支店回りのための予定表の作成。
　2．訪問する支店への連絡。
　3．社用車の運転手との打ち合わせ。
　4．必要により資料の作成。

スタディ !!

①以下は補足です。
　1．まず上司が割ける全体の時間を把握しておき，その時間内でさまざまなことにかかる所要時間を調整することになる。
　2．それぞれの支店でかかる所要時間を聞き，移動時間などを計算して全体の時間に納まるかどうか検討する。納まらない場合は，上司と調整する必要がある。
　3．任された場合は，効率的に回れるようなルートを考える。
②以下は補足です。
　2．支店で応対する人の時間の都合がつかない場合は，上司に報告し，巡回ルートの変更や時間調整を行う。

日程表を作成する際の留意点

　予定を入れる場合は上司の意向に沿って決めるのが基本です。そのことを前提にしながらも，秘書は上司の健康状態や忙しさを考慮したり，前後の予定なども考えてスケジュール調整していかなければなりません。日程表を作成するときには，まず以下のようなことを押さえておきましょう。

◆予定を入れない方がよい時間帯を心得ておく。

　◎出社直後や退社直前。

　　☆出社直後は，一日の予定を確認し仕事の段取りをつける時間である。

　　☆退社間近は，今日一日の仕事の整理や明日の準備などがある。

　◎会議や打ち合わせの直前直後。

　　☆会議直前は，準備や考えをまとめる時間が必要である。

　　☆会議直後は，会議が長引いたりしたときの調整に困る。

　◎昼食時間の直前直後。

　　☆昼食の前後は，上司としてもゆっくりしたいところである。

　◎面談の直前直後。

　　☆直前は面談に際しての準備があり，直後は長引いた場合の調整に困る。

　◎出張・外出の直前直後。

　　☆出張前は事前の準備で忙しい。直後は出張の事後処理で忙しく，上司も疲れている。

　　☆外出直前は，時間が来たら話を中断せざるを得ず，直後は帰社が遅れる可能性もある。

　◎そのほか仕事が立て込んでいる時期。

◆スケジュールにゆとりを持たせる理由を理解しておく。

　◎出先での交通渋滞や交通機関の遅延など予測のつかないことがある。

　◎会議や面談などは当初の予定より長引くことがある。

　◎次の日程のために上司が準備をしたり，考えをまとめたりする時間が必要。

　◎上司の健康管理が十分に行き届かなくなる可能性もある。

◆優先させなければならない予定があることを知っておく。

　◎取締役会や臨時会議。

　　☆取締役会は会社の方針などを決定する重要な会議である。

　　☆臨時会議は急を要する議案についての会議である。

　◎既に決まっている会社の重要行事。

　◎上司が指示した重要なスケジュール。

上司に合わせて日程を組む

　日程表は秘書のためではなく，上司が仕事をしやすいように作成するものなので，付いた上司の性格や仕事の仕方を理解してスケジュールを組む必要があります。また，上司の体調が悪いときは体に負担がかからないように配慮し，スケジュールの組み方も工夫しなければなりません。以下のケースを参考に留意点を確認しておきましょう。

◆上司が「せっかちな性格」，「精力的な仕事人」，「非常に多忙」という場合。
　　◎全体的にきつめのスケジュールを組む。
　　　☆予定と予定の間の空白時間をできるだけ短くする。
　　　☆出社直後や退社前，昼食後，会議や面談の直前直後にスケジュールを入れてよいか事前に上司の意向を確認しておき，入れてよいということならそのようにする。
　　◎面談などのキャンセルで時間が空いたら，後回しになっていた報告などをまとめて行う。また調整がつくならすぐに別の予定を入れるようにする。
　　◎面談の予約を受ける場合，上司が早朝や残業になる時間帯でも構わないということであればできるだけ入れるようにする。
　　◎上司の了解を得た上で，資料などに目を通してもらう時間を車や交通機関での移動時間に組み入れる。
◆上司の体調が優れないとき。
　　◎全体的に緩やかなスケジュールを組む。
　　　☆出社後や退社前，食事の前後などは予定を入れないようにする。
　　◎面談や打ち合わせなどが長時間続かないように内部の関係者にも協力してもらう。
　　　☆面談はできるだけ短い時間に設定し，代理の者で済むような用件は上司の意向を確認した上で，代行者を立てるように調整する。
　　◎できるだけ外出しなくても済むように，先方に来社してもらうようにする。
　　　☆体調が悪いときに外出の予定が重なった場合は先送りするよう調整する。
　　◎面談や会議など上司に負担がかかる日程が続かないように配慮する。
　　　☆会議の日程が決まっている場合は，面談や打ち合わせなどを別の日に延期してもらうように調整する。
　　◎上司の意向を聞いて，休憩時間や予定を入れない日を決めておく。
　　　例）昼から2時までは休憩する。
　　　例）水曜日は面談や会議などのスケジュールは入れない。

序章　受験対策基礎知識
第1章　必要とされる資質
第2章　職務知識
第3章　一般知識
第4章　マナー・接遇
第5章　技能
第6章　面接
終章　模擬試験

急な予定が入った場合の対応

　日々の仕事は基本的には日程表に従って消化されていきますが，急な仕事が入った場合には当然日程も変更せざるを得なくなります。このような場合，秘書は単に日程の調整を行うだけでなく，急に入ってきた予定外の仕事に対しても臨機応変に対応していかなければなりません。例えば，上司から急に得意先回りの準備をするように指示された場合は，何をしなければならないかを予測して，以下のような必要事項を上司に確認したり，それに伴う適切な手配をすることになります。

◆上司に確認すること。
　　◎どこの得意先を回るのか。
　　◎何時から何時までの予定なのか。
　　◎それぞれの得意先に要する時間はどれくらいか。
　　◎どのような順序で回るのか。
　　◎同行者はいるのか。
　　◎準備する資料はあるのか。
　　◎既に他の予定が入っている場合，どのように調整するか。
◆確認事項に関して行うこと。
　　◎訪問する得意先に連絡する。
　　◎得意先との時間の調整が必要であれば，調整する。
　　◎訪問する順序を考えるように指示されたら，効率的なルートを検討して提案し，上司の了承を得る。
　　　☆先方の都合で順序を調整する場合もある。
　　◎訪問する順序や時間が決定したら予定表を作成する。
　　◎同行する人がいれば，同行者に連絡する。
　　◎社内の関係者にスケジュールの変更を知らせる。
　　◎社用車の運転手と打ち合わせをする。
　　◎必要があれば，資料を作成したり既存の資料を準備したりする。
　　◎上司が訪問する時間に，既に別の予定が入っている場合は変更の手配をする。
　　　☆改めて予定を組む場合の日時については，上司の了承を得て決める。
　　　☆その場で決まらない場合は，後日こちらから連絡することにして，相手の希望日時があれば二，三聞いておく。

SELF STUDY

過去問題を研究し
理解を深めよう！

 POINT 出題 CHECK

　「日程管理」ではスケジュールの組み方に関する出題が多く，上司の体調が優れない場合，またのんびりした性格あるいはせっかちな性格の上司に付いた場合などさまざまなケースが設定されているが，基本的にはゆったりした組み方とタイトな組み方をする場合の留意点を心得ていれば応用問題にも対応できるはずである。このほか日程管理については，急に上司が支店回りをすることになった場合など，予定外のことに対する対処の仕方も問われるので，上司に確認すべきことや対応の仕方も心得ておきたい。また，上司の私的なスケジュール管理についての出題もあるので，これまで学習してきたことは一通り見直しておく必要がある。

✳ スケジュールの組み方

　秘書Aの上司は，最近，持病の悪化で体調を崩している。このような場合，上司のスケジュールを組むときに，配慮すべきことを箇条書きで三つ答えなさい。

〔解答例〕
1. 全体的に余裕のあるスケジュールを組む。
2. 面談などはできるだけ短くするか，代理の人にしてもらう。
3. こちらから出向くようなことはなるべく避けるか，体調がよくなるまで後回しにしてもらう。
　持病の悪化で体調を崩しているのだから，スケジュールの時間，面会，行動などの密度を変更していかなければならないことになる。それらを具体的に答えていけばよい。解答例の他に，「面談でも会議でも負担がかかるような日程が連続しないようにする」，「休む時間やスケジュールを入れない日を，あらかじめ決めておく」などもよい。

CHALLENGE 実問題

1

　秘書Aの上司（部長）は最近年齢のためか，疲れたというようなことをしばしば口にするようになった。上司のスケジュールは，せっかちな性格の上司に合わせたものになっている。このような場合，スケジュールの組み方について見直したり配慮したりすべきことを箇条書きで三つ答えなさい。

2

　上司の行動がスケジュール通りにいかないことがあるとすれば，それはどのようなときか。上司に原因があると想定したケースを二つ挙げなさい。また，スケジュール通りに行動してもらうにはどのようにすればよいか。想定したケースについての対応策をそれぞれ二つずつ答えなさい。

【解答例・解説】1＝1. 予定と予定の間に隙のない組み方をしていたのを，今後は余裕を持って組み，会議や面談などの前後には予定を入れないようにする。
　　2. 予定が変更になって時間が空いたとき，別の仕事を入れるなどしていたのを，今後は空けたままにしておく。
　　3. 上司の体調を気にし，要望を聞きながら予定を組むようにする。
　せっかちな性格の上司に合わせたスケジュールになっているということだから，余裕のないものになっているのであろう。であれば余裕を持たせたものにすることになるが，この場合，余裕をどこに持たせるかが答えになる。解答例の他に，「上司の仕事の中で課長が代行できそうなものがあれば，上司に確認してみる」などもよい。
2＝1. 上司が予定を忘れたり，時間を気にしなかったりするとき。
　　　a　予定を都度，早めに念を押すようにする。
　　　b　予定が続いているときは，次の予定をメモして渡しておく。
　　2. 上司の体調がよくないとき。
　　　a　体調を確認して，負担が少なくなるようにスケジュールを組む。
　　　b　内容や前後の予定によっては，代理や延期などの調整を提案する。
　上司の行動がスケジュール通りにいかないときは，まず何が原因かを考え，それについて対応策を取る必要がある。ここでは，上司に原因があると想定する問いなので，それに対して，秘書としての対応策を具体的に答えることになる。

Lesson ②　オフィスレイアウト

あなたなら
どうする？

新しい執務室
のレイアウト
案を幾つか考
えてほしいの
だが……

かしこまりました。

部屋のレイアウトで留意すべきことは？

▶秘書Aは上司に，「新しい執務室に移ることになったのでレイアウト案を幾つか考えてほしい」と指示されました。部屋は上司と秘書と同室で，応接セットも執務室に設置するとのことです。このような場合，Aはどのように対処すればよいのでしょうか。レイアウトに際して留意しなければならないことを五つ挙げてください。

対処例 ○△×?…

以下のようなことに留意すればよいでしょう。

1. 上司の机は，入り口の正面にならない部屋の奥の方に配置する。
2. 上司の机は，エアコンの風が直接当たらないところに配置する。
3. 秘書の机は，入り口近くに配置する。
4. 秘書と上司が向かい合わないように配置する。
5. 応接セットは，上司の机の近くに配置する。

スタディ 💡‼

執務室をレイアウトするときには，仕事がしやすい動線を考慮すること以外に，「上司が仕事に専念できるようにする」，「秘書が来客応対をスムーズに行えるようにする」ことを基本に考えるようにします。

1. 上司が仕事に専念できるように，なるべく入り口から遠い位置に配置する。
2. どうしてもエアコンの側に設置せざるを得ない場合は，風向きを変えるなどの工夫をする。
3. 来客の出入りがすぐ分かるので応対しやすい。
4. 秘書が席を立ったり，電話で話している様子など動きが視野に入ると，気が散って仕事に専念できない。
5. 来客をスムーズに迎えることができる。上司も応接セットに座るので，その動線も考慮して配置する。

序章
受験対策
基礎知識
第1章　必要とされる資質
第2章　職務知識
第3章　一般知識
第4章　マナー・接遇
第5章　技能
第6章　面接
終章　模擬試験

レイアウトする際の留意点

　部屋のレイアウトを一任されたら，まず上司の机，応接セットの配置を考え，後は動線を考慮して備品類を配置していきます。

　上司の机，秘書の机，応接セットなどの配置は以下のようなことに留意します。

◆上司の机を配置する際の留意点。

　　◎入り口から直接見えない（入り口の正面にならない）ところに配置する。

　　◎秘書と同室の場合は，秘書と対面しないようにする。

　　　☆秘書は電話応対や来客接遇などデスクワーク以外の仕事もするため，向き合っていると上司が落ち着いて仕事ができないからである。独立したスペースが必要な場合は，ついたて，パーティションなどを利用して部屋を仕切るなどの工夫をするとよい。

　　◎部屋全体が見渡せるように配置する。

　　◎上司が座ったとき窓が左側か後ろになるように配置する。

　　　☆上司が右利きの場合，右から陽光が入ると手暗がりになる。

　　◎上司が座ったときエアコンの風が直接当たらないようにする。

◆秘書の机を配置する際の留意点。

　　◎秘書の机は入り口の近くに配置する。

　　　☆来客の出入りがすぐに分かり，応対がしやすい。

　　◎部屋に入ってくる客と対面しないように配置する。

◆応接セットを配置する際の留意点。

　　◎応接セットは上司の近くに置き，上司が座りやすいように配置する。

　　◎来客や上司が座ったとき，秘書と向かい合わないようにする。

　　◎ソファーがある4人用の応接セットを配置する場合は，ソファー席を奥の方に置く。

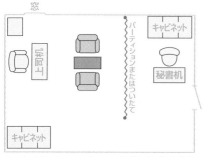

⬆ 大きなパーティションなどで部屋を仕切った例。

⬆ ついたてで部分的に仕切った例。

SELF STUDY

 過去問題を研究し理解を深めよう！

POINT 出題 CHECK

「オフィスレイアウト」ではレイアウトをする際に留意すべきことが問われるので，上司の机の配置，秘書の机の配置，応接セットの配置に分けてそれぞれのポイントをまとめておくとよい。なぜそのような配置をするのか，またしてはいけないのか，その理由も含めて理解しておくことが大切である。

 オフィスレイアウト

次は，上司室に机や応接セットなどを配置した図である。中から適当と思われるものを選べ。

①

②

③

④

〔解答〕②
①は上司が応接セットに座るときの動線がよくない。③は，上司と秘書の机が向かい合わせになっている。④は，来訪者が入ってくるとき秘書と向かい合わせになる。

序章 受験対策 基礎知識 / 第1章 必要とされる資質 / 第2章 職務知識 / 第3章 一般知識 / 第4章 マナー・接遇 / 第5章 技能 / 第6章 面接 / 終章 模擬試験

CHALLENGE 実問題

1

　秘書が上司と同室で仕事をする場合，次の机類はどのように置くのがよいか。それぞれにポイントを二つずつ答えなさい。

①上司の机

②秘書の机

③応接セット

2

　秘書は，上司の部屋の整備に特に気を使わないといけない。それはなぜか，考えられる理由を箇条書きで三つ答えなさい。

【解答例・解説】1＝①1）入り口から直接見えないようにする。
　　　　　　　　2）部屋全体を見渡せるようにする。
　　　　②1）来訪者が前を通るようにする。
　　　　　2）上司の机と向かい合わせにならないようにする。
　　　　③1）上司の机の近くに配置する。
　　　　　2）上司が応接セットに座るのに都合がよいようにする。
　①入り口から直接見えないようにとは，ドアの真正面にならないようにということである。また，上司の部屋なのだから，全体を見渡せるようにしないといけない。②部屋の管理は秘書だから，来客が前を通るようにしなければならない。また，顔を上げると上司と視線が合うなどはよくないことである。③応接セットを使うのは上司だから。また，上司は自分の席から立ち，下座に座るからである。
2＝1．来客に対して，よい印象を与えるため。
　　2．上司の部屋の印象は会社の印象にもつながり，会社や上司が信頼される元になるため。
　　3．上司が快適な環境で仕事ができるようにするため。
　解答例の他に「上司の地位にふさわしい部屋の品格を保つため」などもよい。

第6章

面　接

面接試験の予備知識

Lesson 1 面接試験の概要

　面接試験の課題は二つで，「報告」，「応対」の順で実施されます。「報告」も「応対」も面接前に課題内容を読んで覚えておき，それぞれロールプレーイングを行うことになります。ロールプレーイングとは役割演技ともいわれ，ある役を演じることで，問題の解決法を考えたり仕事内容を理解していくという学習法の一つです。「報告」では上司役を演じる審査員を相手に，受験者は秘書役を演じて内容を報告します。「応対」では来客役の審査員（係員が務めることもあります）に対して，指示された内容にふさわしい適切な応対をします。

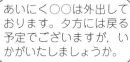

あいにく○○は外出しております。夕方には戻る予定でございますが，いかがいたしましょうか。

失礼いたします。○○についてご報告申し上げたいのですが，ただ今よろしいでしょうか。

2人一組で実施されますが，1人ずつ「報告」を行います。2人とも終了したら「応対」に移り，同様に行います。

| 応　対 |
| 報　告 |

秘書検定の面接は「役割演技」

　通常の面接試験は，受験者に審査員がさまざまな質問をして，知識や人格，適正などを判定していく口頭試問*1) による審査という形式をとります。しかし，

ワード
Check!

＊1）口頭試問＝試験官の質問に対して口頭で答える試験のこと。

秘書検定の面接試験では知識を問う試験は行われません。それは，知識については筆記試験で終了したという考えに立っているからです。しかし，秘書としての知識があったとしても，それが実際にビジネスの場で体現できなければ意味がありません。そこで，秘書検定の面接では，知識として身に付けたことを実際に行うことができるかどうかを見る，役割演技という形式で試験が行われます。1級の面接試験では，秘書役を演じる受験者の立ち居振る舞いや言葉遣いがチェックされ，それが秘書としてまた，1級の資格を有するにふさわしいものかどうかが審査されることになります。

 ## 面接試験での課題

　課題は以下の二つで構成されています。審査員または係員が上司役や来客役を務め，受験者が秘書として役割演技をします。準1級の「状況対応」では審査員が席に着いたまま行うものでしたが，1級の「応対」では立って来客役を務めることになるので，それだけ実際の応対に近いロールプレーイングになります。課題でそれぞれどのようなことをするのかしっかり押さえておきましょう。

報　告	提示された課題の内容を上司役の審査員に報告する。

①受験者は試験に入る直前に，課題を読む席に案内される。そこで「以下の内容を上司に報告してください」と200文字程度の報告内容が書かれた課題が渡される。

※このとき「応対」の課題（後述）も同時に渡される。

②受験者は課題を読み，上司に報告する話し言葉に置き換えて記憶する。制限時間は「応対」の課題を読む時間も含めて5分。

③記憶したことを棒読みするのではなく，実際にオフィスで上司に報告するようなつもりで要領よく伝える。

課題例） 普通の野菜よりも栄養のある「機能性野菜」が注目を集めているそうだ。

　　トマト，ニンジンなどのほか，子供向けのピーマンも好評で，苦味は従来の10分の1だがビタミンCは1.5倍だという。

　　日本人の野菜摂取量は減少していて，特に少量しか食べられない高齢者の野菜不足は深刻なので，高い栄養が取れる機能性野菜には期待が寄せられているそうだ。

　　値段は高めだが，工場生産のため天候の影響を受けにくく，季節によっては割安だそうだ。

報告例） 失礼いたします。最近、注目を集めている機能性野菜についてご報告申し上げたいのですが，ただ今，お時間よろしいでしょうか。

この機能性野菜のトマト、ニンジンなどは普通のお野菜よりも栄養価が高いとのことでございます。また，子供向けのピーマンも好評で，苦味は従来の10分の1ですがビタミンCは1.5倍だとのことでございます。

日本人の野菜摂取量は減少しており，特に少量しか食べられない高齢者の野菜不足は深刻とのことで，高い栄養が取れる機能性野菜には期待が寄せられているそうでございます。

お値段は高めですが，工場生産のため天候の影響を受けにくく，季節によってはお安くなるそうでございます。

以上でございます。

応　対　設定された状況に従い，審査員を来客に見立てて応対をする。

①課題には来客に応対する際の状況が示されているので，受験者はその状況を把握し，来客に対してどのような応対をするか考えておく。

課題例1） あなたは，田中部長秘書である。

現在午後1時10分。午後1時の予約客が遅れて訪れた。

部長は昼前の来客と昼食に出たまま，まだ戻ってこない。様子から，どうも午後の客を忘れているらしい。

応対例1）

来客「ごめんください」

秘書「いらっしゃいませ」

来客「田中部長様いらっしゃいますか」

秘書「失礼ですが，どちらさまでいらっしゃいますか」

来客「ABC商事の中村と申します。1時のお約束を頂いておりましたが，少し遅れてしまいました」

秘書「ABC商事の中村様でいらっしゃいますね，いつもお世話になっております。中村様，誠に申し訳ございません。田中は外出いたしておりましてまだ戻っておりません。

　　　　お待ちいただくお時間はおありでしょうか」

来客「そうですか……今日は次の予定がありますので，出直し
　　てまいりますが，私が伺うことについて何かおっしゃっ
　　ていませんでしたか」

秘書「申し訳ございません。田中からは何も申し付かっており
　　ません」

来客「そうですか」

秘書「それでは，ご都合のよろしい日時を二，三お聞かせいた
　　だけますでしょうか」

来客「そうですね，明日か明後日の1時はいかがですか」

秘書「かしこまりました。明日か明後日の1時でございますね。
　　田中が戻り次第，中村様にご連絡させていただきます。
　　本日はお約束をいたしておきながら誠に申し訳ございま
　　せんでした」

審査の基準とポイント

　審査の対象となるのは，「報告」，「応対」の二つの課題についてだけではなく，入室から退室までの立ち居振る舞い，言葉遣い，表情なども含まれるので注意します。

◆審査の基準。

　◎「話し方の調子，言葉遣い，態度，振る舞い」の感じのよさが上級秘書として普通を超えたレベルであること。

◆審査のポイント。

　◎面接室内での「態度」「振る舞い」「言葉遣い」「話し方の調子」「物腰」「しぐさ」「身なり」などがチェックされる。

◆審査の対象。

　◎以下のようなことが雰囲気として感じられるかどうかが見られる。
　　☆立ち居振る舞いが丁寧で感じがよい。
　　☆話し方や言い方の調子に，腰の低さと柔らかさが感じられる。
　　☆秘書としての謙虚な態度が感じられる。

序章　受験対策 基礎知識

第1章　必要とされる資質

第2章　職務知識

第3章　一般知識

第4章　マナー・接遇

第5章　技能

第6章　面接

終章　模擬試験

Lesson ②　面接試験に臨む前の点検事項

面接試験を受ける前に，身だしなみは適切かどうか，立ち居振る舞いは美しいかなどをきちんとチェックしておく必要があります。

> いい感じね！
> これなら合格間違いなしだわ！

> 最上級の面接試験だから，気を引き締めて，歩き方や姿勢もきちっと決めないとね！
> お母さん，こんな感じでどうかしら？

 ## 身だしなみで留意すべきこと

面接試験は，そこがビジネスの場であることを前提に行われるので，それにふさわしい身だしなみを心がけなければなりません。服装はスーツが最も望ましいといえます。学生であれば，制服でも構いません。服装以外のことについては，以下のことに留意します。

　◆髪形は清潔感があってすっきりしたものに。
　　　◎長い髪の場合，お辞儀をしたときに髪が前や横に垂れ下がり，きちんとしたお辞儀ができないので，後ろでまとめる。
　◆化粧はナチュラルメイクが基本。
　　　◎派手にならないように注意する。
　　　◎薄化粧で自然な感じを出すのがよい。
　　　◎ビジネスの場を想定しているのでノーメイクは避ける。

◆アクセサリーは控えめに。

◎秘書という職種を考えて派手にならないものを選ぶ。すっきりとさりげなく上品な感じを与えるものに。

◆靴は中ヒールが基本。

◎中ヒールで，歩きやすく機能的なものが望ましい。

◎シンプルなものを選び，色はスーツに合わせる。

◎ビジネスの場なので，ブーツやサンダルなどカジュアルなものは不可。

◎面接が雨の日の場合は，道中は別の靴を履き，会場で履き換える。

◆ストッキングは肌色が原則。

◎黒のストッキングは避ける。

◎伝線した場合のことを考慮して，予備を用意しておく。

◆爪は短く切って整えておく。

◎マニキュアをするときは，爪に光沢が出る程度のものにとどめ，赤など派手な色は避ける。

◆香水は避ける。

◎使うならオーデコロン程度にし，香りの強いものは避ける。

面接試験前にチェックしておく動作

面接試験では立ち居振る舞いも審査の対象になります。特別な作法や動作が求められるわけではありませんが，以下のような基本動作は確実にできるようにしておきます。ぶっつけ本番では失敗することが多いので，前もって練習して慣れておくとよいでしょう。

◆立ち姿は背筋を伸ばすのが基本。

◎かかとをつけ，爪先を少し開く。手は自然に前で重ねる。

◎おなかを引っ込め，やや肩を張る感じにし，肩を丸めたりしない。

◎立っているとき手を後ろで組むのは厳禁。

◆歩き方は背筋を伸ばしてリズミカルに。

◎視線を前方に置き，真っすぐ直線上を歩くような意識で歩く。

◎手を前で組んだまま歩かない。

◆着席するときは，椅子の前でいったん止まってから腰かけるようにする。

◎腰かけるときは背と背もたれの間を少し空ける。

◎腰かけたら背もたれに寄りかからない。

◎背筋を伸ばし，膝は合わせて，足はそろえておく。

序章　受験対策基礎知識

第1章　必要とされる資質

第2章　職務知識

第3章　一般知識

第4章　マナー・接遇

第5章　技能

第6章　面接

終章　模擬試験

◎手はどちらかの手を重ねて自然に両太ももの上に置く。男性は軽く握って膝の上に置く。

◆離席するときは，椅子の前に立って一瞬止まり，それから歩き出す。

　◎立ち上がるときはもたもたせず，すっと一気に立ち上がる。

◆お辞儀の仕方と使い分けを心得る。

　◎お辞儀には，「会釈」，「普通礼（敬礼）」，「最敬礼」の3種類がある。

　◎「会釈」は角度15度程度のお辞儀で，廊下で人に出会ったときや部屋に出入りするとき，人に話しかけるとき，次の動作に移るときなどに用いる。

　◎「普通礼（敬礼）」は角度30度程度のお辞儀で，人を迎えるとき，見送るとき，あいさつをするときなど，ビジネスの場ではよく用いられるお辞儀。

　◎「最敬礼」は角度45度〜60度のお辞儀で，人にお願いをするとき，感謝するとき，おわびをするときなどに用いる。

　◎面接試験では，面接室に入るときや出るとき，話しかけたり次の動作に移るときには「会釈」，氏名を言って「よろしくお願いいたします」とあいさつするときや「応対」で客を迎えるときは「普通礼（敬礼）」，「応対」で謝罪したり礼を述べるときは「最敬礼」，と使い分けができるように練習しておく。角度だけでなく，お辞儀したときの姿勢が美しく見えるかどうかもチェックしておくこと。

◆人に接するときは「前傾姿勢」で行う。

　◎来客応対や上司に報告するときなどは前傾姿勢を忘れない。

　◎体を会釈程度に曲げて，相手の目を見て話したり聞いたりする。

◆来客を案内するときや物を指し示すときなど，その方向を示すときは，右手の指を軽く閉じ，手のひらを45度程度傾けて指し示す。

| お辞儀の種類 | 前傾姿勢 | 方向を指し示す手 |

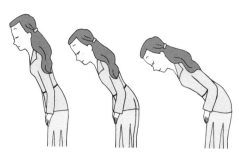  

☝ 会釈。　☝ 普通礼（敬礼）。　☝ 最敬礼。　☝ 人に接するときの基本姿勢。　☝ 人を案内するときなど，方向を示すときの手の形。

SECTION 2 面接試験の実際

Lesson 1 面接試験の実際の流れ

　面接試験が実際にどのような手順で行われるのか，その流れを具体的につかんでおくと安心して試験に臨むことができます。どの部分でどのようなことに留意すべきなのか，事前にチェックしておきましょう。

　なお，会場に到着したら受付で手続きを済ませて控室に入りますが，そこまでの手順は準1級の面接試験と同じと考えて構いません。

まず，報告内容を要領よくまとめて覚えなくちゃ。応対では笑顔で接することね！

控室から面接室への入室，退室まで

　控室に入ったら，指示があるまで静かに待ちます。面接室への入室から退室まで，面接試験の流れは以下のようになります。

①控室に入る

◎控室では空いている席に着き，受付で受け取った面接番号の札を左胸に着ける。
◎貴重品以外の荷物は控室に残したまま試験を受けることになるので，まとめておく。
◎携帯電話の電源スイッチは切っておく。
◎係員の指示があるまで静かに待つ。

② 「報告」の課題を覚え,「応対」の課題に示された役割や状況設定を理解する

◎試験は2人一組で実施され,試験7分前になったら,係員が2人の面接番号と名前を呼ぶ。

◎呼ばれた人は「はい」と返事をして立ち上がる。係員が「前の席へどうぞ」などと案内するので,貴重品の入った荷物を持って指示された場所に移る。

◎係員から課題が渡されたら,それを見て覚える。「報告」の課題には「報告内容」が,「応対」の課題には「状況設定」が示されている。課題を見る時間は5分間で,課題は2人とも違う。

◎課題をメモすることはできるが,面接室で見ることはできない。

◎5分が経過すると,係員から合図が出され,課題は回収される。「それではお時間になりましたので,面接室にご案内いたします。貴重品はお持ちください。」などと告げられたら,それに従う。

③ 面接室に入る

◎係員の案内で面接室の入り口に来たら,係員がドアを開けてくれるので,面接番号の若い人から順に中に入る。

面接室

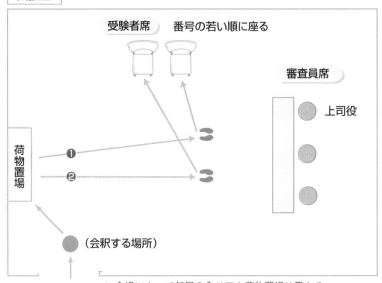

🔼 会場によって部屋の入り口や荷物置場は異なる。

◎中に入ったら入り口付近で立ち止まり，審査員の方に向かって荷物は持ったまま，「失礼いたします」と軽くあいさつをして入室する。

◎入室して荷物を所定の場所に置いたら，面接番号の若い順に中央の立ち位置まで進む。

④あいさつをする

◎立ち位置で２人そろったら，番号が若い人から面接番号と名前を告げて，「よろしくお願いいたします」（敬礼）とあいさつをする。

◎最初の人が終わったら，次の人も同じように面接番号と名前を言ってあいさつをする。

◎あいさつが終わったら，「それではお二人とも椅子におかけください」などと言われるので，受験者席に向かって歩いて行き，審査員に近い席から面接番号順に着席する。

⑤「報告」をする

◎「最初は報告です。報告はあちらの上司役（一番左の席にいる審査員）にお願いします」と説明がある。

◎「では，○番の方からどうぞ」と言われたら，呼ばれた人は「はい」と返事をして，上司役の審査員のやや斜め1.5mの位置（黄色の線がある）まで進み，立ち止まる。

◎立ち止まったら，そこで「失礼いたします」と会釈をして，「○○について，ご報告申し上げたいのですが，ただ今お時間はよろしいでしょうか」と，上司役の審査員に尋ねる。

◎「はい，どうぞ」と言われたら，「はい」または「はい，かしこまりました」と言って，控室で覚えた報告内容を要領よく話す。

◎報告が終わったら，「ご報告は以上でございます」と言う。

◎審査員から「ご苦労さま，どうぞお戻りください」と言われたら，「失礼いたします」と会釈をしてから席に戻る。

◎最初の人が終わったら「では，○番の方どうぞ」と次の人が呼ばれるので，同じ要領で報告する。

序章 受験対策 基礎知識

第1章 必要とされる資質

第2章 職務知識

第3章 一般知識

第4章 マナー・接遇

第5章 技能

第6章 面接

終章 模擬試験

⑥「応対」をする

◎「報告」が終わると，来客役が※の位置（下図参照）に立って「次は応対です。来客役は私です。では○番の方，こちらにお立ち下さい」などといって受験者が立つ位置を示すので，番号を呼ばれた人は「はい」と返事をして指定の場所に立つ。来客役が声をかけるまでそこで待つ。

◎「応対」では，来客役を相手に課題の設定内容に応じたロールプレーイングを行う。

◎最初に来客役が「ごめんください」などと声をかけるので，受験者はそれを合図に役割演技を始める。

◎来客役は，状況によっては予想外の要求をしてくることがあるので，瞬時に適切な対応をしていかなければならない。

◎ある程度の役割演技が進行したら，来客役が「はい，ここまでにいたします」と打ち切りの指示をするので，「ありがとうございました」と会釈をして自分の席に戻る。

◎最初の人が終わると次の人が同じように「応対」の役割演技を行う。

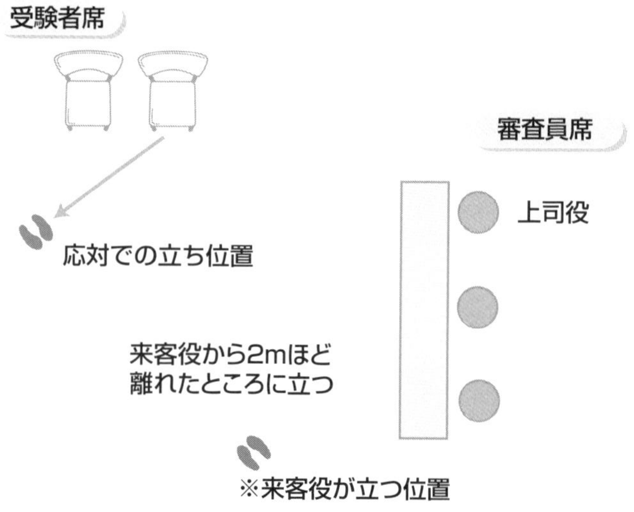

受験者席

応対での立ち位置

来客役から2mほど
離れたところに立つ

審査員席

上司役

※来客役が立つ位置

⑦コメントを受ける

◎「応対」が終わって，最後の人が席に戻ったら，審査員から簡単なコメントがある。

◎来客役から「では，中央のこの辺りにおいでください」と指示されるので，指示された場所まで進み出る。

◎2人そろったところで，審査員が「それでは本日のことについてコメントを申し上げます」と告げるので，コメントに耳を傾ける。

◎コメントは，それぞれの受験者の役割演技に対する寸評や感想で，合否に関することではない。

⑧退室する

◎コメントが終わったら面接試験は終了するので，指示に従って順次退出することになる。

◎審査員が「これで本日の試験は終了です。お疲れさまでした。荷物を持ってご退出ください。」と終了を告げたら，「ありがとうございました」とあいさつし，出入り口の方へ進んでいく。

◎荷物を持ち入ってきたときに立ち止まった場所辺りまで来たら，審査員の方を振り返って1人ずつ，「失礼します」と会釈をして退出する。

◎最初に出る人がドアを開ける。外開きのドアの場合は，両手か，もう一方の手を添えるようにして片手でノブを回して開け，自分が出た後も次の人が出やすいようにドアを開けたままノブを押さえておく。後の人が出たら静かにドアを閉める。

◎内開きの場合は，外開きと同様のやり方でノブを回してドアを手前に引き，後の人を先に通す。次いでドアの外側に回り込み，内側のノブから外側のノブに手を持ち替え，審査員に軽く会釈をしてから静かにドアを閉める。

◎来客役がドアを開ける場合もある。

序章　受験対策・基礎知識

第1章　必要とされる資質

第2章　職務知識

第3章　一般知識

第4章　マナー・接遇

第5章　技能

第6章　面接

終章　模擬試験

Lesson ②　あいさつと課題への対応

　秘書検定試験の面接は二つの課題を中心に行われますが，どこで，何をすればよいかを理解し，行うべきことが自然にできるように準備しておくことが大切です。本番で焦ったり，不安になったりしないように，それぞれの課題に取り組むときの要領を心得ておき，面接には自信をもって臨むようにしましょう。

あいさつの要領

　初めのあいさつは「面接番号」と「氏名」を名乗り，「よろしくお願いいたします」と言うだけですが，緊張からか声がかすれたり，早口になって氏名がはっきり発音できなかったり，意外にここでつまずく人が少なくありません。最初に失敗すると焦って，肝心の課題にも影響するので，ここは確実にクリアできるようにしておきましょう。

●立ち位置を間違えない

　先に入室した人は審査員席に向かって左側に，次の人は右側に立ちますが，最初の人が間違えると，次の人の立ち位置も違ってくるので注意しなければなりません。また，最初の人が間違えてもそれを指摘したりせずに，空いているもう一つの立ち位置に立つようにします。ただし，指示があればそれに従います。

●タイミングを間違えない

　あいさつは，2人そろってからすることになっています。審査員の指示に従って，最初の人は一呼吸ついたところで始めるようにします。また，受験者が「よろしくお願いいたします」とあいさつすると，審査員もそれに対して「お願いし

ます」と対応するので，次の人は，その間合いを計って，一呼吸置いてから始めるようにします。

●あいさつの仕方

あいさつをするときは審査員に視線を向けて前傾姿勢で行いますが，その際，両腕は前で重ねるようにします。

また名乗るときは，以下のような言い方をするとよいでしょう。

> 面接番号○○番，○○○○（氏名）と申します。
> よろしくお願いいたします。

◆「面接番号○○番，○○○○です」や「よろしくお願いします」は，丁寧な名乗り方ではないので注意する。

早く済まそうと思うとどうしても早口になります。早口になると言い違いをしてしまうことがあるので，できるだけ落ち着いて，相手にはっきり分かるように意識して話すことが大切です。以下のように言葉を適度に区切って話すように心がけるとよいでしょう。

①まず「面接番号」と言って一瞬間を置き，「○○番」と言う。

②面接番号を言った後も一瞬間を置き，「○○（姓）」でも一瞬間を置いてから「○○（名）と申します」と述べる。

　◎自分の名前は言い慣れているせいか早口になりやすく，相手にはよく聞き取れないことがあるので，名乗るときはそのことを頭に入れておく必要がある。

③名乗った後も一瞬の間を置く。次いで「よろしくお願いいたします」とあいさつし，お辞儀（敬礼）をする。

　◎お辞儀は「よろしくお願いいたします」と言いながらしてもよい。どのようにするかは前もって決めておき，その場で迷わないようにする。

　◎お辞儀をするときは角度だけに気を配るのではなく，きちんと見えるように次の点に留意する。

　　☆首筋と背筋を伸ばす。

　　☆腰から上の上体全体を曲げる。

　　☆あごを引いて上げないようにする。

　　☆髪が垂れ下がらないようにまとめておく。

序章　受験対策　基礎知識

第1章　必要とされる資質

第2章　職務知識

第3章　一般知識

第4章　マナー・接遇

第5章　技能

第6章　面接

終章　模擬試験

「報告」の要領

　「報告」では，ここで用いる基本用語を覚えることと話の展開パターンをつかむことがポイント。また，前傾姿勢で正しく報告できるかが審査されます。

●報告で用いる基本用語

　ここで使う基本用語は以下の五つです。

「失礼いたします」	→「報告」で最初と最後に用いる言葉。
「〜についてご報告申し上げたいのですが」	→タイトルを付けた場合の言い方。
「ご報告したいことがございますが」	→タイトルを付けない場合の言い方。
「ただ今，お時間はよろしいでしょうか」	→上司の都合を尋ねるときの言葉。
「はい」「はい，かしこまりました」	→上司の意向を聞いたときの返事。
「以上でございます」	→報告を終えたときに言う言葉。

● 「報告」の進め方

　自己紹介が終わって椅子に腰かけたら，「最初は報告です。報告はあちらの上司役にお願いします」と上司役の審査員が示されるので，番号を呼ばれたらその審査員に，控室で覚えた報告内容を要領よく報告します。

　「報告」は以下のような手順で行います。

①「では，○番の方どうぞ」と指示があるので，返事をして椅子から立ち上がり，上司役の審査員のやや斜め前1.5mの位置（黄色の線がある）まで進み出る。

②担当の審査員の前に来たら次の手順で報告を始める。

　　◎課題例は以下の通りとする。

> 課題例）　最近，ファミレスの売り上げが好調だという。
> 　　　理由は，メニューの高級路線への変更が当たったこと，酒は居酒屋よりファミレスで呑む方がトクと考える人が増えてきていることのようだ。
> 　　　例えば，酒のつまみになる小皿料理の質が格段に向上しているとか，破格に安いワインがあるなどが挙げられる。
> 　　　大人数での食事では，呑めない人への配慮ができることも大きい。
> 　　　今後ますます「呑みの場」としてのクオリティ競争が激化しそうだという。

1)「失礼いたします」と言って会釈をする。
2) 上司役を演じる審査員の目を見て，
　「『好調なファミリーレストラン』についてご報告申し上げたいのですが，
　ただ今，お時間よろしいでしょうか」と，前傾姿勢で言う。
3) 上司役が「はい，お願いします」と言ったら，「はい」あるいは「はい，
　かしこまりました」と返事をして，4) のように報告する。
4)「最近、ファミリーレストランの売り上げが好調だとのことでございま
　す。理由といたしましては，メニューの高級路線への変更が当たったこ
　と。お酒は居酒屋で呑むよりお得と考える人が増えてきていることのよ
　うでございます。
　　例えば，おつまみになる小皿料理のメニューや味が格段に向上してい
　ることや，とても安いワインがあるなどが挙げられています。
　　大人数でのお食事では，呑めない方への配慮ができることも大きいそ
　うでございます。
　　今後ますます「呑みの場」としてのクオリティ競争が激化しそうとの
　ことでございます。以上でございます」
③上司役が「ご苦労さま。どうぞお戻りください」と言ったら，「失礼いたします」
　と会釈して自分の席へ戻る。

● 課題にはタイトルを付けてもよい

　課題を報告するときは，内容を表すタイトルを付けた方がよいでしょう。タイト
ルを告げることで上司は今聞くべきか後回しにするか話を聞かなくても判断でき
るからです。面接試験でもビジネスの現場を想定しているので，そのような配慮を
する必要があります。タイトルを付けるときは「できるだけ簡潔に，できるだけ報
告内容が分かるように」を心がけます。

　課題例の場合は，報告例で示した以外に「ファミリーレストランでのちょい呑
みについて」などとしてもよいでしょう。

● 「お」「ご」が付いた形が一般的に広く定着している言葉

　「お」「ご」が付いた形が一般的に広く定着している言葉には，「お」「ご」を
付けた方がよいでしょう。課題例では，「お酒」「おつまみ」が該当します。

序章　受験対策
基礎知識

第1章　必要とされる資質

第2章　職務知識

第3章　一般知識

第4章　マナー・接遇

第5章　技能

第6章　面接

終章　模擬試験

●文章を分かりやすく整理する

　課題の文章は書き言葉で書かれているので，それをそのまま話し言葉にしてもスムーズに頭に入ってこないことがあります。そのような場合は，まず文章を平易に組み立てて分かりやすくするとよいでしょう。

　参考に課題文と解答例を比べてみましょう。

　　1)「理由は，メニューの高級路線への変更が当たったこと，酒は居酒屋よりファミレスで呑む方がトクと考える人が増えてきていることのようだ。」（課題文）

↓

　　「理由といたしましては，メニューの高級路線への変更が当たったこと。お酒は居酒屋で呑むよりお得と考える人が増えてきていることのようでございます。」（解答例）

　　2)「例えば，酒のつまみになる小皿料理の質が格段に向上しているとか，破格に安いワインがあるなどが挙げられる。」（課題文）

↓

　　「例えば，おつまみになる小皿料理のメニューや味が格段に向上していることや，とても安いワインがあるなどが挙げられています。」（解答例）

　1)の解答例では，「ファミレス」というフレーズは言わなくても分かるので省いてあります。また，2)の解答例では，「質」を「メニューや味」にするなど，言葉を補っています。文章を整理するときは，このように，言葉足らずな表現をしている部分，くどい言い回しをしている部分をチェックし，不要な語句を省略したり適切な言葉を加えたりすると聞き手に分かりやすい報告となるでしょう。

●伝聞は「とのことでございます」を使う

　伝聞とは伝え聞いたことです。課題はほとんど「〜という」と伝聞の形で書かれているので，報告する場合は「〜とのことでございます」，「〜（できた）そうでございます」を用いて文を締めくくります。

●報告内容を言い間違えた場合の対応

　数字や固有名詞などをうっかり間違えてしまったときは，「失礼いたしました」と言って，訂正部分の区切りのよいところから言い直します。ただし，当然のことながら何度も言い直すのはあまり好ましくありません。

「応対」の要領

　「応対」では審査員（または係員）が「来客役」を演じ，受験者は秘書役になって応対することになります。役割や状況設定は控室で渡される課題を読んで把握しますが，せりふが書いてあるわけではないので，状況に沿った応対の流れを想定した上でどのように対応していくか考えておく必要があります。

● 「応対」の進め方

　「報告」が終わったら，次は「応対」の課題を演じることになります。まず来客役が立ち位置のところに来て，「次は応対です。来客役は私です。○○番の方からどうぞ」と最初の人の番号を呼ぶので，呼ばれた人から始めます。

　「応対」は次のような手順で進めます。

①呼ばれたら「はい」と返事をして椅子から立ち上がり，来客役を応対するのに適切な位置まで進んで立ち止まる。

②来客役が「ごめんください」「こんにちは」などと言うので，そこから状況設定にふさわしい次のような応対をする。

　　◎課題例は以下の通りとする。

> 課題例）　あなたは，山田部長秘書である。
> 　　部長は「予約客と約束した時間には終わらせてくるが，会議中は取り次がないように」と言って会議に出ているが，まだ会議は終わっていない。
> 　　そのような折，予約客が，約束の時間に訪れた。

　来客　こんにちは。

　秘書　いらっしゃいませ。

　来客　山田部長さんは，いらっしゃいますか。

　秘書　失礼でございますが，どちらさまでいらっしゃいますか。

　来客　東京商事の佐藤と申します。

　秘書　ご予約頂いております，東京商事の佐藤様でいらっしゃいますね。

　来客　はい。

　秘書　ご予約を頂いておきながら，誠に申し訳ございません。山田は会議が長引いておりまして，ただ今席を外しております。間もなくこちらに参る予定でございますが，しばらくお待ち願えませんでしょうか。

　来客　何とか取り次いでもらえませんか。

序章　受験対策・基礎知識　第1章　必要とされる資質　第2章　職務知識　第3章　一般知識　第4章　マナー・接遇　第5章　技能　第6章　面接　終章　模擬試験

　　　秘書　申し訳ございません。会議中は取り次がないようにと申し付かって
　　　　　　おります。
　　　来客　分かりました。お待ちしましょう。
　　　秘書　お急ぎのところ，大変申し訳ございません。
　　　（来客役「はい，ここまでにいたします」）
　③来客役が「はい，ここまでにいたします」などとロールプレーイングの打ち切
　　りを指示したら，そこで演技をやめ，「ありがとうございました」と会釈をして
　　自分の席に戻る。

●来客役の演技に合わせて応対する

　来客役は受験者が想定した通りの行動を取るとは限らないので，秘書役は来客
役の出方を見ながら臨機応変に対応する必要があります。例えば，同じ課題で
「会議中は取り次がないようにと申し付かっております」と言ったとき，「急用が
できたので至急お会いしたいのですが，何とかお願いできませんか」などと言わ
れることも考えられます。その場合は，「かしこまりました。すぐにお会いでき
るかどうか分かりかねますが，何とか取り次いでみます」などと応じなければな
りません。

　逆に課題に「取り次がないように」という上司の指示を守ることが条件にあっ
た場合は，来客から「何とかお願いできませんか」と言われても，希望に沿えな
いことを伝えなければなりません。ただしその場合も，秘書は来客の気持ちを考
えて言葉を選ばなければなりません。「会議中は取り次げない」と言っているの
に，「待つこと」には同意できず，「何とかお願いできないか」と言ってくるのは
相手にもよほどの事情があってのことでしょう。従って，「そのように申し付か
っておりますので……」とマニュアル通りに応対するのではなく，相手の気持ち
を察して「お急ぎのところ誠に申し訳ございません」といった言葉を忘れずに添
えるようにします。

●「言ってはいけないこと」を心得ておく

　上司の急病，会社の緊急事態などの理由で予約客の面談を断るという状況が設
定されていても，「急用」を理由にし，うっかり「実は，緊急事態が……」など
と内情を話さないように注意しなければなりません。また同様に「上司から『疲
れているのでスケジュール調整をするように』と指示され，面談を断る」という
場合にも，疲労を理由に挙げたりせず，「急用」または「会議が長引いている」
などの理由にします。この他，「予約客があるのを忘れたのか，上司が先客や訪
ねてきた友人などと食事に出かけて約束の時間に戻っていない」という場合など
も，ありのままの状況を告げるのではなく，「外出先で面談が長引いている」な
どと話さなければなりません。

●言葉だけでなく，しぐさや表情で気持ちを伝える

　来客役に対しては「前傾姿勢」で話すようにしますが，「どうぞこちらへ」，「応接室にご案内いたします」などと言うときには，手などを使って接遇にふさわしい動作が自然にできるように心がけます。また，「申し訳ございません」とわびるときは「最敬礼」をしますが，例外もあります。例えば，「何とか取り次いでもらえませんか」と言う来客に対して，秘書が「申し訳ございません。会議中は……」と話すとき，「申し訳ございません」で最敬礼をするのは不自然です。このような場合は，軽く頭を下げる程度にし，表情で申し訳ないという気持ちを表すようにします。

●わびる場合は，何に対してわびるのか，相手にはっきり告げる

　例えば，予約客に対してこちらの都合で面談を断る場合は，「お約束をしておきながら，大変申し訳ございません」，上司が遅れるので待ってもらう場合は，「お忙しいところ，お待たせいたしまして申し訳ございません」など，相手にわびる場合は，何に対してわびるのかはっきり言う必要があります。また，不意の客を断る場合も，「せっかくお越しいただきましたのに，ご期待に沿うことができず，申し訳ございませんでした」などと，希望をかなえることができなかったことに対してわびていることが相手に伝わるようにします。

●課題に書かれていなくても，代理の人はいるものと想定してよい

　上司が都合で面談できない場合，来客が「できれば今日お会いしたかったのですが……」と言ってきたら，秘書は「もしお差し支えなければ，代理の者がお会いするということではいかがでしょうか」などと話すことになります。「応対」では，代理の人のことが課題に書かれていなくてもいるものと考えてよく，「代理の人に面談する時間の都合がつくかつかないか」などと考える必要はありません。そういうことが設定されていなくても，「代理の人はいて，面談の都合もつく」という前提で話を進めて構いません。

●接遇用語を完全にマスターしておく

　同じような状況設定でも，来客役の出方次第で応対の内容も異なってきます。場合によっては思いも寄らない方向へ話が展開していくこともありますが，どのような状況に置かれても，適切な言葉が出てくるようにしておかなければなりません。「応対」では，受付では次に挙げるような接遇用語がよく使われるので，場面に応じて適切に使いこなせるようにしておきましょう。

序章　受験対策　基礎知識
第1章　必要とされる資質
第2章　職務知識
第3章　一般知識
第4章　マナー・接遇
第5章　技能
第6章　面接
終章　模擬試験

「失礼ですが，どちらさまでいらっしゃいますか」

「失礼でございますが，どちらの○○様でいらっしゃいますか」

「○○社の○○様ですね，お待ちいたしておりました」

「お約束いただいている，○○社の○○様でいらっしゃいますね。いつもお世話になっております」

「お約束をしておきながら，大変申し訳ございません。○○は，急用のため今席を外しております」

「しばらくかかると申し付かっておりますので，○○が戻り次第，至急ご連絡差し上げるということでいかがでしょうか」

「お急ぎのところ大変申し訳ございませんが，しばらくお待ち願えませんか」

「戻りの正確な時間は分かりかねますが」

「まもなくこちらへ参る予定ですが，少々お待ち願えませんか」

「せっかくお越しいただきましたのに，申し訳ございません」

「もしお差し支えなければ，代理の者ではいかがでしょうか」

「こちらの勝手で，誠に申し訳ございませんが，改めてお越し願えませんか」

「後日改めてお約束を承りたいと存じますが，よろしいでしょうか」

「ご都合のよろしい日時をお聞かせいただけませんか」

「月曜日の午後3時か，水曜日の午後3時でございますね。かしこまりました。こちらから改めてご連絡差し上げます」

「何か○○に申し伝えることはございませんか」

SELF STUDY

過去問題を研究し
理解を深めよう！

CHALLENGE 実問題

　実際の面接での課題は，１人に対して「報告」「応対」それぞれ1問ずつです。
ここでは課題を2回分用意しました。全問題にチャレンジしてみてください。
　＊「報告」と「応対」の課題を読む時間は，合わせて5分間です。

面接試験実問題 1

報　告　以下の内容を，上司役に報告してください。

> 　働き盛りの男性に，茶道（さどう）が人気だそうだ。
> 　茶道といえば花嫁修業という時代もあったが，最近はビジネスマンが仕事帰りに初心者向けの教室に通うのだという。
> 　人気の理由は，仕事とは別世界で癒（い）やされるから。また，最近の歴史ブームの影響もあるようだ。
> 　茶道を学ぶことによって，美しいあいさつやマナーが身に付いたり，話題が豊富になるなど，ビジネスへの効果も大きいという。
> 　茶道を研修に取り入れたり，同好会をつくる企業もあるそうだ。

応　対　以下の状況設定で，来客役に応対してください。
（次ページの秘書が話す空欄に適切な言葉を入れなさい）

> 　あなたは，山田部長秘書である。
> 　部長は，「ちょっと出かけてくる。来客までには戻る」と言って外出したが，まだ帰社していない。
> 　そこへ，この時間に予約のある客が訪れた。

○来客「ごめんください」
●秘書「　　　　　　　　　　　　　　」

○来客「私，東京物産の松本と申しますが，山田部長様はいらっしゃいますで
　　　　しょうか」
●秘書「

　　　　　　　　　　　　　　　　　　　　」

○来客「こちらこそお世話になっております」
●秘書「

　　　　　　　　　　　　　　　　　　　　」

○来客「そうですか。私宛てに何かおっしゃっていませんでしたでしょうか」
●秘書「

　　　　　　　　　　　　　　　　　　　　」

○来客「それでは，今日は次の予定がありますので出直してまいります。明日か
　　　　明後日の午後に予約をお願いいたします」
●秘書「

　　　　　　　　　　　　　　　　　　　　」

（来客役「はい，ここまでにいたします」）

面接試験実問題　2

報　告　以下の内容を，上司役に報告してください。

　仕事や家事に忙しく時間のない女性で，キレイになるため，寝ている時間を活用している人を「寝活族」と言うのだそうだ。

　多いのは，髪のトリートメント，サプリメントを飲む，足のむくみを取るソックスを履くなどだそうだ。

　アンケートでは，女性だけにスキンケアが多いと思われていたが，ヘアケアやボディーケアが多いのが意外だとか。

　これからは，寝ながらできる美容のための化粧品や美容家電などが注目を集めそうだという。

応　対　以下の状況設定で，来客役に応対してください。
（次ページの秘書が話す空欄に適切な言葉を入れなさい）

　あなたは，山田部長秘書である。

　部長は今，会議に出席していて，終わり次第外出することになっている。

　そこへ，急だが尋ねたいことがあるので時間が取れないかと言って，取引先の人が不意に訪れた。

○来客「ごめんください」

●秘書「　　　　　　　　　　　　　」

○来客「山田部長様はいらっしゃいますでしょうか」

●秘書「

　　　　　　　　　　　　　　　　　　　　　　　　　」

○来客「失礼いたしました。私，早稲田産業の田中と申します」

●秘書「

　　　　　　　　　　　　　　　　　　　　　　　　　」

○来客「お約束はしておりませんが，お尋ねしたいことがありますので山田部長
　　　　様にお時間をいただけませんか」

●秘書「

　　　　　　　　　　　　　　　　　　　　　　　　　」

○来客「そうですか。それでは来週の月曜日か火曜日の午前中はいかがでしょう
　　　　か」

●秘書「

　　　　　　　　　　　　　　　　　　　　　　　　　」

（来客役「はい，ここまでにいたします」）

面接試験実問題　**1**　　　解答例

報　告

秘書　失礼いたします。
　　　茶道の人気につきましてご報告申し上げたいのですが，ただいまお時間よろしいでしょうか。
上司　はい，どうぞ。
秘書　かしこまりました。最近，働き盛りの男性に，茶道が人気だそうでございます。
　　　茶道といえば花嫁修業という時代もございましたが，最近ではビジネスマンが仕事帰りに初心者向けの教室に通うそうでございます。人気の理由といたしましては，仕事とは別世界で癒されたり，最近の歴史ブームの影響もあるようでございます。
　　　また，茶道を学ぶことにより，美しいあいさつやマナーが身に付いたり，話題が豊富になるなど，仕事への効果も大きいということでございます。
　　　茶道を研修に取り入れたり，同好会をつくる企業もあるそうでございます。
　　　以上でございます。
上司　はい，ご苦労さま。
秘書　失礼いたします。

応　対

○来客「ごめんください」
●秘書「いらっしゃいませ」
○来客「私，東京物産の松本と申しますが，山田部長様はいらっしゃいますか」
●秘書「東京物産の松本様でいらっしゃいますね。いつもお世話になっております」
○来客「こちらこそお世話になっております」
●秘書「ご予約をいたしておきながら，誠に申し訳ございません。山田は，外出が長引いておりまして，まだ戻っておりません。お待ちいただくお時間はございますか」
○来客「そうですか。私宛てに何かおっしゃっていませんでしたでしょうか」
●秘書「申し訳ございません。特に申し付かっておりません」
○来客「それでは，今日は次の予定がありますので出直してまいります。明日か明後日の午後に予約をお願いいたします」
●秘書「かしこまりました。明日か明後日の午後でございますね。確認いたしまして，こちらから改めてご連絡を差し上げます。本日はお約束しておきながら誠に申し訳ございませんでした」

　（来客役「はい，ここまでにいたします」）

面接試験実問題 **2**　　　　　解答例

報　告

秘書　失礼いたします。
　　　寝ている時間を活用している人につきましてご報告申し上げたいことがございますが，ただいまお時間よろしいでしょうか。
上司　はい，どうぞ。
秘書　かしこまりました。仕事や家事に忙しく時間のない女性で，綺麗になるために寝ている時間を活用している人を寝活族というのだそうでございます。
　　　主に，髪のトリートメントをする，サプリメントを飲む，足のむくみを取るためのソックスを履くなどするようでございます。アンケートでは，女性だけにスキンケアが多いと思われておりましたが，ヘアケアやボディーケアが多いのが意外とのことでございます。
　　　今後は，寝ながらできる美容のための化粧品や美容家電などが注目を集めそうだ，とのことでございます。
　　　以上でございます。
上司　はい，ご苦労さま。
秘書　失礼いたします。

応　対

○来客「ごめんください」
●秘書「いらっしゃいませ」
○来客「山田部長様はいらっしゃいますか」
●秘書「失礼でございますが，どちらさまでいらっしゃいますか」
○来客「失礼いたしました。私，早稲田産業の田中と申します」
●秘書「早稲田産業の田中様でいらっしゃいますね。いつもお世話になっております。本日はお約束でしょうか」
○来客「お約束はしておりませんが，お尋ねしたいことがありますので山田部長様にお時間をいただけませんか」
●秘書「申し訳ございません。山田は本日，立て込んでおりまして，お会いいただくお時間が取れそうにございません。改めてご予約いただくわけにはまいりませんか」
○来客「そうですか。それでは来週の月曜日か火曜日の午前中はいかがでしょうか」
●秘書「かしこまりました。来週の月曜日か火曜日の午前中でございますね。確認いたしまして，こちらから改めてご連絡を差し上げます。本日はご足労くださいましたのに申し訳ございません。失礼いたします」

　（来客役「はい，ここまでにいたします」

模擬試験

● 筆記試験時間　140分 ●

区分	領域	問題数	正解数	合計正解数
理論編	Ⅰ　必要とされる資質	2or3問		
	Ⅱ　職務知識	3or2問		
	Ⅲ　一般知識	2問		7問
実技編	Ⅳ　マナー・接遇	7問		
	Ⅴ　技能	3問		10問

注）「Ⅰ必要とされる資質2問，Ⅱ職務知識3問の計5問」もしくは「Ⅰ必要とされる資質3問，Ⅱ職務知識2問の計5問」で出題されます。

● 評価 ●	◆理論編	◆実技編
	【正解数】　　【評価】	【正解数】　　【評価】
	5問以上…クリア	6問以上……クリア
	4問………あと一息でクリア	5問………あと一息でクリア
	3問………やや努力が必要	4問………やや努力が必要
	2問………さらに努力が必要	3問………さらに努力が必要
	1問以下…かなり努力が必要	2問以下……かなり努力が必要

注）理論編，実技編それぞれが60％以上正解のときに合格になります。
合格の目安は早稲田教育出版編集部が独自に付けたものです。

TEST 模擬試験にチャレンジし
実力を確かめてみよう!!

【必要とされる資質】

1 　秘書Aの上司がK部長に代わった。K部長はAに仕事の指示をするとき，「今までと同じでよいから」というだけで細かい指示はしない。しかし，その通りに処理をすると不満そうな顔をすることがある。このような状況にAはどのように対応すればよいか。箇条書きで三つ答えなさい。

2 　広報部長秘書Aは来月から常務秘書を務めることになり，Aの後任は広報部員のBに決まった。引き継ぎの中でAはBに，秘書の仕事をしていくためには周囲の人たちとの協調が特に大切と話した。このことについて，他の部員と一緒に広報の仕事をしていたBにだからこそ言っておかなければならないこととして，どのようなことがあるか。箇条書きで三つ答えなさい。

3　秘書Aの上司（販売部長）が代わって1カ月がたった。次はこの間に，この部署での経験が長いAが上司に言ったことである。中から<u>不適当</u>と思われるものを一つ選び，その番号を（　　　）内に答えなさい。

1）雑談の中で課員の仕事ぶりの話が出たとき，知っていることは話すのでいつでも聞いてもらいたいと言った。

2）取引先の部長が前上司を訪ねてきたとき，上司が代わったことを伝えて待ってもらい，上司に，会ってもらえないかと言った。

3）定例部長会議の資料を今まで通りに作ったが，確認してもらうとき，変えた方がよいところがあれば言ってもらいたいと言った。

4）取引先会長の訃報が入ったとき，最近は取引が途絶えている相手なので，告別式には課長に代理で参列してもらったらどうかと言った。

5）取引先の部長と顔合わせの食事をするが，知らないこともあるので同席してもらいたいと言われたとき，顔合わせなら二人の方がよいと言った。

（　　　　　　　　　　　　）

【職務知識】

4 秘書Aは上司（部長）から，「明日1時からの部長会議は，今回出席することになっているS常務が3時からにしてもらいたいと言っているので変更を頼む」と言われた。上司は今月，部長会議の当番である。このような場合，Aはどのようなことをしなければいけないか。箇条書きで四つ答えなさい。

5 Aが勤務するS電気株式会社は今年創立40周年を迎える。これに向けて編さんされていた社史『S電気40年の歩み』が出来上がり，社外の関係者に贈ることになった。Aたち総務部ではその送付事務を行うことになった。これに関して，次の①と②について答えなさい。

①送付先の名簿を作成するに当たって，する必要のあることを順を追って2.と3. に答えなさい。

　1. 各部署に社史を贈る旨を知らせ，希望する送付先を挙げてもらう。

　2.

　3.

②送付するときにするとよいことを，2. に答えなさい。
　1. 添え状を同封する。

　2.

【一般知識】

6　次は何の用語の説明か。(　　)内にカタカナで答えなさい。

1）市場経済が世界的規模に拡大すること。

（　　　　　　　　　　　　　　　　　　）

2）市場価格の決定に強い影響力を持つ企業のこと。

（　　　　　　　　　　　　　　　　　　）

3）全国的に知名度や普及率の高い商品や商標のこと。

（　　　　　　　　　　　　　　　　　　）

4）訪問販売等による商品購入の契約を，一定期間内であれば解約できる制度のこと。

（　　　　　　　　　　　　　　　　　　）

7　次の言葉の下線部分の読み方を（　　）内に平仮名で書きなさい。また，言葉全体の意味を答えなさい。

1）「上梓する」　　　　（　　　　　　　）

2）「私淑する」　　　　（　　　　　　　）

3）「鬼籍に入る」　　　（　　　　　　　）

4）「不惑の年を迎える」　（　　　　　　　）

序章　受験対策　基礎知識

第1章　必要とされる資質

第2章　職務知識

第3章　一般知識

第4章　マナー・接遇

第5章　技　能

第6章　面　接

終章　模擬試験

【マナー・接遇】

8　秘書Aの上司は時間を気にしない人なので，Aは困ることがある。今も取引先との面談が，予定時間を過ぎても終わらない。そこへこの時間に予約のあるM氏が訪れた。少し待ってもらいたいと言うと，不快そうな顔をされた。M氏には前にも待ってもらったことがある。このようなことについて，①この場の対応と，②今後の上司への対応について，それぞれ二つずつ答えなさい。

①この場の対応

②今後の上司への対応

9　秘書Aの上司（山田部長）宛てに，4時に取引先から電話が入ることになっている。このことはAがメモで上司に伝えていたが，上司は「すぐ戻るから」と言って訪ねてきていた友人と出かけてしまった。今3時45分。上司が4時までに戻らなかった場合，Aは取引先からかかってきた電話にどのように言えばよいか。その言葉を答えなさい。

10　秘書Aは新社屋落成祝賀パーティーの受付の責任者になった。そこで，失礼や落ち度のないよう，担当する後輩たちに丁寧な言葉遣いや振る舞いの指導をすることにした。次のそれぞれについて，Aはどのように指導すればよいかを答えなさい。

1）祝儀袋を出されて，受け取るときの言葉としぐさ

2）来賓のそばに行って，胸章を着けさせてもらうときの言葉と行動

3）急用が入った，と言って遅れて来た客への言葉と行動

4）所用のため途中だがこれで失礼する，と言われたときの言葉と動作

11　秘書Aは他部署の後輩Bから，「報告するときは私見を控えて事実だけを言うようにしてきたが，今度付いた上司からは『あなたの考えも聞かせてもらいたい』と言われる。どのようにすればよいか」と相談された。このような場合Aは，どのようなことをアドバイスするのがよいか。意見の述べ方も含めて箇条書きで三つ答えなさい。

12 山田部長秘書Aは，次の「　　」内のことをどのように言うのがよいか。適切な言葉遣いで答えなさい。

1）電話で取引先のY氏に
　「依頼のあった資料をさっきメールで送った。山田部長から見てもらいたいとのことなので，よろしく」

2）部員のKから頼まれて上司に
　「Kが確認してもらいたいことがあるそうだ。今，手が空いているなら，Kを呼んでくるがどうか」

3）T氏から電話が入っていることを上司に
　「T氏から電話が入っている。特別に頼みたいことがあると言っているが，つないでよいか」

13 次の場合の上書きは何と書けばよいか。「御礼」「謝礼」「御祝」以外の上書きを（　　）内に漢字で答えなさい。

1）賞金や寄付金などで金額を明示しないとき。

（　　　　　　　　　　　　　　　　　　）

2）70歳の祝いを渡すとき（年齢が分かるように）。

（　　　　　　　　　　　　　　　　　　）

3）取引先担当者が独立して事務所を開いたとき。

（　　　　　　　　　　　　　　　　　　）

4）上司が家の葬儀を手伝ってもらった部下へお礼を渡すとき。

（　　　　　　　　　　　　　　　　　　）

[14]　秘書は，上司が関係した葬儀とそれへの対処の記録を，後々の参考のため残しておくのがよい。その場合，「逝去者名（会社・役職），逝去日，葬儀の日時・場所，香典の金額」以外に記録しておいた方がよいことを，箇条書きで四つ答えなさい。

【技能】

[15]　兼務秘書Aは次回の課内会議の進行役に指名され，その際係長から時間通りに終わらせるようにと念を押された。最近気軽な発言が多く時間通りに終わらないことがあるためである。このような場合，どのように会議を進行するのがよいか。箇条書きで三つ答えなさい。

16 　秘書Aが次のそれぞれに郵送するとき，封筒の表書きはどのようにすれば
　　よいか。適切な宛名と必要なことを枠内に横書きで書きなさい。

1）○○ホテルの701号室に滞在している上司（山田和夫部長）に資料を送るとき。

　　　

2）里帰り出産のため実家（田中宅）に帰省している部員の川井明子に，折り曲
　　げられては困る書類を送るとき。

　　　

3）○○物産（株）の清田一郎営業部長に，中身が見積書だと分かるように送る
　　とき。

　　　

17 　次は社交文書の一部分である。[　　]内に，その下の（　　）内の意味か
　　ら考えて，該当する漢字2文字を書き入れなさい。

1）「[　　　　]　の栄を賜りたく」
　　　（お目にかかる）

2）「ご[　　　　]　の至りに存じます」
　　　（同じ気持ちになって喜ぶ）

3）「[　　　　]　より哀悼の意を表します」
　　　（心の奥底）

4）「何とぞ[　　　　]　のご支援を賜りますよう」
　　　（今まで以上）。

5）「万障お繰り合わせの上，ご[　　　　]　を賜りますよう」
　　　（式典に出る）

解答・解説

1 【解答例】1. 指示を受けたとき，その仕事の処理の仕方についてAの考えを話し，それでよいかを確認してみる。
2. 仕事の途中や終わったときに，処理の仕方や仕上がりについて確認するようにする。
3. 折に触れて，秘書の仕事の仕方に対する要望や仕事への期待について聞くよう心がける。

【解　説】解答例の他に，「前任秘書に，特に注意していたことなどを尋ね，自分の仕事の仕方を見直す」などもよい。今までと同じに行った結果，不満な点があったのだろうから，仕事の前後に確認して処理の仕方を修正し，上司の不満を解消するよう努めることが対応となる。また，秘書業務全般について，期待などを聞いておくことも必要である。

2 【解答例】1. 他の部員とは異なる仕事をすることになる部長秘書になったからといって，優越感などは持たないこと。
2. 秘書の仕事には，周囲の人の協力を得なければ果たせないことが多いのだから，普段からよい関係を保つよう心がけること。
3. 周囲の人とは今まで通りの付き合いをして行くが，話してよいこととよくないことのけじめをつけること。

【解　説】解答例の他に，「部長秘書になったということで，周囲のやっかみがあるかもしれないが，そのようなことは気にしないこと」などもよい。広報部員から秘書になったのだから，周囲からは今までとは違う目で見られる。そのことへの対応，また新たに秘書の仕事をしていくのだから，そこで求められる言動などを答えていくことになる。

3 【解答例】5)

【解　説】顔合わせの食事であっても，取引先の部長とだから仕事の話は当然出るであろう。それで上司は同席してもらいたいと言っているのに，断るようなことを言うのは不適当ということである。

4 【解答例】1. 会議室の使用時間の変更をする。他の使用予定が入っていたら調整する。
2. 会議の時間変更を各部長（秘書）に連絡する。理由を聞かれたらS常務の都合と話す。
3. 上司の明日のスケジュールを確認し，3時以降に予定が入っていたら上司に尋ねて調整する。
4. 各部長への連絡とスケジュール調整を終えたこと，出欠に変更が出たらそのことを上司に報告する。

5 【解答例】①2. 社長をはじめとする役職者に，会社業務とは直接関係はなくても贈りたい先があれば挙げてもらう。
3. 1. 2. を合わせ，重複していないかチェックする。
②2. 社史に「謹呈」か「献呈」の印を押す。または，しおりを挟む。

【解　説】解答例の他に，①「総務部長（課長）に送付先名簿を見せて，追加，訂正，削除はないか確認する」，②「創立40周年のロゴや文字を印刷した専用の封筒を用意する」などもよい。社史の送付だから，創業当時から今日までの会社と何らかの関わりを持つ人が対象になる。漏れや重複のないようにする。この観点からのことが答えになる。

序章　受験対策　基礎知識／第1章　必要とされる資質／第2章　職務知識／第3章　一般知識／第4章　マナー・接遇／第5章　技能／第6章　面接／終章　模擬試験

6 【解答例】 1) グローバリゼーション
         2) プライスリーダー
         3) ナショナルブランド
         4) クーリングオフ

7 【解　答】 1) （ じょうし ）書物を出版すること。
         2) （ ししゅく ）直接の教えは受けないが，師として尊敬し学ぶこと。
         3) （ きせき ）死ぬこと。
         4) （ ふわく ）40歳になること。

8 【解答例】 ①この場の対応
         1．M氏に，すぐ上司にM氏来訪のことを伝えると言い，今回も待って
           もらうことを特にわびる。
         2．上司にメモでM氏来訪を伝えるとき，前にも待ってもらったことを
           書き添える。
         ②今後の上司への対応
         1．今までの面談スケジュールの組み方について，時間などに問題点が
           ないか尋ねる。
         2．会議や面談などの後に次の予定があるときは，その都度，時間の念
           を押したり，メモを渡したりする。
   【解　説】 ①予約客はすぐに取り次ぐのが基本である。M氏には2回も待っても
         らうことになってしまったのだから，それに対するおわびの仕方と面
         談中の上司へのメモの書き方が，この場の対応として必要なこととな
         る。②時間を気にしない上司のスケジュールの組み方や，当日の確認
         などが今後の対応となる。この辺りのことが答えられていればよい。

9 【解答例】 お約束しておきながら誠に申し訳ございません。山田はどうしても外せ
         ない用事ができてしまい，外出しております。間もなく戻ると存じます
         が，戻りましたらこちらからお電話するということでよろしいでしょう
         か。

10 【解答例】 1)「恐れ入ります。お預かりいたします（ありがとうございます）」と
          言って両手で受け取る。
         2)「失礼いたします」と言って少し膝を折り，左胸の辺りに着けさせ
          てもらう。
         3)「お忙しいところお越しくださいまして，恐縮でございます」など
          と言って受け付けし，会場の案内係の所まで案内する。
         4)「本日はお忙しいところをありがとうございました」と言って，深
          くお辞儀をして見送る。

11 【解答例】 1．秘書の考えも聞きたいというのが上司の意向であれば，それに沿う
          ような報告の仕方をする必要がある。
         2．ただし，まず事実を述べてから，事実とはっきり区別がつくように「あ
          くまでも私の考えですが」などと前置きしてから話すのがよい。
         3．意見であっても秘書の立場を十分に意識して，憶測や思い込みによ
          る断定，勝手な解釈をしないように気を付けること。
   【解　説】 解答例の他に，3は「個人の意見とはいえ，感情的になったり大げさな表
         現をしたりしないように気を付けること」などもよい。

12 【解答例】 1．ご依頼のございました資料を先ほどメールでお送りいたしました。山田からご覧いただきたいとのことでございますので，よろしくお願いいたします。

2．Kさんがご確認いただきたいことがあるそうでございます。ただ今，お手隙でしたら，Kさんを呼んでまいりますがいかがでしょうか。

3．T様からお電話が入っております。折り入って頼みたいことがあるとおっしゃっていらっしゃいますが，おつなぎしてよろしいでしょうか。

13 【解答例】 1）金一封
2）古希御祝・祝古希
3）（御）開業御祝
4）寸志

14 【解答例】 1．葬儀の形式
2．喪主
3．供物・供花
4．上司参列の有無（無の場合，代理参列者）

【解　説】 解答例の他に，「弔電文と台紙」「上司との関係」などもよい。

15 【解答例】 1．会議の初めに，時間通り終われるよう出席者に協力を頼む。
2．発言が必要以上に長いときは，発言時間に注意してもらいたいと言う。
3．発言内容が議題からそれたときは，元に戻すように注意する。

【解　説】 解答例の他に，「その日に決めなくてもよい議題は，時間が長引くようなら次回に回す」，「議題ごとの所要時間を想定して，途中で調整しながら進める」などもよい。時間通りに終わらせるようにと念を押されたのだから，目的に沿った進行と時間管理のための具体的なことが答えになる。

16 【解答例】

1）

○○ホテル気付　　701号室
山田和夫様

2）

田中様方
　川井明子様
　　　　　　　　　　二つ折り厳禁

3）

○○物産株式会社
営業部長　清田一郎様
　　　　　　　　　見積書在中

序章 受験対策 基礎知識／第1章 必要とされる資質／第2章 職務知識／第3章 一般知識／第4章 マナー・接遇／第5章 技能／第6章 面接／終章 模擬試験

17 【解答例】 1）拝顔・拝眉
2）同慶
3）衷心
4）倍旧・一層
5）臨席・来臨・来駕・列席

面接

面接　課題　A

【報告】

＊以下の内容を，上司役に報告してください。

> 　シニア世代に，ゲームセンターが人気だそうだ。
> 　かつてゲームセンターといえば若者たちのたまり場だったが，最近は高齢者が増えているという。
> 　好きなときに行けて老化防止になる，孫との話題ができる，などが人気の理由のようだ。
> 　ゲームセンター側は，子供が学校にいる平日の昼間に利用してもらえれば，とシニア層の獲得に意欲的。
> 　座り心地のよい椅子を置き，スタッフが親しみを込めて声をかけるなどサービスを強化しているという。

【応対】

＊以下の状況設定で，来客応対をしてください。

> 　あなたは，山田部長秘書である。
> 　部長はたった今，出張から戻ってきて，疲れたのでちょっと休みたいと言って休んでいる。
> 　そこへ取引先の人が約束の時間に訪れた。

序章 受験対策基礎知識

第1章 必要とされる資質

第2章 職務知識

第3章 一般知識

第4章 マナー・接遇

第5章 技能

第6章 面接

終章 模擬試験

【応対例】

来客「ごめんください」
秘書「　　　　　　　　」

来客「4時に面会の予約をいただいております，ＡＢＣ商事の清水と申します」
秘書「

　　　　　　　　　　　　　　　　　　　　　　　　　　　　　　　」

来客「それは困りましたね。いつならご都合がよろしいのでしょうか」
秘書「

　　　　　　　　　　　　　　　　　　　　　　　　　　　　　　　」

来客「それでは，私の携帯番号を教えておきますので，こちらにお願いいた
　　　します」
秘書「

　　　　　　　　　　　　　　　　　　　　　　　　　　　　　　　」

　（来客役「はい，ここまでにいたします」）

面接　課題　B

【報告】

＊以下の内容を，上司役に報告してください。

　若い女性やカップルに囲碁が人気だそうだ。
　仕事帰りに，カフェのような明るいサロンで囲碁を楽しみ，ビールを片手にレッスンを受けるのだという。
　囲碁をＰＲするフリーペーパーは，女性に親しんでもらえるようにファッション雑誌のようなデザインになっている。
　囲碁を楽しめるバーもできて，デートで囲碁をするカップルもいるそうだ。
　囲碁人口は，40から50代は減っているが，若い世代は増えており，ブームが予感されるという。

【応対】

＊以下の状況設定で，来客応対をしてください。

　あなたは，山田部長秘書である。
　部長は次の会議までに時間があったので，常務と面談中である。
　そこへ，急なことだが，部長に尋ねたいことがあるので，会えないかと言って，取引先の人が不意に訪れた。

序章
受験対策
基礎知識

第1章 必要とされる資質

第2章 職務知識

第3章 一般知識

第4章 マナー・接遇

第5章 技能

第6章 面接

終章 模擬試験

来客「失礼いたします」
秘書「　　　　　　　　　」

来客「私，中央物産の佐藤と申します。山田部長様はいらっしゃいますでし
　　ょうか。お会いする約束はしていなかったのですが，急な用件がござ
　　いまして参りました」
秘書「

　　　　　　　　　　　　　　　　　　　　　　　　　　　　　」

来客「いえ，部長様に直接お会いしてお話ししたいものですから」
秘書「

　　　　　　　　　　　　　　　　　　　　　　　　　　　　　」

来客「はい，そういたします」
秘書「

　　　　　　　　　　　　　　　　　　　　　　　　　　　　　」

　　（来客役「はい，ここまでにいたします」）

解答例

面接　課題　A

【報告例】

秘書　失礼いたします。
　　　ゲームセンターにつきましてご報告申し上げたいのですが，ただいまお時間よろしいでしょうか。
上司　はい，どうぞ。
秘書　かしこまりました。シニア世代に，ゲームセンターが人気だそうでございます。昔はゲームセンターといえば若者たちが集まる場所でございましたが，最近は高齢者が増えているそうでございます。
　　　理由といたしましては，好きなときに行けて老化防止になる，孫との話題ができるからだそうでございます。
　　　また，ゲームセンター側は，子供が学校に行っている平日の昼間に利用してもらえればとシニア層の獲得に意欲的とのことでございます。座り心地のよい椅子を置き，スタッフが親しみを込めて声をかけるなどサービスを強化しているとのことでございます。
　　　以上でございます。
上司　はい，ご苦労さまでした。
秘書　失礼いたします。

【応対例】

○来客「ごめんください」
●秘書「いらっしゃいませ」
○来客「4時に面会の予約をいただいております，ＡＢＣ商事の清水と申します」
●秘書「ＡＢＣ商事の清水様でいらっしゃいますね。ご予約をいただきながら，誠に申し訳ございません。山田は急用のため，ただ今席を外しておりまして，しばらくかかると申し付かっているのですが，いかがいたしましょうか」
○来客「それは困りましたね。いつならご都合がよろしいのでしょうか」
●秘書「申し訳ございません。それでは山田が戻り次第確認いたしまして，至急こちらからご連絡を差し上げるということで，よろしいでしょうか」
○来客「それでは，私の携帯番号を教えておきますので，こちらにお願いいたします」
●秘書「かしこまりました。こちらの勝手で，ご迷惑をおかけしまして申し訳ございませんでした。失礼いたします」
　　（来客役「はい，ここまでにいたします」）

面接　課題　B

【報告例】

秘書　失礼いたします。
　　　囲碁の人気につきまして，ご報告申し上げたいのですが，ただいまお時間よろ
　　　しいでしょうか。
上司　はい，どうぞ。
秘書　かしこまりました。若い女性やカップルに囲碁が人気があるそうでございます。
　　　お仕事の帰りに，カフェのような明るいサロンで囲碁を楽しみ，ビールを片
　　　手にレッスンを受けるのだそうでございます。
　　　　囲碁をPRするフリーペーパーは，女性に親しんでもらえるようにファッ
　　　ション雑誌のようなデザインにしているそうでございます。また，囲碁を楽
　　　しめるバーもあり，デートで囲碁をするカップルもいるそうでございます。
　　　　囲碁人口は40代から50代は減少しておりますが，若い世代は増えており，
　　　ブームが予感されるとのことでございます。
　　　　以上でございます。
上司　はい，ご苦労さまでした。
秘書　失礼いたします。

【応対例】

○来客「失礼いたします」
●秘書「いらっしゃいませ」
○来客「私，中央物産の佐藤と申します。山田部長様はいらっしゃいますでしょうか。
　　　お会いする約束はしていなかったのですが，急な用件がございまして参りまし
　　　た」
●秘書「申し訳ございません。ただ今山田は面談中でございます。確認してまいります
　　　が，面談後は会議の予定がございますので，お時間をお取りできないかもしれ
　　　ません。代わりの者ではいかがでしょうか」
○来客「いえ，部長様に直接お会いしてお話ししたいものですから」
●秘書「さようでございますか。それではお時間をお取りできない場合は，また改めて
　　　お越し願うということでよろしいでしょうか」
○来客「はい，そういたします」
●秘書「かしこまりました。ただ今，確認してまいります。少々お待ちくださいませ」
　　　（来客役「はい，ここまでにいたします」）

TEST　　　模擬試験にチャレンジし
　　　　　実力を確かめてみよう!!

【必要とされる資質】

1　　秘書Aは後輩Bから，「今度の上司は機嫌がよいときと悪いときの差が激しいので，どうしてよいか困っている」という相談を受けた。Bが同じように仕事をしても，注意されたり何も言われなかったりするらしい。このような場合，Bにどのようなアドバイスをすればよいか。箇条書きで三つ答えなさい。

2　　秘書Aの下に配属された新人Bはおとなしい性格で自分からあまり話をしない。そのためか日数のかかる仕事を指示しても途中経過の報告もないのでAは困ることがある。そこでAはBに注意することにしたが，どのようなことを言えばよいか。箇条書きで三つ答えなさい。

序章　受験対策
基礎知識

第1章　必要とされる資質

第2章　職務知識

第3章　一般知識

第4章　マナー・接遇

第5章　技　能

第6章　面　接

終章　模擬試験

3　秘書Aの上司（常務）が定年で退職することになり，部長が昇進してAの上司になることに決まった。次は，このようなときにAが言ったことである。中から不適当と思われるものを一つ選び，その番号を（　　　）内に書き，その理由を答えなさい。

1）部長に，新しい肩書の名刺について尋ねたとき
「M印刷に名刺を頼もうと思う。原稿は部長の名刺の肩書を書き直して作っておいたが，どうか」

2）部長が，常務室のレイアウトを見に来たとき
「常務のロッカーが空いたら連絡するので，それまでは今までのロッカーを使っていてもらえないか」

3）常務から，取引先へのあいさつ回りについて相談されたとき
「あいさつ回りは部長と二人でということになるので，部長の都合をもとに予定表を作りたいが，よいか」

4）常務が，机やロッカーの整理を始めたとき
「手伝うので何でも言ってくれ。自宅に持ち帰るものが多いようなら，宅配便の手配をする」

5）課長から，部長の昇進祝いについて尋ねられたとき
「常務の送別会が済んでからがよいと思うが，どうか。その時はまた相談させてもらう」

　　　　[番　号]（　　　　　　　　　　）

　　　　[理　由]

【職務知識】

4　上司（部長）のところに不意の来客があった。初めての客で，この時間に上司と面談の約束をしているという。Aはこのことについて上司から何も聞いてない。上司は取引先と面談中であと20分ほどで終わる予定だが，その後は課長との打ち合わせが予定されている。このような場合の対処を，順を追って箇条書きで答えなさい。

5　秘書Aは上司から「新人Bに仕事をさせると漏れが多い。このようなことでは困るので，指示通りの仕事ができるように指導してもらいたい」と言われた。このような場合，AはBにどのようなことを言えばよいか。1. 2. 以外に箇条書きで三つ答えなさい。

1．指示を受けるときは，指示の内容をメモし，数を確認しておくこと。
2．指示を受け終えたら復唱し，不明な点は確認すること。

序章　受験対策
基礎知識

第1章　必要とされる資質

第2章　職務知識

第3章　一般知識

第4章　マナー・接遇

第5章　技能

第6章　面接

終章　模擬試験

【一般知識】

6 次のそれぞれの説明は何のことを述べているか。適切な用語を（　　　）の中に答えなさい。

1）会社などを，本人の願い出により退職すること。
（　　　　　　　　　　　　）

2）会社などの組織や業務についての，基本的な規則のこと。
（　　　　　　　　　　　　）

3）従業員の規律や労働条件などを，使用者が定めた規則のこと。
（　　　　　　　　　　　　）

4）会社などが給料以外で，従業員の健康維持や生活向上のために行うこと。
（　　　　　　　　　　　　）

7 次の用語を簡単に説明しなさい。

1）パブリシティー

2）ランニングコスト

3）スケールメリット

4）ペーパーカンパニー

【マナー・接遇】

8 山田部長秘書Ａ（鈴木）は上司から，「先日取引先のＳ氏から依頼された寄付の件だが，総務部に話したところ会社としては応じられないという返答だった。Ｓ氏に電話をして君から断っておいてもらいたい」と指示された。このような場合Ａは，Ｓ氏を電話口に呼び出した後どのように言うのがよいか。その言葉を答えなさい。

9 秘秘書Ａは新人Ｂから，話し方が頼りないと上司から言われたが，どうすればよいか分からないので教えてもらいたいと相談された。このような場合ＡはＢに，具体的にどのようなことをアドバイスするのがよいか。箇条書きで三つ答えなさい。

10 次の言葉を秘書Aはどのように言えばよいか。丁寧な言葉で答えなさい。

1）先輩に、「それは大変だったね。気持ちは分かる（推し量れる）」

2）課長に、「支障がなければ、一緒に行かせてもらえないか」※「同行」以外の言い方。

3）上司に、「もう聞いていることと思うが、Kの結婚が決まったそうだ」（Kは部員）。

11 秘書Aは上司の外出中、業界誌記者のM氏から上司宛ての電話を受けた。今週中に上司から原稿をもらうことになっている件はどうなっているかとのことだったので、上司が戻ったら連絡をすると答えた。その後帰社した上司に伝えたところ、「困ったなあ、まだ手を付けていない。週明け早々なら何とかなると思うが」と言う。今日は金曜日である。このようなことにAはどのように対処すればよいか。順を追って箇条書きで答えなさい。

12　次は秘書Aが耳にする弔事に関する言葉について説明したものである。中から<u>不適当</u>と思われるものを選び，その番号を（　　）内に答えなさい（番号の若いものから順に書くこと）。

1.「布施」とは，葬儀や法事での僧侶への謝礼のこと。
2.「黒枠」とは，故人をしのび葬儀で飾られる写真のこと。
3.「三回忌」とは，満３年の命日のことで，故人を供養する法要のこと。
4.「密葬」とは，遺族や親戚など身内の人だけで内々に行う葬儀のこと。
5.「喪章」とは，人の死を悲しむ気持ちを表現するために着ける黒いリボンや布のこと。

（　　　　　　　　　　　　　）

13　秘書Aは新人に，来客を上司に取り次ぐための名刺の受け取り方を教えることになった。このような場合どのようなことを教えればよいか。具体的に箇条書きで四つ答えなさい。

序章　受験対策　基礎知識

第1章　必要とされる資質

第2章　職務知識

第3章　一般知識

第4章　マナー・接遇

第5章　技　能

第6章　面　接

終章　模擬試験

14 次のそれぞれの用語を漢字で答えなさい。

1）季節の贈り物は「中元」「歳暮」が一般的だが，これら以外に四つ。

（　　　　　　　　）（　　　　　　　　　　）（　　　　　　　　　　）（　　　　　　　　　）

2）吉凶判断の基となる「六曜」で，「先負」「仏滅」「赤口」以外の三つ。

（　　　　　　　　）（　　　　　　　　　）（　　　　　　　　　）

【技　能】

15 秘書Aは，後輩から，上司のスケジュール管理について次の質問をされた。
　　このような場合，どのようなことを答えればよいか。箇条書きで答えなさい。

①上司の私的な予定はどのようにすればよいか（1．以外に二つ）。
　1．業務上の予定と同じに扱う。

②上司が体調を崩しているような場合，スケジュールを組むときに配慮すること
　（1．以外に二つ）。
　1．ゆったりした余裕のあるスケジュールを組む。

16　次の出版物に関する用語を簡単に説明しなさい。

1）奥付

2）落丁

3）官報

4）白書

17　下の枠内の用語は頭語と結語である。次のそれぞれについて答えなさい。

1　不一　　2　謹啓　　3　頓首　　4　冠省　　5　敬白　　6　拝復

1）枠内の用語を頭語と結語に分け，その数字を番号順に（　　）内に書きなさい。

　　頭語　　（　　　　　　　　　　　）

　　結語　　（　　　　　　　　　　　）

2）「不一」「頓首」「冠省」の読み方を平仮名で（　　）内に書きなさい。

　　不一　　（　　　　　　　　　　　）

　　頓首　　（　　　　　　　　　　　）

　　冠省　　（　　　　　　　　　　　）

序章　受験対策 基礎知識

第1章　必要とされる資質

第2章　職務知識

第3章　一般知識

第4章　マナー・接遇

第5章　技能

第6章　面接

終章　模擬試験

スタディガイド

領域：理論編

領域：実技編

面接編

テスト

1 【解　答】1．上司の機嫌がよいときと悪いときは，どのようなときなのかを観察し把握するようにする。

　　　　　　2．同じように仕事をしているつもりでも注意されるのは，Bに何か原因があるのではないか振り返ってみる。

　　　　　　3．上司の機嫌を気にし過ぎて，秘書業務を怠ることのないようにすること。

　【解　説】解答例の他に，「急がない仕事であれば，機嫌が悪いときを避けて報告などをしたらどうか」などもよい。何の理由もなく上司の機嫌が変化することはないはず。また上司の機嫌を気にし過ぎると肝心な業務が滞ってしまう。それらに触れたことを答えればよい。

2 【解答例】1．日数のかかる仕事を指示されたら，不明な点などがなかったとしても指示者に途中経過を報告しないといけない。

　　　　　　2．特に新人は教えてもらいながら仕事をするのだから，進み具合を報告するなどは必要なことである。

　　　　　　3．Bはおとなしい性格のようだが仕事は一人でできるものではないのだから，無理をしてでも自分から話す努力が必要である。

　【解　説】仕事をしていく上では，自分からあまり話をしないのでは済まされないという点に触れたことが答えになる。

3 【解答例】3）

　【解　説】職を離れる常務と後を継ぐ部長が一緒にあいさつ回りをするのだから，前任者であり上位者でもある常務の都合を優先しないといけない。それを，部長の都合をもとに予定を作りたいと言っているから。

4 【解答例】1．来客にどのような約束かを失礼にならないように尋ね，面談中の上司にメモで伝えて指示を仰ぐ。

　　　　　　2．上司が会う意向の場合は，客に「申し訳ないが20分程待ってもらえないか」と尋ねる。

　　　　　　　a　待つということであれば応接室に案内し，課長との打ち合わせ予定を調整する。

　　　　　　　b　出直すということであれば，大体の予定と連絡先を尋ねておく。

　　　　　　3．上司が会えないという場合は，客に丁重に謝り，「上司は今面談中で，その後にも予定が入っていて会えない。後でこちらから連絡させてもらう」と言う。

　【解　説】上司が失念していたかどうかにかかわらず，会う意向の場合と会わない意向の場合の両方について，順に答えることになる。

5 【解答例】　3．上司から言われたことを話し，そのことを自覚するようにすること。
　　　　　　　　4．他の仕事と並行して行うときは注意が散漫にならないようにすること。
　　　　　　　　5．仕事をしている途中でも，指示通りにしているかを確かめながら進めること。
　　【解　説】解答例の他に，5．は「指示された仕事ができたら，上司に報告する前に指示通りになっているか見直すこと」などもよい。仕事に漏れが多い原因は必要なことを忘れるから。それを防ぐためにはどのようにすればよいか。自覚を促し，具体策を挙げれば，それが答えになる。指示を受けるときの注意以外には，集中的にやるとか見直しをするなどである。

6 【解答例】　1）依願退職
　　　　　　　　2）定款
　　　　　　　　3）就業規則
　　　　　　　　4）福利厚生

7 【解　答】　1）新製品などを新聞や雑誌の記事として扱ってもらう宣伝方法のこと。
　　　　　　　　2）建物や設備などを維持するために必要な経費のこと。運転資金。
　　　　　　　　3）規模が大きくなることによって得られる利益や効果のこと。
　　　　　　　　4）法人登記だけしてあって実質的には何もしてない会社のこと。

8 【解答例】「お呼び立ていたしまして申し訳ございません。私，山田の秘書の鈴木と申しますが，ただ今お時間はよろしいでしょうか。実は山田からでございますが，先日ご依頼の寄付の件につきまして，総務部に話しましたが，会社としてはご意向に沿いかねるとのことでございました。お役に立てず誠に申し訳ございません」
　　【解　説】電話で話すのだから，まず相手の都合を尋ねる。会社として応じられないことをはっきり伝える。相手の要望に応えられないことを謝る言葉も必要。全体的に礼を尽くした改まった言い方が答えとなる。

9 【解答例】　1．大きめの声で明るい調子で話す努力をする。
　　　　　　　　2．語尾まではっきり分かるように話す。
　　　　　　　　3．頼りない話し方は態度とも関係があるので，自信を持った態度で振る舞う。
　　【解　説】解答例の他に，「トーンを上げて，生き生きと張りのある声で話す努力をする」「相手の目を見て話す」などもよい。

10 【解答例】　1．それは大変でございましたね。お気持ちお察しいたします。
　　　　　　　　2．お差し支えなければ，お供させていただけませんでしょうか。
　　　　　　　　3．既にお聞き及びのことと存じますが，Kさんのご結婚が決まったそうでございます。

11 【解答例】 1．上司に，原稿を来週早々まで待ってもらうようにM氏に頼もうかと
　　　　　　　　言う。
　　　　　　　2．M氏に電話をし，次のことを伝える。
　　　　　　　　a　上司に確認したところ，まだ出来ていないと言っている
　　　　　　　　b　週明け早々には何とかなりそうだということなので，待ってもら
　　　　　　　　　えないか。
　　　　　　　3．原稿が出来上がったらこちらから連絡するのでよろしく頼む，と言
　　　　　　　　ってわびる。
　　【解　説】上司は「まだ手を付けていない，週明け早々なら何とかなる」と言って
　　　　　　　いるのだから，これについて，上司の了承を得て，M氏に待ってくれる
　　　　　　　よう了解を得るために言うことが答えになる。
12 【解答例】 2，3
　　【解　説】2．「黒枠」とは，死亡通知や死亡広告のこと。
　　　　　　　3．「三回忌」とは，数えで3年，満2年の命日のこと。
13 【解答例】 1．両手で受け取るが，そのとき文字を指で押さえないように気を付ける。
　　　　　　　2．手の位置（高さ）は胸の辺りにし，前傾姿勢で受け取る。
　　　　　　　3．「お預かりいたします」と言って受け取る。
　　　　　　　4．会社名，名前を読んで相手に確認する。
　　【解　説】解答例の他に，4．は「読めない字は『お名前はどのように（何と）お
　　　　　　　読みするのでしょうか』と尋ねて確認する」などもよい。この場合は，
　　　　　　　一般的な名刺の受け取り方に加え，上司に取り次ぐときの特徴的なことと
　　　　　　　して「お預かりいたします」を教える必要がある。
14 【解答例】 1）年賀　　寒中見舞　　暑中見舞　　残暑見舞
　　　　　　　2）先勝　　友引　　大安
15 【解答例】 ①
　　　　　　　2．内容について，関心を持たない。
　　　　　　　3．スケジュール表には，「外出」「来客」などと当たり障りのない書き
　　　　　　　　方をする。
　　　　　　　②
　　　　　　　2．面談などはできるだけ時間を短くするか，代わりの人にしてもらう。
　　　　　　　3．こちらから出向くことはなるべく避けるか，先へ送る。
　　【解　説】解答例の他に，①「詳細はスケジュール表には記入せずに，自分の手帳
　　　　　　　などに書き留めておく」，②「面談や会議などは連続して入れない」「休
　　　　　　　暇や休憩時間をあらかじめ決めておく」などもよい。
16 【解答例】 1）本の終わりにある，著者名，発行所名，発行日などが載っている部
　　　　　　　　分のこと。
　　　　　　　2）書籍や雑誌等のページが一部抜け落ちていること。
　　　　　　　3）政府が発行する，国民に知らせる事項を載せた日刊の刊行物のこと。
　　　　　　　4）政府が各界の実情と展望を述べるために発行する年次報告書のこと。

17 【解答例】 1 ）頭語　（ 2　4　6 ）
　　　　　　　　結語　（ 1　3　5 ）
　　　　　　2 ）不一　（　ふいつ　）
　　　　　　　　頓首　（　とんしゅ　）
　　　　　　　　冠省　（かんしょう）

序章

受験対策
基礎知識

第1章　必要とさ
れる資質

第2章　職務知識

第3章　一般知識

第4章　マナー・
接遇

第5章　技　能

第6章　面　接

終章　模擬試験

面接

面接　課題　A

【報告】

＊以下の内容を，上司役に報告してください。

　子猫や子犬などのかわいい動物を見ると，注意力が高まるという実験結果が出たという。

　実験では，かわいい動物の写真を見せた後，ピンセットを使ってする細かい作業の正確さが増したそうだ。

　かわいい物を見ると，触ってみたいとか保護したいと感じて注意力が高まるので，作業効率が上がったらしい。

　この結果により実験者は，かわいい物を使って，仕事や車の運転に慎重な行動をする注意力を引き出せるのではないかと言っている。

【応対】

＊以下の状況設定で，来客応対をしてください。

　あなたは，山田部長秘書である。

　部長は，みえるはずの予約客を待っているとき，ちょっと聞きたいことがあると常務が訪ねてきたので，その常務と話している。

　そこへ，約束の時間に遅れて予約客が訪れた。

【応対例】

来客「ごめんください」
秘書「　　　　　　　　　　　」

来客「私は大和産業の工藤と申します」
秘書「　　　　　　　　　　　　　　　　　　　　　　」

来客「お約束の時間に少し遅れてしまいました。申し訳ありません」
秘書「

　　　　　　　　　　　　　　　　　　　　　　　　　　　　　」

来客「それでは，一件用事を済ませまして，1時間後に伺いたいと思いますが，
　　　いらっしゃいますか」
秘書「　　　　　　　　　　　　　　　　　　　　　　」

来客「はい，そのようにいたします。では，改めてお伺いします」
秘書「

　　　　　　　　　　　　　　　　　　　　　　　　　　　　　」

（来客役「はい，ここまでにいたします」）

序章　受験対策基礎知識

第1章　必要とされる資質

第2章　職務知識

第3章　一般知識

第4章　マナー・接遇

第5章　技能

第6章　面接

終章　模擬試験

面接　課題　B

【報告】

＊以下の内容を，上司役に報告してください。

　炭酸が，美容や健康の分野で人気だそうだ。

　炭酸には，血行をよくする効果があり，炭酸ガス入りの入浴剤は前年比1割増しの勢いで売れているという。

　炭酸美容という言葉もあり，化粧品は塗るとポカポカするそうだ。

　また，炭酸ガスの泡には汚れを吸着する働きもあるという。炭酸水で髪を洗い流す美容院では，さっぱりして気持ちがよいと好評だそうだ。

　なじみのある物質で効果が分かりやすいということが，炭酸の人気の理由のようだ。

【応対】

＊以下の状況設定で，来客応対をしてください。

　あなたは，山田部長秘書である。

　現在午後3時10分。午後3時の予約客が遅れて訪れた。

　部長はちょっと書店に行くといったまま，まだ戻ってこない。様子から，どうも午後の来客を忘れているらしい。

【応対例】

来客「こんにちは」
秘書「　　　　　　　　」

来客「私は，3時に部長様とお約束をしている松本と申します」
秘書「　　　　　　　　　　　　　　　　　　　　　　　　　　　」

来客「失礼いたしました。東部物産の松本と申します」
秘書「

　　　　　　　　　　　　　　　　　　　　　　　　　　　　　　」

来客「そうですか。どれくらいかかりますかね」
秘書「

　　　　　　　　　　　　　　　　　　　　　　　　　　　　　」

来客「それでは，鈴木課長をお願いいたします」
秘書「

　　　　　　　　　　　　　　　　　　　　　　　　　　　　　」

（来客役「はい，ここまでにいたします」）

序章　受験対策・基礎知識

第1章　必要とされる資質

第2章　職務知識

第3章　一般知識

第4章　マナー・接遇

第5章　技能

第6章　面接

終章　模擬試験

解答例

面接　課題　A

【報告例】

秘書　　失礼いたします。
　　　　子猫や子犬などのかわいい動物を見ると，注意力が高まるという実験結果につ
　　　きまして，ご報告申し上げたいのですが，ただいまお時間よろしいでしょうか。
上司　　はい，どうぞ。
秘書　　かしこまりました。子猫や子犬などのかわいい動物を見ると，注意力が高まる
　　　という実験結果が出たそうでございます。実験では，かわいい動物の写真を見せ
　　　た後，ピンセットを使ってする細かい作業の正確さが増したそうでございます。
　　　かわいい物を見ると，触ってみたいとか保護したいと感じて注意力が高まるので，
　　　作業効率が上がったそうでございます。
　　　　この結果により実験者は，かわいい物を使って，仕事や車の運転に慎重な行動
　　　をする注意力を引き出せるのではないかと言っているそうでございます。
　　　　以上でございます。
上司　　はい，ご苦労さまでした。
秘書　　失礼いたします。

【応対例】

○来客「ごめんください」
●秘書「いらっしゃいませ」
○来客「私は大和産業の工藤と申します」
●秘書「工藤様ですね。お待ちしておりました」
○来客「お約束の時間に少し遅れてしまいました。申し訳ありません」
●秘書「工藤様，ご予約をいただきながら，誠に申し訳ございません。山田は急な打ち
　　　合わせのため，しばらく時間がかかるようです。お待ちいただいて，終わり次
　　　第，ご案内申し上げるということで，よろしいでしょうか」
○来客「それでは，一件用事を済ませまして，1時間後に伺いたいと思いますが，いら
　　　っしゃいますか」
●秘書「はい，1時間後でしたら山田は，お会いできるかと思いますが，念のため事前
　　　にお電話いただけますか」
○来客「はい，そのようにいたします。では，改めてお伺いします」
●秘書「かしこまりました。山田には，工藤様が1時間後に改めておみえになることを，
　　　申し伝えておきます。せっかくいらしてくださったものを，誠に申し訳ござい
　　　ません。失礼いたします」
　　　（来客役「はい，ここまでにいたします」）

面接　課題　B

【報告例】

秘書　失礼いたします。
　　　炭酸の人気につきましてご報告申し上げたいのですが，ただいまお時間よろし
　　　いでしょうか。
上司　はい，どうぞ。
秘書　かしこまりました。炭酸が，美容や健康の分野で人気だそうでございます。炭
　　　酸には，血行をよくする効果があり，炭酸ガス入りの入浴剤は前年に比べて1割
　　　増しの勢いで売れているそうでございます。
　　　　炭酸美容という言葉もあり，化粧品は塗るとポカポカするそうでございます。
　　　　また，炭酸ガスの泡には汚れを吸着する働きもあり，炭酸水で髪の毛を洗い流
　　　す美容院では，さっぱりして気持ちがよいと好評だそうでございます。
　　　　なじみのある物質で効果が分かりやすいということが，炭酸の人気の理由のよ
　　　うでございます。
　　　　以上でございます。
上司　はい，ご苦労さまでした。
秘書　失礼いたします。

【応対例】

○来客「こんにちは」
●秘書「いらっしゃいませ」
○来客「私は，3時に部長様とお約束をしている松本と申します」
●秘書「松本様ですね。失礼ですがどちらの松本様でしょうか」
○来客「失礼いたしました。東部物産の松本と申します」
●秘書「松本様，ご予約をいただいておりながら，誠に申し訳ございません。山田は外
　　　出が長引いておりまして，帰社が遅れております。それほど時間はかからない
　　　と思いますが，もうしばらくお待ちいただけませんか」
○来客「そうですか。どれくらいかかりますかね」
●秘書「申し訳ございません。正確な帰社時間は分かりかねます。もし，お差し支えな
　　　ければ，代わりの者ではいかがでしょうか」
○来客「それでは，鈴木課長をお願いいたします」
●秘書「かしこまりました。ただ今，呼んでまいります。少々お待ちくださいませ」
　　（来客役「はい，ここまでにいたします」）

序章　受験対策
基礎知識

第1章　必要とさ
れる資質

第2章　職務知識

第3章　一般知識

第4章　マナー・
接遇

第5章　技　能

第6章　面　接

終章　模擬試験

イラスト：高崎祐子

秘書検定 1級 集中講義 改訂新版

2024年 4 月 1 日　　　初版発行

編　者　公益財団法人 実務技能検定協会 ©
発行者　笹森 哲夫
発行所　早稲田教育出版
　　　　〒169-0075 東京都新宿区高田馬場一丁目4番15号
　　　　株式会社早稲田ビジネスサービス
　　　　https://www.waseda.gr.jp/
　　　　電話（03）3209-6201